Der Fahrrad-Effekt

33 Gründe, warum wir jetzt umsteigen müssen

Stefanie Meier

Der Fahrrad-Effekt

33 Gründe, warum wir jetzt umsteigen müssen

AMPULS VERLAG

Für Theodor, Aurelia und Minu.

Danke K. und K.
Und allen Radfahrer:innen, die täglich auf das Fahrrad steigen.

Stefanie Meier
Der Fahrrad-Effekt –
33 Gründe, warum wir jetzt umsteigen müssen

Verlagsleitung: Martin Schriebl-Rümmele
Lektorat: Marketingfabrik – E. & F. Gabner GmbH
Umschlaggestaltung: Gesund kommunizieren Media KG
Bildnachweise: Coverbild Adobe Stock, Grafik Seite 6/7 Daniela Radler, Quelle VCÖ
Layout, Gestaltung, Satz: Daniela Radler
Hersteller: Marketingfabrik E. & F. Gabner GmbH
Erschienen bei: ampuls-verlag, eine Marke der Gesund kommunizieren Media KG

ISBN: 978-3-9505385-0-2

Inhalt

Erreichbarkeit in 15 Minuten

5,4 km Elektrofahrrad

3,8 km Fahrrad

1,0 km Zu Fuß

68 %

der Haushalte in Österreich besitzen zumindest ein Fahrrad

Radverkehr erwirtschaftet 2,9 Mrd. € Wertschöpfung

Bruttowertschöpfung (in Millionen Euro)

1.763 **854** **278**

Direkt Indirekt Induziert

Radverkehr schafft mehr als 46.000 Arbeitsplätze

Beschäftigung (in Personen)

30.110 **8.810** **7.220**

Direkt
Indirekt
Induziert

Etwa die Hälfte der Arbeitswege ist kürzer als 10 km

	< 1	1 bis 2,5	2,5 bis 5	5 bis 10	10 bis 20	20 bis 50	> 50
Österreich	10%	10%	17%	20%	20%	18%	5%
Periphere Bezirke	12%	9%	15%	15%	20%	22%	7%
Zentrale Bezirke	8%	12%	13%	20%	22%	21%	4%
Großstädte ohne Wien	9%	12%	29%	26%	16%	6%	2%
Wien	8%	9%	20%	31%	21%	10%	1%

Länge der Arbeitswege in Kilometer

< 1 | 1 bis 2,5 | 2,5 bis 5 | 5 bis 10 | 10 bis 20 | 20 bis 50 | > 50

Radschnellwege kosten einen Bruchteil von Autobahnen

Für 10 Millionen Euro können folgende Fahrbahnlängen gebaut werden:

- **11,1 km Radschnellwege**
- **2,5 km Hauptverkehrsstraße**
- **0,5 km Autobahn**

Autofreie Haushalte sparen sich monatlich rund 700 Euro

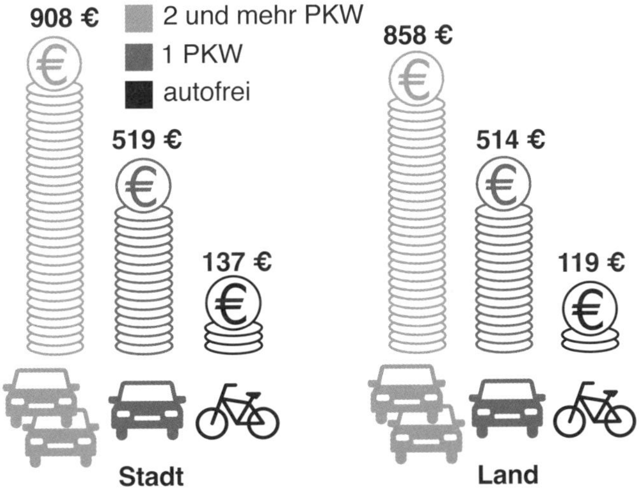

Externe Kosten des Verkehrs in Österreich in Millionen Euro

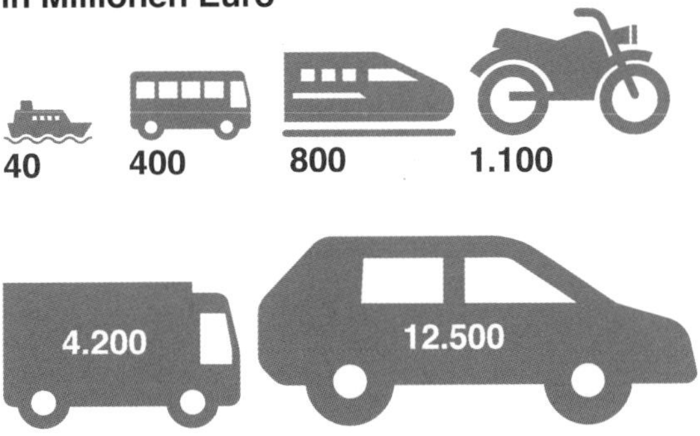

1817

ist das Geburtsjahr des Fahrrads

Einleitung

Heute lege ich die meisten Wege mit dem Fahrrad zurück. Das war nicht immer so. Zur Radfahrerin wurde ich erst in der Stadt – ich bin am Land aufgewachsen und unser Verkehrsmittel der ersten Wahl war das Auto. Angefangen hat alles in Berlin. 2008 habe ich nach bestandener Matura meine sieben Sachen und mein Fahrrad geschnappt und bin meiner Schwester in die Großstadt gefolgt. Dort bin ich weder aus ideologischen noch aus gesundheitlichen Gründen auf das Rad gestiegen, sondern einfach, weil es alle getan haben. Und – das kann ich rückblickend behaupten – weil ich mich auf den Radwegen sicher fühlte. Ein Jahr später begann ich mein Studium in Graz. So wie in Berlin bleibt das Fahrrad auch in Graz mein bevorzugtes Fortbewegungsmittel, um von A nach B zu kommen. Mit dem Rad habe ich mich damals auch von der Steiermark auf dem Weg ins Auslandssemester in Brno, Tschechien, gemacht. Das war meine erste Mehrtagestour, inklusive Speichenbruch am Vorderrad am ersten Tag. Wir spulen vor bis zum Studienabschluss, denn danach ging es nach Wien. Für die Wiener Distanzen, das war klar, reichte mein altes Klapprad mit nur einem Gang nicht mehr. Es musste ein neues, altes Stadtrad her. Ein Puch-Rennrad Olympian 12 ist es geworden. Mit Baujahr 1985 hat es mehr Jahre auf dem Buckel als ich und erweist mir noch heute jeden Tag seine Dienste. Heute lege ich die meisten Wege mit dem Fahrrad zurück, weil es für mich die günstigste und schnellste Möglichkeit ist, mich in der Stadt fortzubewegen. Und weil zig Gründe dafürsprechen – die 33 wichtigsten finden sich in diesem Buch.

Wir alle wissen: Radfahren schont die Umwelt und ist gesund. Aber weshalb eigentlich? Wie hängt die Klimaerwärmung mit der Art unserer Fortbewegung zusammen? Dazu ist es nötig, einen genaueren Blick auf die Funktionsweise des Klimasystems zu werfen. Der globale Temperaturanstieg von 1,1 °C wirkt sich bereits heute auf unsere Leben aus – teils verheerend. Indem wir auf das Fahrrad steigen, können wir nachweislich gegen die Klimaerwärmung in die Pedale treten und weitere gesundheitsschädigende Umwelteinflüsse wie Lärm und Luftverschmutzungen aus dem motorisierten Verkehr reduzieren.

Dass wir viel zu viele Wege mit dem Auto zurücklegen, belastet nicht nur die Welt, in der wir leben, sondern auch Körper, Kopf und Geist. Warum wir uns überhaupt bewegen sollen, was das Radfahren mit Zivilisationskrankheiten wie Diabetes Typ 2 und Herz-Kreislauf-Erkrankungen zu tun hat, warum wir mit Sport und Bewegung besser gegen psychische Erkrankungen gewappnet sind und in welchen Fällen Radfahren als therapeutisches Mittel eingesetzt wird, habe ich mit der Sportwissenschaftlerin Rhoia Neidenbach besprochen. Sie verrät außerdem, wie wir von einem inaktiven Lebensstil in einen aktiven finden und worauf wir besonders achtgeben müssen. Welche Motivation auch immer dahinterstecken mag, wer auf das Rad steigt, kurbelt die körpereigene Produktion der Glücksgefühle an, stärkt das Immunsystem und beugt bestimmten Krankheiten vor – ohne dabei die Umwelt zu belasten.

Das Radfahren hat mein Leben verändert. Ich wollte wissen, was es anderen bedeutet und habe in meinem Freund:innen- und Bekannten-Kreis nachgefragt und Online-Foren mit Anfragen und Aufrufen geflutet. Unzählige Menschen, Groß und Klein, haben mir ihre Radfahrgeschichte geteilt und erzählt, warum sie mit dem Radfahren begonnen haben und wie es zum festen Bestandteil im Alltag wurde. Während für den einen das Radfahren eine „Lebensrettung“ war, sehen andere das Radfahren ganz pragmatisch: „Ich fahre nicht aus Überzeugung, sondern aus Kostengründen!“ Wäre ich nicht schon eine überzeugte Radfahrerin gewesen, spätestens nach der Recherche zu diesem Buch und den persönlichen, amüsanten, teils sehr berührenden aber auch pragmatischen Geschichten, wäre ich eine geworden. Für mich sind diese Geschichten das Herzstück des Buches – sie stehen jeweils verbindend zwischen den einzelnen Buchkapiteln.

Viele unserer täglichen Wege sind kürzer als 5 oder 10 Kilometer. Wir könnten das Auto also ruhig öfter stehen lassen und uns stattdessen auf das Fahrrad schwingen. Sichere Infrastruktur vorausgesetzt. Was es braucht, damit wir am Land und in der Stadt für unsre täglichen Strecken das Rad wählen und wie eine ideale Radinfrastruktur aussieht, weiß Mobilitätsexperte Alec Hager. Wir werden außerdem feststellen, dass das aktuelle Verkehrssystem kein inklusives ist – die Straßen sind für die Autolenker da. Dabei wäre eine Infrastruktur, die das Gehen und Radfahren priorisiert, nicht nur für die Umwelt und unser körperliches und seelisches Wohlbefinden förderlich und würde die Klimaerhitzung bremsen, sie bringt auch die Leute zusammen und verhindert Einsamkeit, denn sie erleichtert sozialen Austausch. Vorbilder gibt es bereits genug.

Betrachtet man die Menschheitsgeschichte, sind wir noch gar nicht so lange am Fahrrad unterwegs. Gut 200 Jahre. Die Geschichte des Fahrrads ist aber auch eine Geschichte der Verteilungskämpfe und Gleichberechtigung zwischen den Klassen und zwischen den Geschlechtern und eine Frage der vorherrschenden Wertvorstellung. Wer darf wo Rad fahren und was gehört sich (nicht) als Frau? Wie es aktuell mit der Gleichstellung am Fahrrad im Alltag und Bereich Spitzensport aussieht und warum wir uns noch immer mit hartnäckigen Klischees ärgern müssen, darüber sprach ich mit der Historikerin und Expertin für Frauen und Fahrrad, Petra Sturm.

Radlfoan is des Leiwandste. Für mich ist das Fahrrad nicht nur Transportmittel. Auch in meiner Freizeit bin ich am liebsten mit dem Fahrrad, und zwar vorzugsweise mit dem Mountainbike, unterwegs. Als ich mit meiner Freundin K. auf den Start dieses Buches anstoßen wollte, musste ich ihr absagen. Ich war beim Biken gestürzt. An diesem Abend hieß es Tetanusspritze statt Aperol-Spritzer, sterile Notaufnahme statt schummriger Bar. Ich habe mir beim Biken schon unzählige Kratzer, mindestens ein blutiges Knie und einen gebrochenen Arm geholt. Ich verdanke dem Biken aber auch viele unglaublich tolle Erlebnisse, Naturerfahrungen und Freund:innen und möchte das Radfahren als festen Bestandteil im Alltag und in meiner Freizeit nicht missen. So wie mir scheint es vielen zu gehen. Nicht nur Mountainbiken, Radfahren überhaupt erlebte in den vergangenen Jahren einen enormen Boom. Das sorgt in der österreichischen Wirtschaft für ein fettes Plus und sichert gleichzeitig Arbeitsplätze. Immer mehr Fahrradproduzenten verlagern ihre Produktion nach Europa, manche heften ihnen das Pickerl „Made in Austria" an. Was es tatsächlich heißt, in Österreich Räder zu fabrizieren, darüber habe ich mit *NOX Cycles* – Hersteller von hochwertigen und hochpreisigen E-Mountainbikes, und *Glanzrad* – Produzent von leistbaren Rädern für den Alltag, gesprochen.

Die Recherchen zu diesem Buch haben gezeigt: Radfahren macht uns glücklich, gesünder, stärker und fördert den sozialen Zusammenhalt. Und schont dabei auch noch die Umwelt, sorgt für weniger Lärm und Luftverschmutzung. Es ist so verdammt einfach, auch unseren Mitmenschen etwas Gutes zu tun, wenn wir nicht auf das Gaspedal steigen, sondern in die Radpedale treten. Das Fahrrad ist wirklich ein Wunderwerk und ein Alleskönner schlechthin. Dieses Buch liefert 33 Gründe, warum es sich lohnt, auf das Fahrrad zu steigen. Denn Radfahren

1. schont die Umwelt,
2. schützt das Klima,
3. reduziert Lärm,
4. hält fit,
5. beugt Zivilisationskrankheiten vor,
6. stärkt das Immunsystem,
7. macht klug,
8. fördert nachhaltige Mobilität,

9. bringt Gleichberechtigung voran,
10. spart Zeit,
11. eröffnet neue Perspektiven und Einblicke,
12. fördert die Kommunikation und sozialen Austausch,
13. senkt den Stresslevel,
14. stärkt die Wirtschaft,
15. ist das neue Skifahren
16. und ein Tourismusmotor,
17. verbessert die Luftqualität,
18. hilft abzunehmen,
19. begünstigt Rauchstopp,
20. tut der Psyche gut,
21. beugt Diabetes vor,
22. reduziert das Risiko für Herz-Kreislauf-Erkrankungen,
23. senkt das Krebsrisiko,
24. hilf neue Menschen und Plätze kennen zu lernen,
25. steigert die Kreativität,
26. fördert das Selbstbewusstsein,
27. bekämpft Depressionen,
28 produziert Glückshormone,
29. reduziert CO_2-Ausstoß,
30. braucht weniger Platz,
31. spart Geld,
32. bringt uns in Bewegung und
33. macht den Kopf frei.

Vor allem aber soll dieses Buch Argumente liefern, Freude machen und überzeugen, umzusteigen. Wir tun uns etwas Gutes und tragen nebenher dazu bei, unseren Planeten zu retten.

Stefanie Meier, Frühjahr 2023

33 Geschichten von Radler:innen – Teil 1

Brigitte, Alter unbekannt, Wien: *Ich habe sieben Kinder und 14 Enkerln. Wir sind eine Fahrrad-Familie, lauter Freaks. Wir machen alles mit dem Fahrrad, wir haben ein E-Lastenrad, das wir mit anderen teilen, genauso wie unser Auto. Das benutzen wir aber nur im Notfall. Wir haben auch ein Tandem. Manchmal vergesse ich, wie das Gehen geht, weil ich alles mit dem Fahrrad mache. Wenn ich mit meinem Mann auf einer Radtour bin und wir zwei bis drei Wochen unterwegs sind, dann habe ich Probleme beim Stiegengehen, weil das dann eine sehr ungewöhnliche Bewegung ist.*

Agnes, 39, Perchtoldsdorf, Niederösterreich: *Eigentlich fahre ich nicht aus Überzeugung oder aus Gesundheitsgründen mit dem Fahrrad, sondern aus Kostengründen. Ich pendle fünf Tage die Woche zur U-Bahn-Station Siebenhirten oder zum Bahnhof Wien-Liesing und von da weiter in die Stadt hinein. Das sind zwischen 1,5 und 2 Kilometer hin und das Gleiche wieder retour. 2022 bin ich nur drei Mal nicht mit dem Rad gefahren. Im Winter fahre ich meistens zum Bahnhof Liesing, weil der Feldweg nach Siebenhirten nicht beleuchtet ist, das ist mir zu gefährlich. Meine zwei Buben, jetzt sind sie 6 und 11 Jahre, habe ich, sobald sie sitzen konnten, im Fahrradanhänger mitgenommen. Ich fand den gleich so praktisch, den Anhänger. Was ich schon alles damit transportiert habe. Eine Gartenbank, einen Griller, Sessel und Tapeten. Ich hatte nur einmal für kurze Zeit ein Auto. Für unsere Gemeinde habe ich mal einen Vortrag gehalten: „Alltag ohne Auto, geht das?“*

Karl, 55, Köln, Deutschland: *Unfallbedingt ist das Liegedreirad die einzige Möglichkeit, mit einem Rad zu fahren. Nach 6 Jahren fast nur liegend fahre ich seit 2009 ein Dreirad. In den 13 Jahren hat sich mein Gesundheitszustand dank meines vollgefederten Liegedreirads so weit gebessert, dass auch längere Touren ab und an machbar sind. Ohne diese*

Bewegung verschlechtert sich mein Gesundheitszustand rapide, also habe ich keine andere Möglichkeit. Auch wenn ich ein anderes Fahrrad fahren könnte, würde ich weiterhin mit meinem Biest fahren, es macht einfach unendlich viel Freude. Mittlerweile wurde sogar das Auto abgeschafft, weil es sich nicht mehr gerechnet hat. Was mich vom Fahren abhält? Wenn der Körper gar nicht kann und Frost.

Hugo, 52, Berlin, Deutschland: *Ich fahre seit über 30 Jahren Liegerad und seit einigen Jahren Velomobil. Nicht so sehr aus gesundheitlichen Gründen, sondern weil es einfach viel geiler ist als aufrechtes Fahren: kein schmerzender Hintern, keine eingeschlafenen Handgelenke, kein Rücken-Aua, kein steifer Nacken, keine gequetschten Eier und dazu kann man noch viel mehr Gepäck mitnehmen. In Wien war ich übrigens mal Mitte der Neunziger mit einem Selbstbau-Lieger. Aber es war Sommer, offenbar waren die „Guten" ausgeflogen, denn auf der Straße sind mir nur Rassisten begegnet. Da habe ich schnell meine Sachen gepackt und bin weiter nach Bratislava. Da waren alle viel netter. Sind natürlich alles unzulässige Verallgemeinerungen, aber so habe ich es halt wahrgenommen.*

Walter, 57, Himberg, Niederösterreich: *Seit ich 30 bin, kann ich meinen Kopf nicht richtig bewegen, meine Wirbelsäule versteift sich in einer Fehlhaltung. Reha-Aufenthalte haben keinen langfristigen Erfolg gebracht. Nach einer Hüft-OP 2014 bin ich sehr viel gegangen. Ich wollte ohne Schmerzen etwas erleben. Wie andere auch. In der Prater Hauptallee, ich wollte von dort nachhause wandern, haben mich die vielen Radfahrer inspiriert. Mit wenig Selbstvertrauen bin ich in ein Radgeschäft. Der beherzte Verkäufer hat mir den Lenker eingestellt. Da habe ich gemerkt, das wird was! Ich habe ein bisschen recherchiert und bemerkt, an welchem genialen Ort ich wohne. Der Eurovelo 9a geht durch die Ortschaft, in ca. 20 Minuten bin ich beim Kraftwerk Freudenau, der Liesingbachradweg ist in 10 Minuten erreichbar und mit dem Zug komme ich von hier ganz einfach nach Neusiedl am See.*

Kapitel 1

Klimakrise

Die Welt ist ins Straucheln geraten

Wir rollen mit dem Fahrrad über asphaltierte Straßen, über Schotterwege und eventuell sogar auf einem ausgewiesenen Radweg. Bäume, Felder, Häuser und Autos ziehen an uns vorbei. Vielleicht hat unser Fahrrad einen elektrischen Motor, den wir genauso wie unsere Handy-Akkus aufladen müssen. Unser neues, atmungsaktives T-Shirt verbrauchte bei der Herstellung Energie und Wasser. Wenn wir es später in die Waschmaschine schmeißen, wird es das wieder tun. Das Buch, das Sie in Händen halten, wurde unter Maschineneinsatz auf Papier gedruckt – ein verarbeiteter Rohstoff, der irgendwann einmal im Wald stand, uns mit Sauerstoff versorgt und die Luft gereinigt hat.

Die Welt, in der wir leben, ist komplex und, um bereits im Jargon der Klimawissenschaft zu sprechen, von Rückkopplungen geprägt: Das, was auf den Teller kommt, wie wir unsere Häuser und Wohnungen heizen, wie wir uns fortbewegen, wie wir unsere Städte und Dörfer gestalten, all das wirkt sich auf unser Klima aus. Und das Klima bestimmt wiederum, was auf den Tisch kommt, wie heiß es in unseren Häusern, Wohnungen oder Hütten wird, ob es da, wo wir leben, genug zu essen und zu trinken gibt oder ob wir gezwungen sind, unser Zuhause zu verlassen und flüchten zu müssen. Wir (ver) brauchen Energie und Rohstoffe in einem Ausmaß, das unseren Planeten und sein Klimasystem an seine Grenzen bringt. Die Temperaturen steigen, die Erde fiebert. Wir stecken in einer Klimakrise. Die Komplexität und Dimension globaler Krisen lassen uns als Einzelne oft ratlos zurück, wir fühlen uns wie erschlagen und ohnmächtig, etwas zu tun. Radeln wir dagegen an. Wenn wir auf das Rad steigen, schütteln wir unsere Resignation ab und tragen aktiv zur Eindämmung der Klimakrise bei. Die globale Klimakrise ist eine Folge der weltweit steigenden Temperaturen. Die globale Durchschnittstemperatur hat sich gegenüber dem vorindustriellen Niveau um 1,1 °C erhöht.[1] Der Anstieg von 1,1 °C ist der Durchschnitt aus Tausenden von Messungen über Land und Wasser. Seit den 1980ern findet eine intensive Erwärmung statt[2], allein in den vergangenen 50 Jahren ist die Temperatur um 0,5 °C gestiegen. Aktuell steigen die Temperaturen um 0,2 °C pro Dekade – allerdings nicht überall gleich schnell. In der Arktis etwa steigt sie in den kalten Monaten besonders stark.[3] Auch in Österreich schreitet die Erwärmung schneller voran als im globalen Durchschnitt. Im Land der bald gletscherlosen Berge ist die

Kohlendioxid-Konzentration in der Atmosphäre (Monatsmittelwerte)

Globale Temperatur zum Durchschnitt 1957 und 2020 (graue Balken)

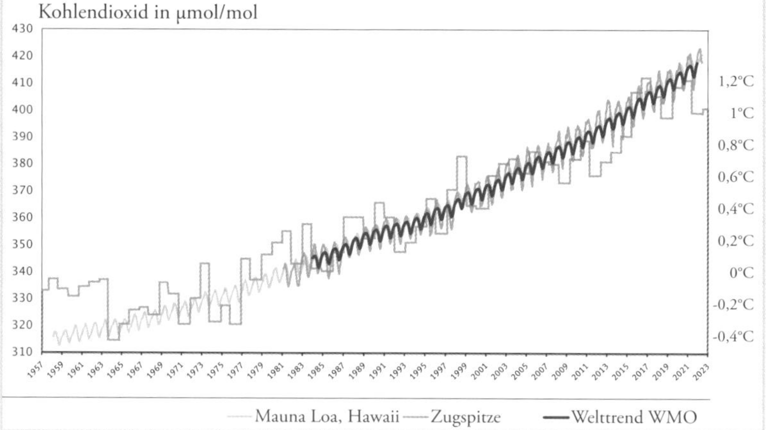

Quelle: Umweltbundesamt (Schauinsland, Zugspitze), NOAA Global Monitoring Division and Scripps Institution of Oceanography (Mauna Loa, Hawaii), World Meteorological Organization, WDCGG (World Trend)

Temperatur bereits um 1,9 °C gestiegen.[4] Was sind schon ein bis zwei Grad wärmere Temperaturen im globalen Durchschnitt? Was nach einem minimalen, kaum spürbaren und viel zu abstrakten Temperaturanstieg klingt, hat bereits jetzt massive Auswirkungen auf uns Menschen und die Welt, in der wir leben. Natürliche Schwankungen des Klimas hat es auf der Erde schon immer gegeben. Was allerdings neu ist, ist der rasante Temperaturanstieg.[5] Die Ursache für die Erwärmung, und darüber herrscht wissenschaftlicher Konsens, ist der menschengemachte Treibhauseffekt. Das bestätigt unter anderem auch der größte Rückversicherungskonzern der Welt – die Münchener Rück, die den Klimawandel als eine der größten Herausforderungen für die Menschheit bezeichnet.

Natürlicher und menschengemachter Treibhauseffekt

Unsere Erde ist von der Atmosphäre umgeben. In dieser schützenden Gashülle sorgen Wasserdampf und Treibhausgase für den natürlichen Treibhauseffekt. Zu den natürlichen Treibhausgasen zählen Kohlenstoffdioxid (CO_2), Distickstoffoxid (Lachgas, N_2O), Ozon (O_3) und Methan (CH_4). Wenn Sonnenstrahlen auf die Erdoberfläche treffen, nimmt die Erdoberfläche einen Teil als Wärme auf, und ein Teil wird als Wärmestrahlen zurück in den Weltraum geschickt. Bevor sie dorthin gelangen, nehmen in der Atmosphäre die Treibhausgase einen Teil der Wärmestrahlen auf. Dadurch erwärmt sich unsere Erde auf durchschnittlich +14 °C. Ohne Treibhauseffekt hätte es auf der Erde zirka -18 °C und wäre damit viel zu kalt für uns Menschen. Erst der natürliche Treibhauseffekt macht die Erde für uns Menschen bewohnbar.[6,7,8,9]

Stellen wir uns das Klimasystem als ein Fahrrad vor. Das Klimasystem besteht wie das Fahrrad aus mehreren Bestandteilen, die miteinander verbunden sind und sich in ständigem Austausch befinden. Sie versuchen, im Gleichgewicht zu bleiben, und ermöglichen damit so ganz nebenbei jene lebenswerten Bedingungen auf der Erde, die wir gerade (noch) vorfinden. Auch beim Fahrrad sorgt das Zusammenspiel der einzelnen Komponenten dafür, dass das Rad rund läuft und wir sicher unterwegs sind. Wer jedoch mit zu wenig Luft in den Reifen unterwegs ist, müht sich unnötig ab. Wer zu viel Luft hinein pumpt, riskiert einen Reifenplatzer. Eine abgenutzte oder rostige Kette schadet dem Kettenblatt, Speichen, die zu locker oder zu fest angezogen sind, verziehen das Laufrad. Funktioniert eines der Elemente nicht richtig oder löst sich irgendwo eine Schraube, wirkt sich das auf unser ganzes Fahrrad und unser Fahrverhalten aus. Unsere Sicherheit ist beeinträchtigt, auch wenn wir es nicht sofort bemerken – oder ignorieren.

Auf das Klimasystem übertragen heißt das: bis zur industriellen Revolution haben alle Elemente gut zusammengespielt. Der Reifendruck hat gepasst, die Speichen waren gleichmäßig gespannt. Die Ozeane, Wälder und Böden, die natürlichen CO_2-Speicher, waren groß genug, um die natürlich vorkommenden Treibhausgase aus der Luft aufzunehmen. In der Atmosphäre tummelten sich genauso viele Treibhausgase, dass genug Wärme zurückstrahlt und ausreichend Wärme gespeichert wurde. Was ist dann passiert?

Der Schotte James Watt tüftelt im 18. Jahrhundert an einer Maschine, die die Welt in ihren Grundfesten erschüttern wird. 1769 erhält Watt das Patent für die Dampfmaschine, die durch die Verbrennung von Kohle Dampf, und damit Energie, erzeugte.[10] Das Rad der Industrialisierung beginnt sich langsam zu drehen. Die Dampfmaschine gilt als Geburtsstunde der industriellen Revolution und markiert den Übergang von der Agrargesellschaft zur kapitalistischen Industriegesellschaft in Europa und Nordamerika. Während in der Agrargesellschaft die Mehrheit der Bevölkerung in der Landwirtschaft tätig ist, stehen mit Beginn der Industrialisierung immer mehr Menschen an Fließbändern in Fabriken, um dort arbeitsteilig Waren herzustellen. Produkte konnten plötzlich in Massen angefertigt und zu viel günstigeren Preisen als je zuvor ver- und gekauft werden. Der gesellschaftliche Umbruch und der technische Fortschritt zu dieser Zeit erfassten und veränderten wesentliche Bereiche der Gesellschaft: Transport, Kommunikation, Konsum, Mobilität, Bildung, Gesundheit und Politik. In den Städten wurden Krankenhäuser und Wasserleitungen gebaut, die Kanalisation installiert. Das Telefon wurde erfunden, das Dampfschiff revolutionierte den Schiffsverkehr, die Welt begann sich zu vernetzen und zu verkabeln. 1886 meldete Carl Benz das Paent für sein Automobil an. Wissen expandiert, die Alphabetisierungsrate steigt, neue Berufe entstehen. Hygienemaßnahmen und medizinische Fortschritte führen dazu, dass die Kinder- und Säuglingssterblichkeit sinkt. Europa und Amerika forcieren die Kolonialisierung, um an neue und billige Rohstoffe zu kommen. Die Bevölkerung wächst rapide. Der Preis für die Industrialisierung sind Verarmung und Klassenkämpfe in weiten Teilen der Bevölkerung.[11,12] Die Entwicklungen, die den Lebensstil, wie wir ihn heute kennen, ermöglichten, gehen auf Kosten der Umwelt. Industriegesellschaften haben einen enormen Energieaufwand, den sie decken, indem sie fossile Brennstoffe wie Erdöl, Erdgas und Kohle verbrennen, die sich über Jahrmillionen aus abgestorbenen Pflanzen, Algen und Lebewesen gebildet haben. Bei der Verbrennung von fossilen Brennstoffen wird jenes CO_2, das sie aus der Atmosphäre gezogen und eingelagert haben, freigesetzt, und die natürlichen CO_2-Speicher kommen an ihre Grenzen. Durch die erhöhte Treibhausgaskonzentration in der Atmosphäre wird mehr Wärme in der Atmosphäre gespeichert als in das All zurückgeschickt. Die Erde erwärmt sich.[13] Seit Beginn der Industrialisierung ist die Konzentration von CO_2 in der Atmosphäre um etwa 50 Prozent gestiegen, in den 10.000 Jahren vor der Industrialisierung war sie relativ stabil. Seit der Industrialisierung verursacht der Mensch Treibhausgase in einem Ausmaß, das die natürlichen Speicher nicht aufnehmen können. Zusätzlich roden wir Wälder und zerstören damit wichtige CO_2-Speicher. Durch unseren

Flächenverbrauch und die Versiegelung von Böden heizen wir die Erderwärmung weiter an. Auch der Fleischkonsum und tierische Nahrungsmittel tragen ihr Scheibchen zur Klimaerwärmung bei: Wälder werden abgeholzt, um Futtermittel für die Massentierhaltung anzubauen, und schließlich müssen an dieser Stelle auch landwirtschaftliche Nutztiere erwähnt werden, die bei der Verdauung das klimawirksame Methan erzeugen.[14,15,16]

Die Folgen der Klimaerwärmung

Kommen wir auf den Vergleich mit dem Fahrrad zurück. Mit der Industrialisierung und dem technischen Fortschritt haben wir auch unser Fahrrad optimiert, immer mehr Fahrräder sind mit Akkus und Motoren ausgestattet. Wir fliegen förmlich über asphaltierte Straßen. Nur leider ignorieren wir den langsamen Verschleiß der Einzelteile. Die Kette ist schon abgenutzt. Das Tretlager ebenso, die Pedale knacken beim Treten ein wenig. Ein paar Schrauben und Speichen haben sich schon gelockert, das Vorderrad eiert, darunter leiden wiederum unsere Bremsen. Wenn wir nicht auf der Stelle eine Pause einlegen und ein paar Reparaturen vornehmen, legen wir bald eine Bruchlandung hin. Nicht nur unser Fahrrad ist ins Straucheln gekommen. Auch unser Klima. Die Folgen spüren wir heute. Dabei ist es nicht so, dass wir nicht schon längst von den Folgen der Klimaerwärmung wissen und gewarnt wurden.
Wer den Diskurs und die Berichterstattung verfolgt, stolpert täglich über Schlagzeilen zu Temperaturrekorden, Hitzewellen, Überschwemmungen und verfehlten Klimazielen. Und vor allem auch über Warnungen und Mahnungen, dass sich rasch etwas ändern muss. Dass sich das Klima erhitzt, weil wir Menschen Treibhausgase verursachen, wissen wir nicht erst seit gestern. Die amerikanische Wissenschaftlerin Eunice Foote experimentierte in den 1850ern mit Wasserdampf und Kohlenstoffdioxid und stellte fest, dass Letzteres

die Erde erwärmt. 1843 schreibt Alexander von Humboldt, dass der Mensch das Klima „durch Fällen der Wälder, durch Veränderung in der Verteilung der Gewässer und durch die Entwicklung großer Dampf- und Gasmassen an den Mittelpunkten der Industrie" verändere. Gegen Ende des 19. Jahrhunderts kann der schwedische Chemiker Svante Arrhenius nachweisen, dass der Mensch den CO_2-Gehalt in der Atmosphäre erhöht. In den 1930ern misst der Kanadier Guy Stewart Callendar eine jährliche Erwärmung von 0,005 °C pro Jahr und zieht den Schluss, dass die Erwärmung viel zu schnell voranschreitet und nicht dem natürlichen Treibhauseffekt zugeschrieben werden kann. 100 Jahre nach Eunice Footes Experiment verfolgte der deutsche Meteorologe Hermann Flonh die Frage, wie Menschen das Klima verändern, und warnte 1941 erstmals vor den Folgen einer Klimaveränderung. Ab 1958 wird der CO_2-Gehalt in der Atmosphäre auf dem Vulkan Mauna Loa auf Hawaii gemessen und zeigt die jährliche Steigerung des CO_2-Gehalts. Auf der Jahrestagung der Deutschen Physikalischen Gesellschaft 1971 warnte Floh nerneut vor den Folgen des Klimawandels, erstmals vor irreversiblen Auswirkungen.[17] 1979 organisierte die Weltorganisation für Meteorologie (WMO) die erste Weltklimakonferenz, an deren Ende die Teilnehmer:innen an die Politik appellieren, in die Forschung zum Klimawandel zu investieren, um seine Folgen, und wie man sie verhindern kann, besser zu verstehen. 1988 gründeten das Umweltprogramm der Vereinten Nationen und die WMO den Intergovernmental Panel on Climate Change (IPCC), der auch als Weltklimarat bezeichnet wird. Weltweit tragen Expert:innen und Wissenschaftler:innen im Auftrag dieser Institution der Vereinten Nationen aktuelle Daten zum Klimawandel zusammen.[18,19] Über die Folgen des Klimawandels, wie wir uns anpassen können und müssen und wie verwundbar menschliche und ökologische Systeme aufgrund des Klimawandels bereits sind und sein werden, berichten die Wissenschaftler:innen in den IPCC-Sachstandsberichten. Der sechste Sach-

standsbericht ist im April 2022 erschienen und stellt die Grundlage des nächsten Abschnitts dar: die Folgen des Klimawandels.
50 Jahre nach der ersten Warnung vor irreversiblen Folgen durch die Klimaerwärmung stecken wir mitten drin in der Klimakrise und erleben sie vor unserer Haustüre. Im Juni 2022 hat die italienische Regierung den Hitze- und Dürrenotstand für fünf Regionen im Norden des Landes ausgerufen. Durch Großfeuer in Europa sind in der ersten Jahreshälfte 2022 rund 660.000 Hektar Land verbrannt. In einem Zeit-Interview spricht Jesus San Miguel, Koordinator des Europäischen Waldbrand-Informationssystems (EFFIS), bereits im August 2022 von einem Rekordjahr. Spanien, Rumänien und Portugal waren von den Bränden am schlimmsten betroffen.[20] Der globale Temperaturanstieg um 1 °C hat bereits zu Verlusten und Schäden in der Natur geführt und wirkt sich auf unser gesamtes Leben aus, wie die Autor:innen des sechsten IPCC-Sachstandsberichts schreiben. Die Autor:innen halten fest, dass die „Zunahmen von Wetter- und Klimaextremen" bereits zu „einigen irreversiblen Folgen geführt" haben, „da natürliche und menschliche Systeme über ihre Anpassungsfähigkeit hinaus belastet wurden". In einer weniger sachlichen Sprache heißt das, dass Menschen, Tiere, Pflanzen und ganze Ökosysteme durch den Klimawandel gefährdet sind und an die Grenzen des Aushaltbaren und Überlebbaren gedrängt wurden. Überschwemmungen, Hitze, Waldbrände und tropische Wirbelstürme sind häufiger und intensiver geworden und haben Dörfer und Städte heimgesucht. Menschen haben ihr Zuhause verloren. Viel zu viele ihr Leben.
So wie die Temperaturen in unterschiedlichen Regionen unterschiedlich stark steigen, sind auch die Folgen unterschiedlich stark ausgeprägt. Nicht alle trifft es gleich, jene, die am verwundbarsten sind, am stärksten. In Regionen, die als stark verwundbar gelten, war die Sterblichkeitsrate aufgrund von Überschwemmungen, Dürren und Stürmen im Zeitraum von 2010 bis 2020 rund 15-mal höher als in Regionen mit geringerer Verwundbarkeit. Während im globa-

len Süden Menschen ihre Lebensgrundlage bereits verloren haben, kämpfen Europas Landwirt:innen mit starken Unwettern und Ernteausfällen aufgrund von Frost, Hagel und Trockenheit.[21]
Folgende beobachtete Veränderungen stammen aus dem sechsten IPCC-Sachstandsbericht und wurden an einigen Stellen mit zusätzlichen Informationen ergänzt:

- *Gletscher- und Eisschmelze, steigender Meeresspiegel und saure Ozeane*: Der Temperaturanstieg von 1,1 °C bringt das arktische Meereis, Eisschilde, Grönlands Inlandsgletscher und Hochgebirgsgletscher zum Schmelzen. Ihr Zustand wirkt sich aufgrund ihrer enormen Größe auf das Klima aus, und sie zählen zu den Kipp-Elementen des Klimasystems.[22] Der Meeresspiegel steigt, weil Gletscher und Eiskappen schmelzen, aber auch, weil sich durch die höheren Temperaturen das Ozeanwasser ausdehnt. Je nach Klimamodell und Emissionsszenario ist ein Anstieg von 18 Zentimeter bis zwei Meter möglich. 160 Millionen Menschen leben in Regionen, die sich weniger als ein Meter über dem Meeresspiegel befinden.[23] Süßwasser- und Meeresökosysteme an der Küste und im offenen Ozean haben aufgrund des Klimawandels bereits erheblichen Schaden und irreparable Verluste erlitten. Die Ozeane versauern zunehmend, weil sie zu viel CO_2 aufnehmen und dadurch ihr pH-Wert sinkt. Warmwasserkorallen bleichen aus oder sterben ab. Krustentiere laufen Gefahr, keine Schalen und Korallen, keine Riffe zu bilden.[24] Allein zwischen 2009 und 2018 sind 14 Prozent (oder 11.700 Quadratkilometer) der Korallen der tropischen Riffe verschwunden und damit wichtiger Lebensraum für Fische, Krustentiere und viele andere Lebewesen und wesentliche „Nahrungs- und Lebensgrundlage für Abermillionen Menschen“, wie Autor Joachim Müller-Jung in der Frankfurter Allgemeinen zusammenfasst.[25]
- *Permafrostboden:* Auf der Nordhalbkugel ist ein Viertel der Landfläche von Permafrostböden bedeckt. Im Permafrost lagern riesige Mengen Kohlendioxid (CO_2) und Methan (CH_4), die beim Auftau-

en freigesetzt werden und zur weiteren Erwärmung führen. Permafrost zählt daher zu den Kipp-Elementen. Im Permafrost sind Viren konserviert, die sich beim Auftauen verbreiten können. Infrastruktur wie Schienen, Straßen und Gebäude, die auf Permafrost gebaut sind, können absacken oder einstürzen. Werden Gas- und Ölpipelines zerstört, drohen weitere Umweltkatastrophen.[26,27]

• *Artenreichtum in der Tier- und Pflanzenwelt:* Die Klimaerwärmung geht mit dem Verlust der Biodiversität einher. Pflanzen und Tiere passen sich an die Klimaerwärmung an, indem sie „polwärts" beziehungsweise an Land in höher gelegenen Lagen wandern. Etwa die Hälfte der weltweit untersuchten Arten ist bereits polwärts oder an Land in höhere Lagen gezogen. Nicht alle Tiere und Pflanzen können sich schnell genug oder noch weiter anpassen, ihre Resilienz und Anpassungsfähigkeit haben bereits abgenommen.

• *Klima- und Wetterextreme:* Stürme und Überflutungen sind häufiger geworden. Der Anstieg des Meeresspiegels und die Zunahme von Starkniederschlägen hat beispielsweise dazu geführt, dass sich tropische Wirbelstürme häufiger bilden und intensiver wurden.

• *Extreme Hitze und Hitzewellen:* Extreme Temperaturen und Hitzewellen haben zugenommen. Die daraus resultierende Dürre und Trockenheit führt zum Baumsterben – und immer häufigeren und gewaltigeren Waldbränden. Hitze bedeutet auch für den Menschen eine außerordentliche Belastung, die zu Herz-Kreislauf-Beschwerden, Kopfschmerzen, Benommenheit und bis zum Tod führen kann. Die „hitzebedingte menschliche Sterblichkeit" ist bereits gestiegen. Besonders gefährdet sind Kinder, ältere Personen, chronisch Kranke sowie Menschen mit geringem Einkommen, denn sie sind es, die oft in Wohnungen mit schlechter Bausubstanz oder keiner bis schlechter Isolierung wohnen. Hitze stellt aber nicht nur Menschen, Tiere und Pflanzen auf eine harte Probe, sondern beeinträchtigt Verkehrs-, Wasser-, Abwasser- und Energiesysteme und verschlimmert die Auswirkungen von anderen Luftverschmutzungen.[28,29]

• *Versorgungssicherheit von Nahrung und Wasser:* Sie hat bereits abgenommen und bremst eine nachhaltigere und damit umweltverträgliche Entwicklung der Landwirtschaft. Millionen Menschen sind bereits heute einer akuten Ernährungsunsicherheit und verminderten Wasserversorgungssicherheit aufgrund des Klimawandels und Wetterextreme ausgesetzt. In Teilen Afrikas, Zentral- und Südamerikas haben Überschwemmungen und Dürre zu akuter Ernährungsunsicherheit und Unterernährung geführt. Besonders betroffen sind indigene Völker, Kleinproduzent:innen von Nahrungsmitteln und einkommensschwache Haushalte, Kinder, ältere Menschen und Schwangere.
• *Humanitäre Krisen, Konflikte und Fluchtbewegungen:* Der Klimawandel verstärkt und verursacht humanitäre Krisen. Klima- und Wetterextreme führen zunehmend zu Armut, kriegerischen Konflikten und Vertreibungen. In West-, Zentral- und Ostafrika, Südasien, Zentral- und Südamerika sowie kleinen Inselentwicklungsländern und in der Antarktis ist die menschliche Verwundbarkeit besonders hoch. Vor allem dann, wenn die Existenzgrundlage direkt vom Klima abhängt, wie das der Fall bei Kleinbauern, Hirten und Fischergemeinschaften ist.

Kippeffekte
Durch die Erwärmung haben wir unsere eigene Lebensgrundlage verändert. Einige Veränderungen erfolgen schleichend, wie die Veränderung der Vegetationsperioden von Pflanzen oder das Auftauen des Permafrostbodens. Letztere zählt zu den klimawirksamen Elementen mit Kipppunkten. Kipp-Elemente reagieren bis zu ihrem Kipppunkt nur langsam auf Klimaveränderungen oder Klimastress. Wie beim Fahrrad, wenn der Schnellspanner für das Rad nicht festgedreht wurde, wird es uns nicht gleich vom Rad werfen, aber das Risiko eines Unfalls steigt, umso lockerer der Schnellspanner wird. Wenn sich der Schnellspanner plötzlich löst und das Rad einfach rausfällt, landen wir auf der

Nase. So ähnlich ist es mit den Kipp-Elementen. Wenn sie plötzlich reagieren, können sie großflächige und irreversible Kettenreaktionen auslösen, die das Klimasystem destabilisieren und Entwicklungen und Prozesse im Klimasystem verstärken oder abschwächen. Warum das so ist, liegt an den Rückkopplungen der Kipp-Elemente. Eines der bedeutendsten Beispiele ist die Eis-Albedo-Rückkopplung: Schnee und Eis reflektieren bis zu 90 Prozent der Sonnenstrahlen, während Wasser und Boden 80–90 Prozent der Strahlen absorbieren. Indem mehr Eisfläche schmilzt und Boden frei wird, erwärmt sich die untere Luftschicht stärker, die globalen Temperaturen steigen, und das wiederum führt zum weiteren Abschmelzen von Eis und Schneeflächen.[30,31,32,33,34,35]

Land der gletscherlosen Berge

Als ich an diesem Kapitel gearbeitet habe, war ich zu Besuch bei meiner Familie in der Steiermark. Dort verbringe ich traditionellerweise die Feiertage. Nachdem die Verwandten gegangen und die letzten Teller geleert waren, unternahmen meine Schwester und ich einen ausgedehnten Spaziergang durch den Wald. Winzige Gänseblümchen haben ihre Köpfe aus der Wiese gestreckt, gelbe Schlüsselblumen leuchteten wie kleine Farbkleckse auf dem mit altem Laub bedeckten Waldboden. Die gelbe stängellose Schlüsselblume wird auf der Webseite einer Baumschule als eine „frühblühende Schönheit“ bezeichnet, die im März zu blühen beginnt und damit das neue Gartenjahr einläutet.[36] Den Waldspaziergang haben wir aber nicht im Frühling, sondern an Weihnachten unternommen. Mit einem Temperaturanstieg von 1,9 °C ist der Temperaturanstieg in Österreich fast doppelt so stark wie im globalen Mittel (1,1 °C) 2022 zählt in Österreich zu den drei wärmsten Jahren der über 200-jährigen Messgeschichte.[37] 18 der 25 wärmsten Jahre in Österreich fallen in die Jahre nach 2000. Im Vergleich zu anderen Regionen ist der Alpenraum stärker von der Erwärmung betroffen, den Temperaturen steigen über Land schneller als über Wasser. Je nachdem, wie viele Emissionen wir produzieren (Emissionsszenario), ist in Österreich bis 2050 mit einem Antieg von 1,0 bis 2,0 °C zu rechnen, bis zum Ende des 21. Jahrhunderts kann der Anstieg bis zu +4 °C betragen.[38]

- *Extremwetter und Hitze:* Extreme Wetterereignisse lösen Muren, Rutschungen, Steinschläge und Überschwemmungen aus.[39] Die Hochwassergefahr steigt auch für den Winter, da aufgrund der höheren Temperaturen mehr Regen als Schnee fällt. In Österreich wird es in allen Höhenlagen wärmer.[40] Die Anzahl an Sommertagen (über 25 °C), Hitzetagen (über 30 °C) und Tropennächten (nicht unter 20 °C) steigt.[41] Die Österreichische Agentur für Gesundheit und Ernährungssicherheit zählt von 2017 bis 2022 1.581 hitzebedingte Todesfällen.[42] Die Armutskonferenz berichtet 2020 von 3.701 Hitzetoten zwischen 2013 und 2019.[43,44] Im Wiener Stadtkern wird die Belastung besonders groß sein, denn verbautes Gebiet speichert mehr Wärme als nicht verbaute Flächen. Der stärkere Kühlungsbedarf und niedrige Wasserstände in Flüssen können zu Stromausfällen führen. Der Wald – wichtiger CO_2-Speicher und Erholungsraum – leidet durch Wassermangel, den höheren Temperaturen und Schädlingsbefall.
- *Gletscher, Schnee, Permafrost:* Die Gletscher in den europäischen Alpen sind seit 1850 um zwei Drittel geschmolzen.[45] Österreichs Gletscher schmelzen besonders schnell, weil sie auf niedrigeren Höhen liegen als beispielsweise die Schweizer Gletscher. Der Rückgang, höhere Temperaturen, weniger Schneefall und eine kürzere Schneedeckendauer führen dazu, dass der Permafrostboden, der im alpinen Gelände Schutt- und Felshänge stabilisiert, auftaut. In Folge drohen Gefahren durch Rutschungen und Steinschlag, ganze Berghänge können sich lösen. Straßen, Seilbahnen, Berghütten und Wanderwege sind bereits in Mitleidenschaft gezogen. Die immer stärkere Er-

schließung der Gebirge setzt dem Permafrost zusätzlich zu. Seit 1886 werden auf dem Gipfel des Hohen Sonnblicks klimatologische Beobachtungen und Messungen durchgeführt. Anfang der 2000er bestätigte ein geologisches Gutachten, dass das historische Observatorium abzustürzen droht. Durch das Auftauen des Permafrosts verlor der stark zerklüftete Fels an Stabilität. Stahlanker, die in den Felskern geschraubt wurden, verhinderten die Tragödie.[46,47] 2022 blieb das Defregger Haus am Großvenediger geschlossen, weil der Permafrostboden, auf dem Schutzhütte und die Materialseilbahn gebaut sind, taut.[48]

- *Früher Frühling und eisige Blüten:* In Europa und Nordamerika haben sich Blühbeginn und Blattentfaltung seit Mitte des 20. Jahrhunderts um 2 bis 5 Tage pro Jahrzehnt nach vorne verschoben. In den vergangenen Jahren führte die Klimaerwärmung und der frühere Blühbeginn in der österreichischen Landwirtschaft zu Ernteausfällen durch Frostschäden. Meine Mutter ist eine der unzähligen steirischen Apfelproduzent:innen, die in den vergangenen Jahren mit Ernteeinbußen konfrontiert waren. Setzt die Blüte aufgrund der höheren Temperaturen früher ein, blühen die Bäume in einem Zeitfenster, in denen Temperaturen unter 0 °C zwar normal sind, aber die Apfelblüten abfrieren lassen. Es sind oft nur ein paar Tage, die darüber entscheiden, ob es zu Ernteausfällen kommt oder nicht. Während die Apfelblüte üblicherweise rund um den 20. April stattfindet, fand sie im Jahr 2020 im österreichweiten Mittel am 11. April statt.[49,50,51,52,53] Der frühere Blühbeginn 2020 hat 80 Prozent der Apfelernte meiner Eltern zerstört. Auch im darauffolgenden Jahr. 2022 war ein gutes, ertragreiches Jahr. Der Frost hat die Apfelblüten verschont. Wenn sie über das kommende Erntejahr redet, fällt in einem Nebensatz früher oder später: „Wir werden eh sehen, wie viel der Frost wieder vernichtet." Diese Unsicherheit begleitet sie seit den ersten Ernteeinbußen.

Was uns klimatisch blüht

Die Erderwärmung wird auch bei Reduzierung der Treibhausgase voranschreiten. Wie hoch die Temperaturen aber klettern, hängt wesentlich davon ab, wie viel Treibhausgase wir heute und in der Zukunft produzieren. Je höher der Temperaturanstieg, desto stärker die Auswirkungen.[54] Die internationale Staatengemeinschaft hat sich 2015 im Klimaschutzabkommen von Paris dazu verpflichtet, den Temperaturanstieg auf unter 2 °C zu halten und wenn möglich auf 1,5 °C zu begrenzen.[55] Jedes Zehntelgrad verschärft die Klimakrise und ihre verheerenden Folgen für unseren Planeten, warnt die Umweltschutzorganisation Global 2000. Es macht einen gewaltigen Unterschied, ob sich die Erde um durchschnittlich 1,5 °C auf 2 °C oder mehr erhöht. Wenn wir es schaffen, die Erwärmung auf 1,5 °C zu begrenzen, bewahren wir hunderte Millionen Menschen vor Armut und 10 Millionen Menschen davor, ihre Häuser aufgrund des steigenden Meeresspiegels verlassen zu müssen. Die Anzahl derer, die von Wasserknappheit betroffen sind, steigt um 50 Prozent, wenn die Erwärmung 2 °C erreicht und nicht auf 1,5 °C begrenzt werden kann. Bei einem Anstieg von 1,5 °C werden 70–90 Prozent der Korallenriffe zerstört, bei 2 °C Erwärmung bleibt nichts mehr übrig, die Korallenriffe werden vollständig zerstört sein. Worauf steuern wir zu? Bis Ende des 21. Jahrhunderts steigt die Temperatur je nach Emissionsszenario um 1,5–4,5 °C im Vergleich zum vorindustriellen Niveau. Anfang des Jahres 2023 steuern wir auf eine Erwärmung um 3 °C zu. Die Autor:innen im IPCC-Sonderbericht zur 1,5-°C-Erwärmung rechnen damit, dass sich die globale Durchschnittstemperatur bereits 2040 auf 1,5 °C erhöht haben wird. Um die Erderwärmung auf 1,5 °C einzudämmen, müssen die menschgemachten Treibhausgase weltweit bis 2030 radikal reduziert und bis 2050 auf Netto-Null gebracht werden. Um das zu erreichen, braucht es eine starke internationale Zusammenarbeit,, den Ausstieg aus Kohle und

Gas sowie Transformationen in allen Bereichen unseres Lebens: Gebäude, Energie, Verkehr, Landwirtschaft und Forstwirtschaft.[56,57,58,59] Die Europäische Kommission hat sich mit dem Green Deal das Ziel gesetzt, bis 2050 klimaneutral zu sein, also das Netto-Null bei Treibhausgasen zu erreichen und die Treibhausgase bis 2030 im Vergleich zu 1990 um 55 Prozent zu senken. Die Klimaneutralität ist seit 2021 im EU-Klimagesetz verankert.[60]

Bringt Radfahren wirklich was für das Klima?

Tragen wir wirklich zur Bewältigung der Klimakrise bei, wenn wir das Auto stehen lassen und stattdessen mit dem Fahrrad fahren? Ich stelle diese Frage sehr selbstbewusst, denn ich kann sie mit Ja beantworten. Es macht sogar einen Unterschied, wenn wir nur einmal am Tag auf das Rad statt ins Auto steigen. Aber alles der Reihe nach. Der Verkehr ist weltweit für ein Viertel des jährlichen CO_2-Ausstoßes verantwortlich, die Hälfte dieser Abgase stammt von Autos.[61] Laut Klimaschutzbericht 2022 des österreichischen Umweltministeriums wurden in Österreich 2020 73,6 Millionen Tonnen CO_2-Äquivalente[62] ausgestoßen. Davon verursacht der Verkehrssektor rund 30 Prozent beziehungsweise 20,7 Millionen Tonnen. Im Verkehrssektor wiederum entfallen 99 Prozent aller Treibhausgase auf den Straßenverkehr und damit auf PKW, Busse, Motorräder, Mofas, LKW und andere Nutzfahrzeuge. Wer mit dem Rad fährt, verursacht keine direkten Treibhausgase, die zur Klimaerwärmung beitragen. Im ersten Pandemiejahr 2020 sind die Treibhausgasemissionen in Österreich insgesamt gesunken, im Verkehrssektor war der Rückgang sogar besonders stark, weil die „PKW-Fahrleistung" stark eingebrochen ist. Weil weniger Menschen in ihre Autos gestiegen sind, konnten 2020 über 3 Millionen Tonnen CO_2-Äquivalente im Vegleich zu 2019 eingespart werden.[63] Die Emissionskennzahlen des Umweltministeriums sprechen für sich. Wer mit dem Auto statt mit der Bahn fährt, stößt elfmal so viele klimawirksame Treibhausgase aus. Das Umweltministerium hat das Fahrrad in den Emissionskennzahlen nicht berücksichtigt. Wenn wir Fahrradfahren, produzieren wir keine neuen (also direkten) Treibhausgase. Wir können es also einfach mal mit null Emissionen angeben.

EMISSIONEN PRO KILOMETER UND PERSON

direkte und indirekte Emissionen in CO_2-Äquivalent pro Kilometer

Fahrrad: 0

Bahn: 19,2 g/km/P

Reisebus: 51,0 g/km/P

Linienbus: 59,5 g/km/P

PKW; 217,6 g/km/P

Flugzeug: 607,7 g/km/P

Emissionskennzahlen 2020, Datenbasis Umweltministerium BMK

CO_2-Fußabdruck von Fahrrädern

Das Fahrrad zählt zu den umweltfreundlichsten Verkehrsmitteln. Für die Herstellung wird aber dennoch so einiges an Ressourcen verbraucht: Stahl, Carbon oder Aluminium für den Rahmen, Plastik für das Zubehör, Gummi für die Reifen und Lithium und andere Metalle für die Akkus der E-Bikes. Damit hinterlässt auch das Fahrrad einen CO_2-Fußabdruck. Der CO_2-Fußabdruck eines Produkts erfasst alle CO_2-Emissionen in den „einzelnen Phasen des Produktlebenszyklus".[65] Er berücksichtigt also, wie viele Emissionen bei der Herstellung, der Verwendung, der Instandhaltung, beim Transport und der Entsorgung entstehen. Diese Variablen fallen je nach Hersteller, Material und Produktionsstätte anders aus, weswegen die Ökobilanz zweier Rennräder von zwei unterschiedlichen Firmen sehr unterschiedlich ausfallen kann. Um das Fahrrad mit anderen

Verkehrsmitteln vergleichen zu können, kann der CO_2-Fußabdruck pro gefahrenem Kilometer kalkuliert werden. Da wir, wenn wir mit dem Fahrrad fahren, selbst Kalorien verbrauchen, fließen auch die Emissionen, die durch den zusätzlichen Nahrungsmittelaufwand entstehen, in den CO_2-Fußabdruck pro gefahrenem Kilometer ein. Beim CO_2-Fußabdruck eines E-Bikes fällt die Herstellung und das Laden des Akkus ebenfalls ins Gewicht. Zu einem überraschenden Ergebnis kommt der Journalist, Fahrradtester und Physiker Seb Stott. In seinem Vergleich beträgt der CO_2-Fußabdruck eines Fahrrads pro gefahrenem Kilometern 21 Gramm. Er ist damit sogar kleiner als der CO_2-Fußabdruck beim Zufußgehen, weil wir beim Gehen mehr Kalorien verbrauchen als beim Radfahren. Und, das wird die motorisierten Leser:innen besonders freuen: das E-Bike schneidet nach Stotts Berechnungen besser ab als das herkömmliche Fahrrad, weil wir am Pedelec weniger Kalorien verbrauchen.[66] Eine Studie der Uni Heidelberg verteilt die Stockerlplätze ein wenig anders. Hier landet Zufußgehen auf dem ersten Platz, das Fahrradfahren ohne Motor auf dem zweiten und das E-Bike auf dem dritten Platz der umweltverträglichen Mobilitätsarten. Nach ihren Kalkulationen beträgt der CO_2-Fußabdruck eines E-Bikes pro gefahrenem Kilometer etwa 7–7,8 Gramm, auch hier werden die Produktion und das Laden des Akkus berücksichtigt.[67,68]
Das E-Bike ist beliebt. Drei Viertel aller verkauften Fahrräder in Österreich 2021 waren motorisiert. Die E-Bikes sind am Arbeitsweg, am Ausflug und in den Bergen zu sehen. Die anfängliche Skepsis und Vorbehalte scheinen fast gewichen zu sein. Aber nur fast, wie mir Franz, 76 Jahre, von den Vorurteilen erzählt, die ihm als E-Bike-Fahrer begegnen: Es sei kein richtiges Fahrradfahren, nur „faule" Leute würden sich ein E-Bike zulegen. Davon lässt sich der begeisterte und überzeugte Radfahrer aber nicht beirren – seit gut 20 Jahren ist er schon mit einem Pedelec unterwegs. Längst ist es nicht nur ein Gerät für die ältere Generation. Eine Handvoll Leute in meinem

privaten Umfeld hat sich bereits ein E-Bike zugelegt – auch wenn sie vor dem Kauf erst einmal in den Rechtfertigungsmodus schalten.
E-Bikes sind mit einem elektrischen Motor, Akku, Kabel, Display und Chips ausgestattet. Jedes E-Bike ist auch ein kleiner Computer. Die Bestandteile der Elektronik und des Akkus – überwiegend werden Lithium-Ionen-Akkus eingesetzt – sind aufgrund der dafür notwendigen Rohstoffgewinnung problematisch – das gilt übrigens auch für die Akkus in Smartphones und E-Autos. In den Akkus werden Lithium, Kobalt und Seltene Erden verarbeitet. Bei deren Gewinnung gelangen umweltschädliche Stoffe in die Natur, in den Minen herrschen teils ausbeuterische und gefährliche Arbeitsbedingungen, der lokale Wassermangel wird oftmals verstärkt. In manchen Gebieten treibt der lukrative Rohstoffabbau bewaffnete Konflikte an oder verstärkt soziale Ungleichheiten. Die größten Lithiumvorkommen befinden sich in Bolivien, Argentinien und Chile, aufgrund der enormen Nachfrage wird bisher unberührte Natur für den Abbau erschlossen. Kobalt wird zu zwei Drittel in der Demokratischen Republik Kongo gewonnen – unter menschenverachtenden Bedingungen. Die Lithium-Zellproduktion findet hauptsächlich in Asien statt. So beherrschen Panasonic/Sanyo und Sony aus Japan, LG Chem und Samsung aus Südkorea und einige chinesische Hersteller mehr als 90 Prozent des Weltmarkts. Die Diskussion um faire (Arbeits-)Bedingungen bei der Herstellung von elektronischer Hardware ist nicht neu, einzelne Versuche gibt es – wie beispielsweise das Mobiltelefon „FairPhone". Der Weg, unsere Akkus aus sozialverträglichen und umweltfreundlichen Quellen und Fabriken zu gewinnen, ist aber noch ein langer. Die Umweltfreundlichkeit unserer Produkte können wir – abseits von Kaufentscheidungen – selbst beeinflussen, indem wir die Produkte – in diesem Fall das Fahrrad – länger nutzen und die Akkus vorschriftsmäßig entsorgen.[69,70,71]
Die müssen, wie alle Altbatterien und Altakkus, bei Altstoffsammelstellen und Problemstoffsammelstellen entsorgt oder dem Händler

zurückgebracht werden – diese sind verpflichtet, Akkus zurückzunehmen. Werden Lithiumakkus nicht vorschriftsgemäß entsorgt, können sie großen Schaden anrichten – Lithium ist feuergefährlich und explosiv. Im Verhältnis zu den verkauften E-Bikes werden erst wenige Akkus entsorgt oder zu den Händler:innen zurückgebracht. Dabei gibt es bereits Recyclingverfahren, die 75 Prozent der wertvollen Rohstoffe wie Kobalt, Nickel und Kupfer recyclen.[72,73]

Fahrradfahren und Emissionen sparen

Eine internationale Studie der University of Oxford's Transport Studies hat in sieben europäischen Städten untersucht, wie sich der Umstieg vom Auto auf aktive Mobilität (Zufußgehen oder Radfahren) auf das Klima auswirkt und dafür 1849 Stadtbewohner:innen über einen längeren Zeitraum hinweg begleitet. Auch hier wurden alle Emissionen im Lebenszyklus berücksichtigt. Die Autor:innen sind zum Schluss gekommen, dass sich der CO_2-Fußabdruck einer Person jährlich um 0,5 Tonnen reduziert, wenn sie bei einer Fahrt am Tag vom Auto auf das Fahrrad umsteigt. Auch in Wien wurden Stadtbewohner:innen begleitet. Durchschnittlich verursachen die Wienner:innen mit ihrem Mobilitätsverhalten 2,7 Tonnen CO_2-Emissionen pro Jahr (ohne internationalen Flug- und Schiffsverkehr). Wenn sie das Auto stehen lassen, senken sie ihre CO_2-Emissionen um ein Fünftel.[74] Eine andere Studie kommt zum gleichen Schluss: Mit dem Fahrradfahren können wir die Klimaerhitzung eindämmen. Laut Studienautor:innen würde der weltweite Kohlendioxidausstoß um 700 Millionen Tonnen sinken, wenn jeder Mensch so viel radeln würde wie die Niederländer. Das sind täglich 2,6 Kilometer – bei einer Durchschnittsgeschwindigkeit von 20 km/h ist das eine Fahrzeit von sieben Minuten pro Tag.[75] Was es braucht, damit mehr Menschen auf das Fahrrad steigen und es zum Verkehrsmittel der ersten Wahl wird, ist im Kapitel Mobilität beschrieben.

Geschichten von Radler:innen – Teil 2

Julia und Walter, Graz: *Wir erledigen unsere alltäglichen Fahrten mit dem Fahrrad. Wenn wir Schweres oder Großes transportieren müssen, fahren wir mit unserem Fahrradanhänger oder leihen uns ein Lastenrad. Auch in den Urlaub fahren wir sehr gerne mit dem Fahrrad. Gemütlich dahinradeln, durch Orte fahren, die man auf der Autobahn oder im Zug vielleicht verpasst hätte, einfach nur die Landschaft genießen und dabei sich selbst und der Umwelt etwas Gutes tun. Das gefällt uns. Seit Juni 2022 sind wir autofrei. Bei alltäglichen Wegen ändert sich für uns damit nichts, über die Pack geht es jetzt halt mit Bus oder Bummelzug (und natürlich mit den Bromptons im Gepäck). Wenn wir wirklich einmal ein Auto brauchen, gibt es in der Umgebung mittlerweile einige Carsharing-Angebote. Oder wir leihen uns kurzfristig eines bei unserer Familie aus. Natürlich erfordert ein autofreies Leben ein wenig Umdenken und Vorplanen, ist für uns aber noch immer besser und auch günstiger, als ein Auto zu besitzen, das nur einmal im Monat bewegt wird. Julia und Walter haben 2015 geheiratet. Über ihre Rad-Flitterwochen und viele andere Bike-Abenteuer berichten die beiden auf: https://www.genussradler.at/*

Taki, 4, Wien: *Ich fahre gerne Fahrrad, weil ich damit schneller bin als der Blitz. Wie ein Superheld.*

Lara, 5, Wien: *Mit dem Fahrrad kann man Wettrennen machen und ich gewinne immer gegen meinen Bruder.*

Niki, 39, Gablitz, Niederösterreich: *Ich habe 2016 an einem Dienstagabend auf der Couch beschlossen, wieder mit dem Mountainbiken anzufangen. Bis dahin hab ich nur gehackelt, habe zugenommen und mich nicht mehr wohl gefühlt. Durch das Mountainbiken habe ich deutlich Gewicht verloren, meine Atmung hat sich verbessert, meine Vi-*

talität hat sich gesteigert und meine Laune wurde deutlich besser. Davon hat auch meine Beziehung profitiert. Bis zu meinem Unfall war das Mountainbiken ein fixer Punkt im stressigen Alltag, eine Auszeit, die im Kalender steht und an der auch nicht gerüttelt wurde. Es ist ein herrlicher Tapetenwechsel, du bist alleine oder mit Freunden in der Natur, im Wald und kommst aus der Stadt und aus dem Büro raus. 2021 bin ich beim Mountainbiken gestürzt und sitze seither im Rollstuhl. Ein elektrisch betriebenes Zuggerät habe ich mir schon besorgt und ich liebäugle schon wieder mit einem Mountainbike für Rollstuhlfahrer. Ich denke gar nicht ans Aufhören, die schönen Erlebnisse und die Flucht aus dem Alltag überwiegen. Das Radeln hat mir so viel Lebensfreude gebracht.

Alex, 50, Wien: *Ich habe Mechatroniker gelernt und schon immer gern an Rädern herumgezanglt. So bin ich mehr oder weniger zum Fahrradmechaniker geworden. Ich habe acht Räder, ein Tourenrad, ein Rennrad, ein Mountainbike, ein Stadtrad. Mein Auto habe ich verkauft, meine Freundin hat eh eines altes, das reicht völlig aus. Meistens steht es für 14 Tage herum. Wenn wir es dann brauchen, fragen wir uns, wo wir es abgestellt haben. Einmal im Jahr mache ich mit meinem Papa einen Radurlaub. Ich überlege mir dann eine Tour, meistens fahren wir mit dem Zug irgendwohin und radeln von dort einen schönen Radweg. Mittlerweile lasse ich ihn auch mit dem E-Bike mitfahren.*

Andi, 52, Wien: *Ab Deutsch-Wagram fahre ich mit dem Rad zur Arbeit. Das sind jeden Tag über 50 Kilometer auf dem Fahrrad. Nach Deutsch-Wagram fahre ich mit dem Auto, weil bis dahin hätte ich nur die Bundesstraße. 2022 habe ich über 2.000 Kilometer auf dem Mountainbike und über 6.000 Kilometer auf meinem Rennrad gemacht. Ich fahre mit dem Rad, weil es mir Spaß macht und auch wegen dem Abenteuer. Ich habe zwei Scheidungen hinter mir. Da bin ich dann viel auf das Rad gestiegen. Das Radfahren ist schon ein großer und wichtiger Teil meines Lebens, neben meinem Zivilberuf bin ich auch MTB-Guide.*

Kapitel 2

Lärm, Luft und Platz

Warum Radfahren gut für die Ohren ist

Ich habe in Wien eine Zeit lang an der Erdberger Lände gewohnt. Die zwei- bis dreispurige Hauptstraße führt stadtauswärts am Wiener Donaukanal entlang Richtung Autobahnauffahrt und Flughafen. Den ersten Corona-Lockdown habe ich zu Hause im Homeoffice verbracht. Wenn es draußen warm war und die Sonne schien, habe ich vor dem offenen Fenster gearbeitet. So lange, bis ich mit Kolleg:innen telefonierte. Wegen des Verkehrslärms verstand ich sie kaum. Auf der Lärmkarte von lärminfo.at gebe ich meine alte Straße ein. Sie zeigt, dass die Lände dort dunkelviolett gefärbt ist. Das bedeutet, sie ist lauter als 75 Dezibel (dB(A)).[76] Bereits das Ticken einer Armbanduhr kann dafür sorgen, dass unser Schlaf weniger erholsam ist.[77] Eine Armbanduhr tickt mit zirka 30 dB(A), ein Kühlschrank brummt mit 40 bis 50 dB(A), ein Auto rast mit 70 dB(A) an uns vorbei, eine Hauptverkehrsstraße erreicht 85 dB(A) und eine Kettensäge malträtiert mit ca. 120 dB(A) unsere Ohren bis zur Schmerzgrenze.[78,79] Lärm ist „eine Begleiterscheinung steigender Mobilität und Technologie unserer Gesellschaft", wie das Umweltministerium auf laerminfo.at[80] informiert. Gerade Verkehrslärm hat laut Weltgesundheitsorganisation (WHO) einen wesentlichen Einfluss auf unsere Gesundheit und unser Wohlbefinden.[81]

Laut, lauter, ohrenbetäubend

Das Ohr nimmt jedes Geräusch wahr und leitet es an unser Gehirn weiter. Auch dann, wenn wir schlafen. Musik und Melodien können uns trösten oder dafür sorgen, dass Tränen über unsere Wangen fließen. Beschwingte Melodien wirken nicht nur motivierend auf uns, sondern beschleunigen auch unsere Schritte – wir reagieren also körperlich. Bei einem lauten Knall schrecken wir zusammen, unser Kopf dreht sich in die Richtung, aus der der Knall kommt. Wir suchen die Ursache für den Knall. Unsere Ohren warnen uns vor Gefahren, sie sind unser Warnsystem und empfindlichstes Sinnesorgan. Lärm halten sie auf Dauer nicht aus. Ob wir ein Geräusch als Lärm empfinden, ist sehr subjektiv. Auch die Uhrzeit spielt eine Rolle, abends und in der Nacht haben wir andere Erwartungen an Ruhe oder Stille als tagsüber.[82,83] Was für den einen Musik in den Ohren ist, ist des anderen Leid. Stellen wir uns heiteres Vogelgezwitscher an einem frühen Morgen im Frühling vor. Während es für den einen eine wohlklingende Melodie ist, die uns in den frühen Stunden begleitet, schließt der Nachbar genervt das Küchenfenster – und dreht womöglich das Radio auf. Auch Geräusche, die ähnlich klingen, lösen unterschiedliche physische und psychische Reaktionen aus. Das Rauschen eines Wasserfalls kann uns beruhigen, weil wir dabei an eine idyllische Berglandschaft oder das Meer denken. Über das Rauschen der Autobahn freuen sich hingegen die wenigsten. Die Österreichische Schwerhörigen Selbsthilfe (ÖSSH) versteht unter Lärm „jede Art von Geräuschen, die ungewollt und störend auf einen Menschen einwirken".[84]

Wenn wir unsere Ohren über Jahre hinweg überlasten, riskieren wir nicht nur unser Gehör selbst. Lärm wirkt sich auf den gesamten Organismus aus: auf unser zentrales Nervensystem, unsere Psyche und unser vegetatives Nervensystem.[85] Lärm kann zu übler Laune und Ohnmachtsgefühlen führen, wir fühlen uns gestresst, werden nervös und sind leicht reizbar. Unsere Lern- und Merkfähigkeit und unsere Konzentration nehmen ab, Depressionen zu. Bestätigt hat das unter anderem eine Schweizer Studie: Verkehrslärm führt demnach bei Jugendlichen zu Gedächtnis- und Konzentrationsstörungen. Grund ist, dass Verkehrslärm sich negativ auf Schlaf auswirkt.[86] Langfristig führt Lärm zu hohem Blutdruck und Herzinfarkten. Geräusche müssen nicht übertrieben laut sein, um auf uns einzuwirken. Ab 25 dB(A) ist unser Schlaf weniger erholsam, ab 45 dB(A) ändern sich unsere Schlafstadien. Geräusche mit 50 dB(A) werden zunehmend als Belastung wahrgenommen und schränken die mentale Leistung ein. Ab einer Dauerbelastung von 60 bis 65 db(A) spricht die Lärmwirkungsforschung von einer gesundheitlichen Beeinträchtigung. Bei einer Dauerbelastung über 65 dB(A) am Tag verändert sich der Stoffwechsel, der Hormonhaushalt, die Gehirnstromaktivität, wir schlafen schlechter und produzieren Stresshormone. Ab 80 dB(A) nimmt unser Hörvermögen ab, ein Tinnitus ist möglich. Ab 85 dB(A) wird die „mentale Leistungen in einem derartigen Ausmaß gestört, dass sie auch mit erhöhtem psychischem und physischem Aufwand nicht mehr voll kompensiert werden können". Bei einer dauerhaften Belastung unserer Ohren mit diesem Schallpegel können Hörzellen absterben. Bei dieser Lärmschwerhörigkeit kommt es zu irreversiblen Schäden in einem Frequenzbereich, der für das Verstehen von Sprache besonders wichtig ist.[87,88]

Viel Lärm im Verkehr

Die Ampel steht auf Rot: Im Schatten einer alten Linde unterhält sich ein älteres Paar auf einer Parkbank. Unter das Stimmengewirr der Fußgänger:innen und Geschäftstreibenden mischt sich das Kinderlachen und Geschrei eines nahe gelegenen Spielplatzes. Die Ampel schaltet auf Grün: das Rattern der Fahrräder und Klingeln schwillt kurz an. Das ältere Paar winkt den Kindern ermunternd zu, die alleine, ohne erwachsene Begleitung, zum Spielplatz radeln. Die Ampel schaltet wieder auf Rot. Die Ampel steht auf Rot: Dumpfe Motorengeräusche und das Pfauchen eines LKW erfüllen die Kreuzung. Die Ampel schaltet auf Gün: Motoren heulen auf, die Reifen drehen am Asphalt durch. Autolenker:innen, denen es nicht schnell genug gehen kann, hupen energisch, andere drehen die Fensterscheibe runter, um ihrem Stress mit Wort und Gestik Ausdruck zu verleihen. Fußgänger:innen hasten eilig über den Zebrastreifen, um den drängelnden Autos Platz zu machen. Die Ampel stellt auf Rot: Abruptes Abbremsen.

Zugegeben, ich habe hier keine ausgewogene Geräuschkulisse gebaut. Aber wie wir später sehen werden, ist die Verkehrsfläche auch nicht allzu gerecht zwischen allen Verkehrsteilnehmer:innen aufgeteilt. Und ein Auto macht im Vergleich zu anderen Verkehrsmitteln eben ganz schön viel Lärm. Und es kommt auch selten allein, um Krach zu machen. Die Hauptquellen für Lärm im Straßenverkehr sind Antriebs- und Rollgeräusche von Kraftfahrzeugen.[89] In einer EU-finanzierten Studie wurden Langzeitfolgen von Straßenlärm untersucht. Die Autor:innen konnten belegen, dass Verkehrslärm das Risiko für Herz-Kreislauf-Erkrankungen erhöht und auch das Risiko für chronische Krankheiten wie etwa Diabetes oder auch für distalen Darmkrebs steigt. Einen Zusammenhang sehen die Forscher:innen auch zwischen Verkehrslärm und unzureichender Bewegung: Je lauter der Verkehrslärm in einem Wohngebiet ist, desto eher hält es Menschen von Freizeitsport oder anderen sportlichen Aktivitäten ab, das wiederum mindert die Gesundheit und die Leistungsfähigkeit.[90] In Österreich fühlt sich ein Drittel der Bevölkerung durch Lärm gestört, knapp die Hälfte der Befragten durch Verkehrslärm.[91] Zwar spielen Belag und Zustand der Straße bei der Lärmentwicklung auch eine Rolle, aber die Lautstärke steigt, umso mehr Autos auf einer Straße unterwegs sind. Je schneller die Autos fahren, desto lauter sind sie. Eine einfache und kosteneffiziente Lösung, den Lärm zu reduzieren, sind deshalb Tempolimits. Reduziert man im Orts- oder Stadtgebiet die Geschwindigkeit von 50 auf 30 km/h, bringt das eine Beruhigung von 4 db(A). Das klingt erst einmal nach keinem bedeuteten Unterschied, entspricht aber – zumindest akustisch – einer Reduzierung des Verkehrsaufkommens um mehr als die Hälfte. Wenn auf der Autobahn statt 130 nur 100 km/h gefahren werden, nimmt der Pegel um 2 dB(A) ab.[92] Autofahrer:innen können mit ihrer Fahrweise Lärm reduzieren, indem sie vorausschauend, mit einer niedrigeren Geschwindigkeit und mit optimalem Reifendruck fahren. Damit fahren sie nicht nur leiser, sondern auch günstiger, spritsparender und auch klimafreundlicher. Noch besser als leise oder langsam zu fahren, ist es natürlich, das Auto stehen zu lassen und stattdessen Straßenbahn, Bahn und Bus zu nutzen, mit dem Fahrrad zu fahren oder zu Fuß zu gehen. Dazu braucht es ein gutes öffentliches Verkehrsnetz und Rad- und Fußwege, auf denen man sich sicher fühlt.[93]

Frische Luft durch saubere Mobilität

Wenn es kalt ist, können wir sehen, was die Autos in die Luft blasen: Abgase und Feinstaub. Die ansonsten meist unsichtbaren Übeltäter tragen nicht nur zur Klimaerwärmung bei, sondern verschmutzen unsere Luft, schädigen unsere Gesundheit und beeinträchtigen unsere Lebensqualität.[94] Luftverschmutzungen können Organe direkt schädigen. Kinder, ältere Menschen und kranke Leute sind besonders gefährdet. In Gebieten, die besonders belastet sind, „leidet die Bevölkerung häufiger an Atemwegserkrankungen, Herzrhythmusstörungen, Allergien und Bronchitis sowie verminderter Lungenfunktion.“ (Saubere Luft, VCÖ)

Wir Menschen wirbeln (Fein-)Staub auf

In Städten und Ballungsgebieten ist die Feinstaub- und Stickstoffdioxid-Belastung besonders groß und der Verkehr eine der bedeutendsten Quellen.[95] Feinstaub ist, wie der Name verrät, sehr feiner Staub und besteht aus festen und flüssigen Partikeln. Über den Kehlkopf gelangt Feinstaub in die Lunge und richtet dort je nach Größe und

Zusammensetzung Schaden an. Man unterscheidet zwischen Feinstaub PM10, Feinstaub PM2,5 und Feinstaub PM0,1. In der Kategorie PM10 haben die Partikel einen maximalen Durchmesser von 10 Mikrometer (µm). Ein Mikrometer ist ein millionstel Teil eines Meters. Zum Vergleich, ein menschliches Haar hat einen Durchmesser von etwa 70 µm. Feinstaub in den Kategorien PM2,5 mit einem Durchmesser der Partikel von 2,5 Mikrometer und PM0,1 mit einem Durchmesser von 0,1 Mikrometer ist für das menschliche Auge nicht sichtbar, richten aber den größten Schaden an.[96,97] Je kleiner die Staubpartikel sind, desto tiefer können sie in unsere Atemwege vordringen und Schaden anrichten. Groben Feinstaub fangen wir mit der Nase ab, feinere Partikel (kleiner als 2,5 Mikrometer) dringen in die Lunge ein, in die Bronchien, Bronchiolen und in die Lungenbläschen. Ultrafeine Staubpartikel (z. B. Feinstaub PM0,1) dringen sogar in „tiefe Zellebenen der Lunge vor und können von dort auch ins Blut oder in das Lymphsystem gelangen“. [98]
Es gibt natürliche Feinstaubquellen. So entsteht er etwa, wenn Boden erodiert, ein Vulkan ausbricht und bei Wald- oder Buschbränden. Auch Sporen, Bakterien und Pilze sind natürliche Feinstaubquellen. Der weitaus problematischere Feinstaub ist jener, den wir Menschen produzieren: Und zwar in Kraft- und Heizwerken, in Müllverbrennungsanlagen, in Bau- und Industrieprozessen und im Verkehr. Im Gegensatz zum natürlichen Feinstaub weist er meist auch eine höhere Toxizität auf.[99] LKW ohne Partikelfilter, Diesel-PKW und Benzin-PKW mit Direkteinspritzung verursachen Ultrafeinstaub, der auf besonders stark befahrenen Straßen am Straßenrand und auch im Fahrzeuginneren eine sehr hohe Belastung darstellt. Nur gibt es keine Grenzwerte oder Messstellen für Ultrafeinstaub und keinen Richtwert, unter dem Ultrafeinstaub keine Gesundheitsgefahr darstellt.[100] In Österreich nehmen sowohl die PM2,5- als auch PM10-Emissionen seit 1990 kontinuierlich, wenn auch sehr langsam, ab.[101]

Echt reizend: Stickstoffdioxid, Ozon und Smog

Stickstoffdioxid ist eine gasförmige Verbindung (NO_2) und entsteht bei Verbrennungsprozessen in Motoren und in Feuerungsanlagen für Kohle, Öl, Gas und Holz und in Müllverbrennungsanlagen. Stickstoffdioxid beeinträchtigt die Lungenfunktion und reizt unsere Augen. Als ätzendes Reizgas greift es unsere Atemwege direkt an. Dabei treten Entzündungsreaktionen auf, die die Reizwirkung von anderen Luftschadstoffen verstärken. Schon bei einer kurzfristigen Belastung steigen die Sterblichkeit und allergische Reaktionen, Asthma kann sich verschlimmern. Bei einer länger andauernden Konzentration kann sich Asthma entwickeln. NO_2 ist besonders für Kinder, ältere Menschen und Personen mit Asthma gefährlich. Stickstoffdioxid ist zudem eine Vorläufersubstanz für die Bildung von Feinstaub und des bodennahen Ozons (O_3), ein für die Gesundheit gefährliches Reizgas, das die Lunge schädigt und bei Kindern, aber auch Erwachsenen zu vorübergehender Beeinträchtigung der Lungenfunktion führen kann. Und es ist die sogenannte Leitsubstanz, die den Sommersmog darstellt. Smog wiederum führt zu Augenbrennen, Schädigungen der Lunge und reizt ebenfalls unsere Atemwege.[102,103]

Was für den Lärm gilt, gilt auch für die Luftverschmutzung. Man kann sie verhindern oder reduzieren, indem man aufs Fahrrad steigt, zu Fuß geht, die Öffis wählt. Dazu müssen Geh- und Radwege und das öffentliche Verkehrsnetz ausgebaut werden. Wenn wir auf das Auto angewiesen sind, können wir Luftverschmutzungen verringern, indem wir Fahrgemeinschaften bilden, das Tempo drosseln und mit einem geringeren Schadstoffverbrauch fahren. Der VCÖ sieht in der Abschaffung der Steuerbegünstigung für Diesel, der Ausweitung der LKW-Maut und Umweltzonen sowie in der Einführung der Citymaut geeignete Instrumente, um die Luftverschmutzung zu reduzieren.[104]

Es ist eng geworden: Platzverbrauch im Straßenverkehr

An einem heißen Tag gibt es fast nichts Schöneres, als barfuß über eine Wiese zu gehen oder die Füße in einen kalten Bach zu stecken. Am Asphalt würden die wenigsten auf die Idee kommen, die Schuhe auszuziehen. Wenn die Temperaturen auf 30 °C klettern, kann sich Asphalt auf bis zu 60 °C aufheizen.[105] Versiegelter Boden heizt sich schneller auf als unverbauter Boden und trägt zur Klimaerwärmung bei. Mit jedem Quadratmeter Boden, den wir verbauen, nehmen wir uns selbst wichtige Erholungsgebiete und Tieren und Pflanzen Lebensraum. Die Bodenversiegelung in Österreich ist laut Umweltbundesamt auf hohem Niveau. 2021 wurden 36 km² Boden verbraucht beziehungsweise „neu beansprucht". Im Durchschnitt werden täglich 11 Hektar Böden für Verkehrs- und Siedlungszwecke sowie für Erholungszwecke, für Deponien, Abbauflächen und Kraftwerke verbaut. Den größten Verbrauch verbuchen Bau- und Betriebsflächen. Mehr als die Hälfte (58 Prozent) der neu verbauten Fläche wurde 2021 versiegelt, also bebaut, betoniert, asphaltiert oder gepflastert. Versiegelter Boden lässt kein Wasser durch und verliert wichtige Funktionen für das Klima und die Umwelt: Wasser kann nicht gespeichert, Schadstoffe nicht gefiltert und Kohlenstoff nicht gebunden werden. Zwar nimmt die Verbauung seit 2010 insgesamt ab, aber sie ist auf einem viel zu hohen Niveau und vier Mal so hoch, wie das Regierungsprogramm 2020–2024 vorsieht. Bis 2030 wird eine Versiegelung von 2,5 Hektar pro Tag beziehungsweise 9 km² pro Jahr angestrebt.[106] Im Jahr 2022 hat Österreich bereits im März diese Marke überschritten.[107] Im europaweiten Verbrauch zum Flächenverbrauch landete Österreich in den vergangenen Jahren immer wieder auf Platz 1.
In Österreich ist eine Fläche von 1.240 km² durch Verkehrsfläche versiegelt.[108] Zu 96 Prozent besteht sie aus Straßen und PKW-Stellplätzen.[109] Jährlich gehen zwischen 4 und 13,5 km² Boden durch

Straßenbau verloren.[110] In der Bundeshauptstadt Wien stehen zwei Drittel der Straßenfläche dem KFZ-Verkehr zu.[111] Auf Österreichs Straßen und Parkplätzen stehen rund 5 Millionen Autos.[112] Ein Auto braucht 60 Mal so viel Platz wie eine Person, die zu Fuß unterwegs ist, und fünf Mal so viel Platz wie jemand auf dem Fahrrad.[113] Im Durchschnitt werden Autos nur eine Stunde pro Tag gefahren. Es ist kein subjektiver Eindruck, dass die meisten Autolenker:innen alleine in ihren Autos sitzen. Der durchschnittliche Besetzungsgrad eines Autos beträgt 1,14 Personen, wie das Umweltbundesamt gemeinsam mit den Emissionskennzahlen veröffentlicht. Berücksichtigt man die Zeit, in denen PKWs ungenutzt parken – das tun sie durchschnittlich 23 Stunden pro Tag, benötigen sie 100 Mal mehr Fläche pro Person als öffentliche Verkehrsmittel.[114]

Das österreichische Straßennetz misst 127.000 Kilometer, das Schienennetz 5.600 Kilometer und die Infrastruktur für Radfahrer:innen misst (Stand 2013) 13.700 Kilometer. Zwischen 2000 und 2020 sind Österreichs Autobahnen und Schnellstraßen um 320 Kilometer gewachsen. Und sie werden nicht nur länger, sondern auch breiter, wie der Anstieg an drei- und vierspurigen Straßen zeigt. Österreich lässt sich die vielen Straßen einiges kosten.[115] Im Jahr 2020 wurden 499 Millionen Euro für den Bau von Schnellstraßen und Autobahnen ausgegeben, die Instandhaltung und Erhaltung schlägt mit 527 Millionen Euro zu Buche. Für den Radverkehr wurden im gleichen Zeitraum 40 Millionen Euro veranschlagt.[116,117] 2022 wurde das Budget für Radinfrastruktur auf 60 Millionen Euro erhöht.[118]

Wenn wir weniger mit dem Auto fahren, Fahrgemeinschaften gründen, zu Fuß gehen, mit dem Fahrrad oder den öffentlichen Verkehrsmitteln fahren, wird wertvolle Fläche frei, die entsiegelt und begrünt werden könnte. Der VCÖ sieht akuten Handlungsbedarf bei der Entsiegelung und sieht nicht nur im Straßenverkehr großes Potenzial, sondern verweist auch auf die großen Parkplätze bei Firmen, Einkaufszentren und Supermärkten. Die Entsiegelung und der Rückbau von Straßen und Parkplätzen tragen nicht nur zur Bewältigung der Klimakrise bei und mindert die Gefahr von Überschwemmungen, sondern verringert auch die Erhaltungskosten für Straßen. In Kärnten wurde in die 9 Meter breite Bundesstraße B 83 ein Grünstreifen gefräst und ein Teil der Straße in einen Radweg umgewandelt. Die Erhaltungskosten haben sich um bis zu 30 Prozent reduziert.[119]

Geschichten von Radler:innen – Teil 3

Theodor, 4, Wien: *Ich habe eine Klingel am Fahrrad und große Räder, wie ein Mountainbike. Meine Bremsen gehen gut, zuerst muss ich immer die grüne und dann die schwarze drücken. Überall fahre ich, auch wenn es hügelig ist. Pedale habe ich auch und einen Sitz. Und eine Rennnummer. Ich habe eine laute Klingel. Ich bin noch nie hingefallen. Doch, ich habe eine Wunde auf der Stirn. Ich fahre schon immer Fahrrad.*

Valentin, 41, Graz: *Als Essenslieferant bin ich am liebsten am Wochenende oder an Feiertagen unterwegs, weil da ist weniger Verkehr und es stehen nicht so viele Autos herum. Ich fahre da, wo es sicher ist. Wenn man sich auskennt, gibt es genügend Radwege, auf die man ausweichen kann, nur leider sind die Wege oft zerstückelt. Die Straße stresst mich einfach und ich kenne die Blödheiten der anderen. Oft habe ich das Gefühl, die Radwege werden von Leuten geplant, die gar nicht Rad fahren. Ich finde es immer lustig, wenn man gemeinsame Flächen schafft und sagt, man soll Rücksicht aufeinander nehmen. Für mich heißt das nix anderes, als man will sich nicht um gescheite Wege kümmern. Ich bin ständig mit dem Rad unterwegs und muss mich deshalb ständig aufregen. (lacht) Mit anderen Radfahrern, Fußgängern und Mopedfahrern kannst du wenigstens kommunizieren. Ein Autofahrer, der Blödsinn macht, bekommt das in seiner abgeschlossenen Kapsel oft gar nicht mit. Privat bin ich am Rad entspannt, da ist mir vieles wurscht. Mein Sohn ist jetzt 10 Monate alt. Sobald er gehen kann, wird er ein Laufrad bekommen, einen Fahrradanhänger haben wir schon Ich weiß schon, welche Wege ich keinesfalls mit ihm fahren werde.*

Bella, 36, Wien: *Rad fahren, speziell Mountainbiken, gab mir immer das Gefühl, frei zu sein. Es ist der perfekte Ausgleich, um den Kopf frei zu bekommen, und es gibt nichts Schöneres, als so richtig im Flow einzutauchen und am Weg nach unten alle Sprünge mitzunehmen. Das Radfahren* *hat mir geholfen, viele andere Ängste zu überwinden, die nichts mit dem Radfahren zu tun haben. Es fällt mir jetzt zum Beispiel leichter, zu verreisen oder mich in Gruppen einzufinden. Durch das Biken mit anderen fühle ich mich wo zugehörig.*

Nalia, 6, Wien: *Mit dem Fahrrad muss man vorsichtig fahren, nicht bei roter Ampel, nur bei grüner. Ich kann aber noch nicht so gut fahren, aber wenn ich in der Schule bin, kann ich das sicher noch besser als alle.*

Denis, 6, Wien: *Ich bin wie ein Rennauto, ich kann mit dem Fahrrad um die Welt fahren, in 10 Minuten, wirklich!*

Sieglinde, 55, Niederösterreich: *Nach einem Rennradunfall bin ich zur Mountainbikerin geworden. Angefangen zum Radeln habe ich mit meinem Exfreund in den 1990ern. Zuerst wollte er nicht, dass ich auf das Rennrad steige, er meinte, Frauen am Rennrad seien schirch. Er war ein Macho. Mit dem Rennrad habe ich Marathons absolviert, der längste war 165 Kilometer. Gerissen habe ich nichts, aber das waren immer nette Wochenenden. 2004 hat mich im Ausland ein LKW erwischt. Mein Umfeld dachte, ich lasse das Radfahren jetzt. Aber ich habe im Krankenbett die Tour de France verfolgt und nach neuen Rädern Ausschau gehalten. Mich hat das aufrecht gehalten, ich brauchte ein Ziel. Drei Jahre später habe ich dann den Ortler mit dem Mountainbike umrundet. Das ist auch ohne Handicap oder Vorgeschichte schon extrem. Am Stilfser Joch war die Tour zu Ende. Da haben mich meine Gefühle überwältigt, ich habe gezittert und geheult. Auf das Rennrad bin ich nach dem Unfall nicht mehr gestiegen. Das Bergabfahren und Trailfahren ist für mich ein absolutes Freiheitsgefühl, und was mir extrem taugt, ist, dass das Alter keine Rolle spielt. Es ist altersunabhängig, über Altersgruppen hinweg fährst du gemeinsam Touren.*

Kapitel 3

Mobilität

Ich lade Sie zu einem Gedankenexperiment ein: Denken Sie an Ihr Zuhause. Es ist ein, sagen wir, durchschnittlicher Dienstagmorgen. Sie ziehen sich die Schuhe an, verlassen Ihre Wohnung oder Ihr Haus und machen sich auf den Weg in die Arbeit oder zu Ihrem Ausbildungsplatz. Dort verbringen Sie, vermutlich sitzend, einige Stunden. Am Weg nach Hause kaufen Sie ein paar Lebensmittel ein. Dazu steuern Sie einen Supermarkt an, laden den Einkaufswagen voll, bezahlen, räumen die Einkaufstaschen voll. Endlich geht es nach Hause.

Wie weit ist Ihr Arbeitsplatz von Ihrem Wohnort entfernt? Waren Sie zu Fuß, mit dem Fahrrad oder mit dem Auto unterwegs? In welchem Zustand waren die Wege und Straßen, die Sie benutzt haben? Haben Sie sich sicher gefühlt? Wie viele Leute sind Ihnen begegnet, die zu Fuß gingen oder mit dem Fahrrad fuhren? Wie viele Autos haben am imaginären Weg zur Arbeit, zum Supermarkt und nach Hause die Straßen gesäumt? Antworten auf diese Fragen verraten viel darüber, wie unsere Straßen und Wege, die unsere Mobilität bestimmen, gestaltet sind.

Der Duden beschreibt Mobilität als privaten und öffentlichen Verkehr, als die Fortbewegung von Personen und die Beförderung von Gütern.[120] Wenn wir gehen, laufen, mit dem Rad, dem Rollstuhl, dem E-Scooter, dem Auto, der Bahn fahren, mit dem Flugzeug oder mit dem Schiff reisen, bewegen wir uns fort, sind wir mobil. Dieses Kapitel richtet den Scheinwerfer auf die individuelle Mobilität. Wie wir uns täglich (fort)bewegen, formt unseren Körper und Geist und steht deshalb in engem Zusammenhang mit Bewegungsmangel und seinen Begleiterkrankungen. Dazu mehr im Kapitel Gesundheit.

Eine Infrastruktur, die aktive Mobilität fördert, bietet sichere Wege für Radfahrer:innen und Zufußgehende und leistet damit einen wichtigen Beitrag zur Gesundheit der Bevölkerung, zur Bekämpfung der Klimakrise und deren Auswirkungen und vermindert Lärm- und Luftverschmutzungen.
Im Moment genießt der motorisierte Verkehr in Österreich absoluten Vorrang. Von 2008 bis 2017 ist das Verkehrsnetz von 106.855 auf 138.696 Kilometer gewachsen. Seit 2017 ist es zwar etwas geschrumpft, Autobahnen, Schnell- und Bundesstraßen wurden jedoch weiter ausgebaut, 2021 misst das Straßennetz 127.982 Kilometer. Insgesamt beträgt die Verkehrsfläche in Österreich 2.079 Quadratkilometer.[121] Davon sind 96 Prozent dem Straßenverkehr vorbehalten, in absoluten Zahlen: 2.000 Quadratkilometer. Das entspricht der fünffachen Fläche Wiens.[122] Wenn die Politik den Autos und LKW weiterhin frisch geteerten Asphalt wie einen roten Teppich ausrollt und großzügige und günstige Parkplätze schafft, wird die Verkehrs- und Mobilitätswende scheitern. Diese ist dringend notwendig, um die Klimaerwärmung auf ein Minimum einzugrenzen und die selbstgesteckten Klimaziele zu erreichen: Österreich hat sich zum Ziel gesetzt, bis 2040 klimaneutral zu sein. Dazu zählt auch ein CO_2-freies Verkehrssystem. Der Österreichische Mobilitätsmasterplan 2030 beschreibt, wie das umgesetzt werden kann. Verkehr soll vermieden, verbessert und verlagert werden: Ab 2040 sollen 22 Prozent aller Wege zu Fuß und 13 Prozent mit dem Rad zurückgelegt werden. Im Referenzjahr 2018 wurden insgesamt 16 Prozent zu Fuß und 7 Prozent mit dem Rad erledigt. Der Anteil der zurückgelegten Wege mit dem Auto soll von 61 Prozent auf 42 Prozent reduziert werden.[123] Um die Ziele beim Radverkehr in höchster Qualitätsstufe zu erreichen, sind Investitionen von 7 Milliarden Euro notwendig, so das Ergebnis einer Studie im Auftrag des Klimaschutzministeriums.[124,125]

Stadt, Land, Fahrrad

In der Stadt und am Land sind die Abhängigkeiten vom Auto unterschiedlich ausgeprägt, ebenso die Radinfrastruktur. Dennoch gibt es einige Pfeiler in einem Radwegenetz, die hier wie da die Attraktivität und Sicherheit von Radwegen erhöhen und damit den Umstieg auf das Fahrrad erleichtern. Dort, wo es keine sicheren Wege für Radfahrer:innen (und Zufußgehende) gibt, werden sich nur Wagemutige für das muskelbetriebene Verkehrsmittel entscheiden. Knappes Überholen durch Autos, schlechte Sichtverhältnisse bei Kreuzungen und Radwege, die in marodem Zustand sind oder abrupt enden und dazu zwingen, auf die Fahrbahn zu wechseln, halten Menschen überall davon ab, auf das Rad zu steigen. Das Angebot schafft die Nachfrage, fasst der VCÖ zusammen. Für sichere (und sinnvolle) Radwege nehmen Radfahrer:innen sogar nachweislich längere Reisezeiten in Kauf. Als besonders sicher gelten Radwege, die baulich vom Straßenverkehr getrennt und breit genug sind, um den unterschiedlichen Anforderungen der Radfahrer:innen zu entsprechen. Radfahrer:innen sollten, ganz gleich wie alt, fit oder schnell sie unterwegs sind, ein Wegenetz vorfinden, in dem sie sicher und unkompliziert von A nach B kommen. Dabei sollte es auch keine Rolle spielen, ob jemand auf einem Lastenrad, einem E-Bike oder herkömmlichen Fahrrad unterwegs ist. Wo es möglich ist, sollten bestehende Flächen und Straßen rückgebaut und umgewidmet werden, damit nicht zusätzliche Flächen verbaut und versiegelt werden. Dort, wo aktuell Autos parken, können künftig Räder sicher abgestellt werden. Straßen für Autos können schmäler gemacht werden, um Platz für Radwege zu schaffen. Bauliche Trennungen zwischen dem Auto- und Radverkehr sollten begrünt werden, das schafft klimaverträglichen Sicherheitsabstand. Wie diese Redimensionierung aussehen kann, haben Kärnten, Niederösterreich und Tirol schon gezeigt. Dort wurden Landesstraßen verschmälert, ein „Sicherheitsstreifen abgefräst und begrünt“ und ein Radweg installiert. Ein Rückbau der Straßeninfrastruktur kann sogar zur Beschleunigung des Verkehrs führen, wie ein Beispiel aus Seoul, Südkorea, zeigt. Dort wurde eine Stadtautobahn zurückgebaut und gleichzeitig die öffentlichen Verkehrsmittel in der Umgebung ausgebaut. Bis dahin rasten täglich über 160.000 PKW über die Autobahn. Das erwartete Verkehrschaos blieb nach dem Rückbau aus, der Verkehrsfluss hat sich sogar verbessert. Die Radinfrastruktur endet nicht mit der Planierung der Radwege. Ein lückenloses Netz mit längeren Radverbindungen hält Beschilderungen und ausreichend Abstellplätze bereit, sieht Verkehrsberuhigung und Tempolimits vor und ist in das öffentliche Verkehrsnetz integriert. Es ermöglicht bei stark befahrenen Straßen das rasche und sichere Queren und schafft Abkürzungen, indem beispielsweise Einbahnen geöffnet werden. Einzelne Maßnahmen müssen aufeinander abgestimmt werden, damit sie nicht ins Leere laufen – und Radwege nicht abrupt enden.[126,127,128]

Ganzheitliche Radinfrastruktur

Was es laut VCÖ braucht, um den Radverkehr zu verdoppeln:

- Netz an Hauptradrouten
- Radschnellwege in die Städte
- Radwege entlang von Freilandstraßen
- Überlandverbindungen zwischen Siedlungen und Ortskernen
- Sicheres und rasches Queren von stark befahrenen Straßen
- Bahnhöfe, Geschäfte, Betriebe, Schulen und Spitäler müssen mit dem Fahrrad erreichbar sein und mit Radabstellanlagen ausgestattet werden
- Abkürzungen schaffen, etwa Einbahnen öffnen
- Verkehrsberuhigung, auch abseits von Radrouten
- Radwege ohne Benützungspflicht und mehr Platz für das Radfahren auf der Fahrbahn
- Radstreifen, wo möglich, vom Kfz-Verkehr schützen
- Sichere und möglichst wettergeschützte Radabstellanlagen im Straßen-

raum, bei Geschäften, Freizeiteinrichtungen, an Bahnhöfen und Haltestellen
- Radleihsysteme in allen größeren Städten
- Fahrrad und öffentlichen Verkehr besser kombinierbar machen: gute Radabstellanlagen sowie Radboxen für E-Bikes, Radmitnahme, Radleihstationen
- Fahrrad und E-Bike am Arbeitsweg fördern
- Radfahren in den Bauordnungen (Radabstellplätze) sowie der Siedlungsentwicklung und Raumplanung (kurze Wege, Radrouten mitplanen) beachten.[129]

Straßen für den erwachsenen (autofahrenden) Mann

Frauen gehen häufiger zu Fuß oder nutzen häufiger öffentliche Verkehrsmittel als Männer. Dafür sitzen letztere öfter im Auto als Frauen und fahren eher mit dem Fahrrad.[130] Die Mobilitätsexpertin Katja Diehl schreibt in ihrem Buch „Autokorrektur": „Wenn deutlich weniger weibliche Radfahrende unterwegs sind, ist dies ein guter Gradmesser dafür, dass die Infrastruktur nicht stimmt."[131] Ein Mittwochmorgen im April am Praterstern, ein mehrspuriger Kreisverkehr und einer der wichtigsten Verkehrsknotenpunkte in Wien. S- und U-Bahnen, Regionalzüge und internationale Buslinien verteilen Passagiere in die nahe und weite Welt. Doch mich interessieren nicht die öffentlichen Verkehrsmittel, sondern die Autofahrer:innen und Radfahrer:innen. Wie sieht das Geschlechterverhältnis am Praterstern aus? Die Luft ist um halb acht noch kalt, die Sonne kämpft sich durch die dicken Wolken. Ich stehe unweit des Zählerstandes der Mobilitätsagentur Wien. Demnach sind heute bereits 234 Radfahrer:innen vorbeigekommen, seit Jahresbeginn 262.870. In zehn Minuten identifiziere ich 39 Männer auf Rädern. Hinter mir breitet sich ein Parkplatz aus. Plötzlich schiebt sich ein schwarzer Kombi entlang des Radweges Richtung Fahrbahn. Der oder die Lenker:in bremst die erste Radfahrerin aus, die ich an diesem Morgen zähle. Ich mache in meiner kurzen Beobachtungszeit noch zehn weitere Striche auf meiner Liste „Frauen am Fahrrad“. Ich freue mich, als ich zwei Jugendliche am Radweg entlangtreten sehe und beschließe, auch den etwa 10-jährigen Bub in meine nicht repräsentative Erhebung mitaufzunehmen, der mir am Weg zum Praterstern mit dem Rad entgegengekommen ist. Auf den Stufen des Tegetthoff-Denkmals setze ich meine statistische Aufzeichnung fort und zähle nun autolenkende Frauen und Männer. Ein Autofahrer ein Stricherl, eine Autofahrerin ein Stricherl. Nach fünf Minuten wildem Gestreiche gebe ich auf, längst kann ich nicht alle Autos zählen, geschweige denn einen Blick auf den Fahrersitz erhaschen und nach unseren eingelernten Mann/Frau-Kategorien die Striche setzen. Folgende Angabe entbehrt also jeglicher Vollständigkeit, aber vermittelt dennoch einen Eindruck: 30 Frauen und 109 Männer. Diese Verteilung ist kein Zufall, wie wir später noch sehen werden. Körperliche und geistige Fähigkeiten, finanzielle und zeitliche Ressourcen, das Geschlecht und das Alter beeinflussen die Wahl des Verkehrsmittels. Und die Straßeninfrastruktur bestimmt, ob wir uns auf dem Fahrrad, zu Fuß oder im Rollstuhl sicher fühlen, wenn wir im Straßenverkehr unterwegs sind. Ein sicheres Verkehrsnetz denkt alle mit und berücksichtigt die Bedürfnisse von Kindern, älteren Personen, beeinträchtigten Menschen und Familien gleichermaßen.[132]

Alle auf demselben Niveau

Manchmal kam mein ehemaliger Arbeitskollege zu spät ins Büro. Nicht, weil er den Wecker ignorierte. Er benutzt U-Bahn und Straßenbahn, um in die Arbeit zu gelangen. Als Rollstuhlfahrer ist er dabei auf funktionierende Aufzüge angewiesen. Und die haben oftmals gestreikt. Sie waren außer Betrieb. Das öffentliche Leben, Kultureinrichtungen, Arbeits- und Ausbildungsplätze und Erholungsräume müssen für alle Personen zugänglich sein, unabhängig ihrer körperlichen oder geistigen Ressourcen. Gehsteigkanten, ein paar Stufen, steile Rampen, rutschige Böden, enge Kurven oder Durchgänge, Autos, die in Geh- oder Radwege ragen, E-Scooter, die am Trottoir herumlungern, all das wird zum ärgerlichen und mühsamen Hürdenlauf für Menschen, die einen Kinderwagen vor sich herschieben, sich mit dem Rollator vorwärtsbewegen, auf einen Rollstuhl angewiesen, unsicher auf den Beinen sind oder mit einer Sehbeeinträchtigung durchs Leben gehen. Um Barrierefreiheit im Straßenverkehr zu ermöglichen, sollte das Niveau von Verkehrsflächen angeglichen werden – von Gehsteig zu Gehsteig gibt es dann keine Kanten oder Stufen mehr. Rampen, die Niveauunterschiede und Stufen ausgleichen, müssen rutschfest und dürfen nicht zu steil sein. Handläufe und Rastmöglichkeiten sorgen für zusätzliche Sicherheit. Aufzüge in ausreichender Zahl müssen schnellstmöglich instandgesetzt werden, wenn sie ausfallen.[133]

Der Weg in den Kindergarten oder in die Volksschule ist durchschnittlich zwischen 1,5 und zwei Kilometer lang. Distanzen, die sich gut fürs Gehen und Radfahren eignen.[134] Agnes wohnt in einem Vorort von Wien. Ihr älterer Sohn wird bald 12 und würde gerne alleine in die zwei Kilometer entfernte Schule radeln. Viel zu gefährlich, findet die zweifache Mutter, obwohl sie selbst ausschließlich mit dem Fahrrad und den Öffis unterwegs ist und kein Auto besitzt. Zum Glück geht – buchstäblich – ihr Sohn gerne in die Schule und genießt die Zeit, die er da für sich und seine Freund:innen hat. Wenn befreundete Eltern anbieten, ihn mit dem Auto mitzunehmen, lehnt er dankend ab. Kinder und Jugendliche, die zu Fuß oder mit dem Fahrrad in die Schule kommen, sind an der frischen Luft und tun das, was sie gerne tun und ihnen ein natürliches Bedürfnis ist: sich bewegen. Das gilt auch für Erwachsene, aber dazu später im Kapitel Gesundheit. Zurück ins Klassenzimmer. Dort können sich die Kinder, die sich vor dem Schulbeginn schon etwas bewegt haben, besser konzentrieren.

Kinder, die Fahrradfahren, verbessern ihre feinmotorische Geschicklichkeit und ihre Reaktionsfähigkeit quasi im Vorbeifahren. Später im Straßenverkehr werden sie sich auch sicherer fühlen, weil sie schon früh mit dem Radfahren begonnen haben. Damit Kinder sicher und selbstständig unterwegs sein können, braucht es vernetzte Schul- und Freizeitwege, Verkehrsberuhigung und Tempolimits. Je feindlicher und gefährlicher der Straßenverkehr für die Kleinsten ist, desto mehr Eltern werden das Elterntaxi wählen und damit für zusätzlichen Verkehr sorgen. Eine kinderfreundliche und sichere Infrastruktur könnte den Betreuungsaufwand der Eltern und Erziehungsberechtigten hingegen mindern.[135]

Radfahren erfordert Konzentration, schnelle Reaktion, Beobachtung, Koordination und die Fähigkeit zu balancieren. Vieles passiert gleichzeitig. Wenn wir etwa abbiegen, geben wir Handzeichen, heben eine Hand vom Lenker, drehen unseren Kopf und Oberkörper, um alle anderen Radfahrer:innen, Autos und Fußgänger:innen im Blick zu behalten und Gefahrenquellen zu identifizieren. Am Radspielplatz an der Donau in Wien können Kinder und Jugendliche kostenlos und abseits jeglichen Autoverkehrs an ihren Fähigkeiten am Fahrrad feilen und Situationen im Straßenverkehr nachspielen oder eher nachfahren. Auf 8.000 Quadratmeter wartet ein Parcours, der Greifübungen, eine Rüttelpiste, Balancierstrecke, Schwellen, Schienen, Engstellen, Kopfsteinpflaster und vieles mehr bereithält. Der Radspielplatz darf übrigens auch mit einem Einrad, mit Skateboard, Scooter und Rollstuhl befahren werden. Der Radspielplatz wurde um einen Pumptrack erweitert, auf dem auch viele Erwachsene zu beobachten sind, die an ihrer Fahrtechnik feilen.[136,137]

Mobilität von Frauen: umweltfreundlich und komplex

In der kurzen Zeit, in der ich am Wiener Praterstern Radfahrer und Radfahrerinnen gezählt habe, waren deutlich mehr Männer als Frauen am Rad unterwegs. Vielleicht hätte sich mir zu einer anderen Uhrzeit – es war halb acht Uhr morgens an einem Wochentag – ein anderes, ausgewogeneres Bild gezeigt. Ich frage Petra Sturm, Fahrradhistorikerin und Expertin für Frauen und Fahrrad, was ihrer Meinung nach Frauen davon abhält, im Alltag das Fahrrad zu nutzen. Die Antwort kommt prompt: die Angst. Gerade für Frauen sei das Thema Sicherheit sehr wichtig, denn sie sind es, die öfters mit Kindern unterwegs sind. „Sie bringt das Kind mit dem Lastenrad in den Kindergarten, fährt dann weiter zur Arbeit, der Mann fährt direkt mit dem Auto in die Arbeit." Dieser Aussage liegt eine Menge statistisches Datenmaterial zugrunde, das das unterschiedliche Mobilitätsverhalten von Frauen und Männern verdeutlicht: Frauen übernehmen mehr Versorgungswege, das heißt, sie erledigen Einkäufe für sich oder pflegende Angehörige, sie bringen Kinder in den Kindergarten oder die Schule, zur Oma, zur Freundin, begleiten zu ärztlichen Untersuchungen. Der VCÖ veröffentlichte 2022 ein Magazin mit dem Schwerpunkt Frauen und Mobilität und zeigt: Knapp die Hälfte aller Wege, die Männer zurücklegen, sind arbeits- oder ausbildungsbezogen, bei den Frauen machen diese rund ein Drittel aus. Gut 40 Prozent aller Wege gehen bei Frauen für Versorgungen und Besorgungen aller Art drauf, bei Männern sind es 29 Prozent. Nur bei Wegen in der Freizeit halten sich Frauen und Männer ungefähr die Waage mit gut 24 Prozent und 22 Prozent.[138] Die Wege von Frauen sind zerstückelter. Petra Sturm schreibt in einem 2019 veröffentlichten Essay: „Gerade nach der Geburt von Kindern gehen die Wege und Mobilitätsbedürfnisse auseinander. Frauen … legen mehrere verkettete Wege zurück."[139]

Die Verkehrsplanung – eine männliche Branche – plant oftmals an den Bedürfnissen der „weiblichen" Mobilität vorbei (Kombination von mehreren Verkehrsmitteln, höherer Anteil an aktiver Mobilität).[140] Katja Diehl zieht in ihrem Buch „Autokorrektur" Bilanz: „Das bedeutet auch, dass die weiblich gelesene Mobilität ‚das andere' ist – und damit für die Augen männlicher Planung unsichtbar, weil ungeahnt, unerlebt und unreflektiert. Weibliche Mobilität wechselt zwischen den Transportformen, hat meist Gepäck, Einkäufe und Menschen mit dabei und muss mit einem Job verbunden werden. Weibliche Mobilität ist komplexer und vielschichtiger. Frauen machen mehr und kürzere Wege zu unterschiedlichen Zeiten. Der Ausdruck ‚Hauptverkehrszeit' bezieht sich auf die klassische Pendler:innenzeiten morgens zur Arbeit und nachmittags zurück." Und weil Frauen eben häufiger mit Kinderwagen, Einkäufen, anderen Personen (klein, jung oder alt und eventuell gebrechlich) unterwegs sind, sind Frauen von fehlender Barrierefreiheit der Straßen, Gehsteige und öffentlichen Verkehrsmittel stärker betroffen als Männer.[141] Dass sogar Schneeräumen sexistisch geprägt sein kann, zeigt ein Beispiel aus dem schwedischen Karlskoga. Dort forderte 2011 eine Gleichberechtigungsinitiative, die gesamte Stadtpolitik auf ihre Geschlechtergerechtigkeit hin neu zu bewerten. Der Kommentar eines behördlichen Mitarbeiters, dass das Schneeräumen wohl wenigstens nicht von den „Genderleuten" angegriffen werde, lieferte den Anstoß, genau das zu tun. Es zeigte sich: Zuerst wurden die Hauptverkehrsadern schneegeräumt, erst dann Geh- und Radwege. Männer und Frauen profitierten davon unterschiedlich. Die Stadtregierung von Karlskoga gestand sich ein, dass das Schneeräumen kein geschlechtsneutraler Boden sei. Weil es ohnehin einfacher sei, mit dem Auto durch den Schnee zu fahren als mit dem Kinderwagen oder dem Rollstuhl, wurde die Priorisierung der Wege geändert. Die Stadt hat sich durch ihren feministischen Schneeräumplan sogar Geld gespart, weil in den Wintermonaten weniger Fußgänger:innen bei Schnee und Eis gestürzt sind.[142]

Radfahren in der Stadt

Wie kommt man in der Stadt am schnellsten von A nach B? Auf Distanzen bis fünf Kilometer mit dem muskelbetriebenen Fahrrad.[143] Wer in der Stadt auf das Rad umsteigt oder zu Fuß geht, spart sich die nervenaufreibende Parkplatzsuche, viele Stunden im Stau und hat Zeit – wenn Zeit ist –, die Umgebung neu zu entdecken. Zu Fuß oder am Rad lässt es sich gut flanieren. Da führen wir keine Tonne Blech um uns herum spazieren, die uns vor der Welt und den Menschen da draußen abschirmt. Hier ein nettes Wort, da ein kurzes Nicken und ein freundliches Lächeln hebt unsere Stimmung deutlich mehr als das hupende Auto an der Kreuzung hinter uns. Eine Stadt, die Radfahrer:innen- und Fußgänger:innen-freundlich ist, fördert eben auch den sozialen Austausch.[144] Die soziale Interaktion im Alltag ist gerade in Städten, wo der Grad der Anonymisierung (mit allen Vorteilen) sehr hoch ist und sich viele einsam und isoliert fühlen, nicht zu unterschätzen. Die Corona-Pandemie hat schmerzlich vor Augen geführt, was es heißt, sich einsam zu fühlen. Immobilität fördert Einsamkeit und soziale Isolation: Wer wegen seiner körperlichen oder geistigen Verfassung kein Auto lenken kann, im Straßenverkehr unüberwindbare Hürden vorfindet oder gar keinen vernünftigen Anschluss zu öffentlichen Verkehrsmitteln hat, bleibt eher zuhause. Der gesellschaftlichen Teilhabe wird ein Riegel vorgeschoben – Gleiches gilt auch für das Leben im ländlichen Raum.

In der Stadt ist die (Verkehrs-)Fläche eine begehrte und vor allem begrenzte Ressource. Da wird es schon einmal eng, besonders für Radfahrer:innen und Gehende, denn viele Rad- und Gehwege entsprechen nicht den österreichischen Planungsrichtlinien.[145] Die Österreichische Forschungsgesellschaft Straße – Schiene – Verkehr sieht für einen Einrichtungsradweg in der höchsten Ausbaustufe A eine Breite von 2,6 Meter vor, um auch das Fahren und Überholen von und mit Lastenrädern, Fahrradanhängern und mehrspurigen Fahrrädern zu ermöglichen. Führt der Weg in beide Richtungen, sollte der Radweg in der gleichen Stufe vier Meter breit sein. In dieser Ausbaustufe sind keine Mehrzweckstreifen oder gemischte Geh- und Radwege vorgesehen.[146] Ein Wegenetz, das in der Stadt aktive Mobilität fördert, bietet den Verkehrsteilnehmer:innen nicht nur genügend

Platz, sondern im besten Fall viel Grünzeug. Und zwar entlang der Wege: schattige Bäume, hohe Gräser und Blumentröge mit buntem Inhalt. In Bezug auf die immer wärmer werdenden Städte sollten Pflanzen gesetzt werden, die gut mit Trockenheit und Hitze zurechtkommen. Aktive und grüne Mobilität hat den Vorteil, dass sie das Stresslevel der Stadtbewohner:innen senkt, ihr psychisches Wohlbefinden steigert, die Luftqualität verbessert, Lärm reduziert. Und sie ist Rüstzeug gegen die Auswirkungen der Klimakrise: Grünflächen schonen das Abwassersystem, weil sie den Regen absorbieren, sie verhindern das Entstehen von Hitzeinseln und bieten den tierischen Stadtbewohnern Lebensraum. So schafft aktive Mobilität Biodiversität auf den Verkehrsflächen und entspannte Städter:innen anstelle von Hitzeinseln in der Stadt.[147]

Der ewige Streit: Wem gehört die Straße?

Der Kampf der Radfahrer:innen um den Platz auf den (besten) Straßen ist so alt wie die Geschichte des Fahrrads selbst. Draisine-Fahrer:innen im frühen 19. Jahrhundert wichen bald auf den Gehsteig aus. Die herkömmlichen Fahrbahnen waren mit ihren Schlaglöchern und Spurrinnen nicht nur unangenehm, das Gleichgewicht auf dem Laufrad zu halten war durch die Unebenheiten um einiges schwieriger. Und Übung in der balancierenden Art der Fortbewegungen hatte damals nicht wirklich jemand. Es dauerte nicht lange, bis die Draisinen in vielen Städten verboten wurden und von den Straßen und aus dem Stadtbild verschwanden. Als einige Jahrzehnte später die muskelbetriebenen Zwei- und Dreiräder (Bicycles und Tricycles) durch die Straßen rollten, wurde der, wie wir heute sagen würden, Interessenkonflikt zwischen Radfahrer:innen, Kutschern und Passant:innen wieder angeheizt. Im 19. Jahrhundert galten Radfahrer:innen schon mal als „gemeingefährlich", vielerorts sah man sie als „Freiwild", man warf Steine nach ihnen und unternahm einiges, um sie vom Fahrrad und zu Sturz zu bringen. Die Konfliktparteien ließen ab und an auch mal ihre Fäuste sprechen, um den Disput beizulegen. Im Wien des 19. Jahrhunderts war strikt geregelt, in welchen Straßen geradelt werden durfte. Viele Straßen waren nicht freigegeben, und welche das waren, war auch nicht immer so eindeutig. In jedem Bezirk galten andere Vorschriften. Deshalb wandten sich die Wiener Bicycle Clubs unisono an die hohe k. und k. Statthalterei von Niederösterreich und forderten ein Ende des sekkanten und schikanösen Vorschriftenwirrwarrs. In ihrem Schreiben unterstrichen sie die Bedeutung des damaligen „Bicycles" als Sportgerät und als Verkehrsmittel, das auch Handel und Industrie fördere. Eine Argumentation, die auch noch heute Gültigkeit besitzt. Tatsächlich durften nach dem Begehren einige Straßen offiziell befahren werden: Nächtens und mit dem Besitz einer Radfahrkarte, die es zu beantragen galt. Dieser Lösungsansatz brachte wenig bis gar keine Beruhigung. Bicyclisten und Tricyclisten hielten sich nicht an die Fahrverbote und pedalierten durch die Sperrzonen, wo ihnen die Polizei auflauerte und horrende Geldstrafen kassierte.[148]

Die Stadt der kurzen Wege

Wenn der Supermarkt ums Eck ist, die Hausärztin in der gleichen Straße praktiziert, Schule und Arbeit nur einen Katzensprung entfernt sind und auch die freizeitlichen sozialen Bedürfnisse (Kino, Natur, Konzert, Cafés, Freund:innen und Familie …) in unmittelbarer Nähe gestillt werden können, dann ist es ein Leichtes, mit dem Rad zu fahren, die Öffis zu nutzen oder zu Fuß zu gehen. Diese Möglichkeit und unmittelbare Nähe soll die „Stadt der kurzen Wege" schaffen. Bereits in den 1990ern hat man in der Stadtentwicklung über dieses Konzept gesprochen, als es um die Frage ging, wie Städte verkehrs- und flächensparend gestaltet werden können. In einer Stadt der kurzen Wege können sämtliche Wege ohne Auto erledigt werden. Sie ist kompakt gestaltet und nimmt daher weniger Fläche in Anspruch. Freie Flächen bleiben grün oder werden begrünt. Damit trägt die Stadt der kurzen Wege zum Erhalt der Biodiversität bei und verhindert das Entstehen von Hitzeinseln.[149] Das Konzept der 15-Minuten-Stadt schließt daran an. Innerhalb von 15 Minuten sollen tägliche Bedürfnisstätten (manchmal auch Pflichtstätten) zu Fuß, mit dem Rad oder mit den öffentlichen Verkehrsmitteln erreicht werden können. Das Auto ist in der 15-Minuten-Stadt nicht notwendig.[150] Wir haben uns jedoch so sehr an das motorisierte Vehikel gewöhnt, dass wir vergessen haben, wie weit wir mit muskelbetriebener Mobilität – also mit dem Fahrrad oder zu Fuß – kommen: In 15 Minuten legen wir einen Kilometer zu Fuß, knapp vier Kilometer mit dem Rad und gut fünfeinhalb Kilometer mit dem E-Bike zurück.[151]

Bedarfshalt: Stadt und Land verbinden

Und wie kommen wir aus der Stadt der kurzen Wege möglichst klimaschonend hinaus? Oder vom Dorf in die Stadt oder in die nächste Gemeinde? Unser Leben und unser Alltag sind nur selten auf einen Radius von ein paar wenigen Kilometer begrenzt. Wir pendeln zur Lohnarbeit in die nächste Gemeinde oder in die Stadt, besuchen unsere Freund:innen und unsere Familie, die anderswo leben. Für diese Wege wählen viele das Auto, das geduldig in der Garage oder am Parkplatz auf seinen Einsatz wartet (im Durchschnitt 23 Stunden am Tag). Das ist auch einleuchtend, wenn die nächste Haltestelle oder Bahnhof kilometerweit entfernt ist, kein Radweg hinführt und dort keine Abstellplätze für Räder vorhanden sind. Oft sind es die „ersten" und „letzten" Kilometer, warum Menschen in das Auto steigen: Das Hinkommen zum (Bus-)Bahnhof und das Wegfahren von dort ist ohne Auto umständlich und/oder die Fahrradmitnahme mit dem Bus oder der Bahn, wenn überhaupt, nur begrenzt möglich. Die Skizzierung des Problems hält schon die Lösung bereit, wie Land und Stadt, Bezirke und Gemeinden klimaverträglicher verbunden werden können: Öffentliche Verkehrsmittel und das Fahrrad müssen besser kombiniert werden können, die Taktung der Öffentlichen muss an die Lebensrealität und Bedürfnisse der Nutzer:innen angepasst und die Fahrradmitnahme erleichtert werden. Damit Haltestellen und Bahnhöfe mit dem Fahrrad angesteuert werden, braucht es dorthin hochwertige Radwege und vor Ort Abstellmöglichkeiten, die diebstahlsicher, leicht zugänglich sind und das Rad vor Wind und Wetter schützen.

Elisabeth ist 42, passionierte Rennradfahrerin und pendelt jeden Tag zwischen einer kleinen Gemeinde in der Südsteiermark und der Grazer Innenstadt. Auf ihrem Arbeitsweg kombiniert sie das Auto, den Zug und das Fahrrad. Ihr Stadtrad steht am Grazer Hauptbahnhof, von der Abstellmöglichkeit dort ist sie begeistert: „Hier kannst du sogar ein gutes Rad absperren. In den Abstellraum kommt man nur mit einer Zutrittskarte, die kostet 70 Euro im Jahr. Dort ist mein Rad sicher und trocken abgesperrt." Wie wichtig es ist, Haltestellen und Bahnhöfe mit guten Fahrradwegen zu erschließen, zeigt der potenzielle Wirkungsbereich beziehungsweise das 10-Minuten-Einzugsgebiet. Ist die Haltestelle nur für Fußgänger innerhalb von zehn Minuten zu erreichen, beträgt das Einzugsgebiet gerade einmal 1,5 Quadratkilometer. Führt ein Radweg zur Haltestelle, vergrößert sich das Gebiet auf 20 Quadratkilometer und bei E-Bike-Fahrer:innen auf 40 Quadratkilometer. Mit Radschnellwegen können Gemeinden verbunden und gleichzeitig öffentliche Verkehrsmittel und Straßen entlastet werden. Direkt und ohne viel Umwege durch kleine Ortschaften gelangt man auf einem Radschnellweg ans Ziel und entlastet dadurch öffentliche Verkehrsmittel und Straßen. Wie für alle Radwege gilt auch für Radschnellwege: Sie sollten möglichst vom Straßenverkehr getrennt sein.[152]

Die Zersiedelung
Der Traum vom (Wochenend-)Häuschen im Grünen, abgeschieden, aber doch nah an ein Zentrum oder eine Stadt angebunden, damit die Einkäufe komfortabel erledigt werden können oder der Gusto nach Kultur gestillt werden kann. Gewerbebetriebe, die sich an Orts- und Stadträndern entlang eines hochrangigen Straßennetzes ansiedeln. Das Land ist günstig, die Anbindung an die Öffis fehlt. Das ist Zersiedelung. Die Bebauung und das Versiegeln von verhältnismäßig großen, freien Flächen für verhältnismäßig wenig Menschen außerhalb der Stadt oder eines Dorfes verläuft meist konzept- und planlos, ist mitverantwortlich für das hohe Verkehrsaufkommen und verstärkt die Abhängigkeit vom Auto. Darüber hinaus verkleinert, zerschneidet oder zerstört Zersiedelung Freiflächen, Erholungsräume, Brachen, Wiesen, Hecken, Kulturlandschaften und Lebensräume für Tiere.[153]

Fahrradfahren am Land

Ich wohne in Wien. Hier tue ich mir leicht, meine Alltagswege mit dem Fahrrad oder zu Fuß zu erledigen. Wenn es stark regnet oder ich wirklich wirklich müde bin, kann ich die Straßenbahn, den Bus oder die U-Bahn nehmen. Am Land ist das freilich anders. Wenn ich meine Familie in der Steiermark besuche, bin ich auf das Auto angewiesen. Das beginnt schon, bevor ich eigentlich nach Hause komme. Jemand muss mich vom Bahnhof oder dem Busbahnhof abholen (Stichwort letzter Kilometer). Wenn ich für meine Familie Einkäufe erledige, steige ich ins Auto. Wenn ich Freund:innen besuchen will, steige ich ins Auto. Wenn ich in die nächste Stadt will, steige ich ins Auto. In meiner Kindheit war das noch etwas anders. Bis zum Ende der Volksschule hat sich meine Welt in dem 300-Seelen-Dorf abgespielt, in dem ich aufgewachsen bin. In die moderne Begriffswelt transferiert würde ich sagen, ich hatte eine Kindheit der kurzen Wege in einem 15-Minuten-Dorf. Unser Nachbar war Milchbauer.

Mehrmals wöchentlich marschierten wir durch seinen Garten, die Kanne baumelte an der Hand. In seinem Hof ließen wir uns frische Milch zapfen. Das Kaufhaus war zwei Häuser weiter. Mama schickte uns mit dem Stoffsackerl Lebensmittel einkaufen. Die Beträge schrieb der Kaufmann in das „Bücherl", ein zerfleddertes Notizheft, auf dem die Einkäufe ihre Spuren hinterlassen haben. Abgerechnet wurde einmal im Monat. Um in die Volksschule zu gelangen, musste ich nur das Gartentor öffnen und über die Zufahrtsstraße der Schule huschen. Mittlerweile hat der Nachbar keine Kühe mehr, der Kaufmann verkauft statt Lebensmitteln Angelruten und die Volksschule ist wie das Gemeindeamt im Zuge der Gemeindezusammenlegung in ein anderes Dort übersiedelt. Das Dorf schlief langsam ein und ging vorübergehend in den Ruhestand. Aktuell wird das Gebäude, in dem Volksschule und Gemeindeamt untergebracht waren, zu einem Gesundheitszentrum umgebaut, und zum ersten Mal, seit ich mich erinnern kann, praktiziert in unserem Dorf eine Hausärztin. Wer aber in die Arbeit, in die Schule, einkaufen, ins Wirtshaus, ins Café oder ins Kino will, muss in die umliegenden Ortschaften und Städte. Der kürzeste und schnellste Weg führt über Landes- und Bundesstraßen. Durchgehende Radwege sind mir auf diesen Fahrbahnen nicht bekannt. Mit den oben beschriebenen Rad(schnell) wegen an Freilandstraßen könnten diese Ortschaften verbunden werden. Und weil man auf den Bundes- und Landesstraßen mit dem Auto gerne die erlaubte Geschwindigkeitsbegrenzung von 100 km/h ausreizt und der seit 2022 gesetzlich verankerte Abstand beim Überholen von 1,5 Metern oftmals nicht eingehalten wird, ist es meiner Meinung nach gerade am Land wichtig, dass die Radwege von der Fahrbahn getrennt sind. Dann würden sich auch Kinder und ihre Eltern sicher genug fühlen, um gemeinsam mit dem Fahrrad oder Lastenrad in den Kindergarten und in die Schule zu fahren. Eine weitere Möglichkeit, die Abhängigkeit vom Auto am Land zu verringern, besteht darin, die Ortszentren und Straßenflächen als Aufenthalts- und Begegnungsraum zu denken und zu gestalten.[154] In Prutz, einer 1.800-Seelen-Gemeinde in Tirol, wurde ein Teil der Landstraße, die durchs Ortszentrum führt, zur Begegnungszone. Die maximale Geschwindigkeit für alle fahrbaren Untersätze ist auf 20 km/h begrenzt. Auf dem barrierefreien Dorfplatz befinden sich Sitzmöglichkeiten, ein Wasserspiel, Grünelemente, Abstellmöglichkeiten für Fahrräder und zwei Ladestationen für E-Autos. In Hohenems, einer Stadt mit knapp 17.000 Einwohner:innen in Vorarlberg, wurde ebenfalls eine barrierefreie Begegnungszone eingerichtet und der Durchzugsverkehr auf eine Umfahrungsstraße umgeleitet. In den ersten drei Jahren nach der Verkehrsberuhigung hat sich die Anzahl der Geschäfte in der Innenstadt bereits um 20 Prozent erhöht und Wohnungen und Geschäftsflächen, die leer standen, werden wieder genutzt.[155]

Umstiegspotenzial

Für meine Freund:innen und mich stand es in meiner Jugendzeit gar nicht zur Debatte, ob wir den Autoführerschein machen, sondern eher, in welchem Alter. Wer den Führerschein hatte, war unabhängig. Vom Postbus, der am Wochenende eh nicht in die Stadt fuhr, und von den Eltern oder Geschwistern, die einen bringen oder abholen mussten. Ich wäre, solange ich am Land gewohnt habe, nicht auf die Idee gekommen, das Fahrrad als Verkehrsmittel zu wählen. Die Abhängigkeit vom Auto am Land ist stärker als in der Stadt. Dennoch sind auch in ländlichen Regionen viele Autofahrten kürzer als zehn Kilometer.[156] Die Hälfte aller PKW-Fahrten in Österreich ist kürzer als fünf Kilometer. Fünf bis zehn Kilometer – Distanzen, die gesunde Personen problemlos mit dem Fahrrad und besonders mit dem E-Bike zurücklegen können. In Österreichs Städten könnte mehr als die Hälfte aller motorisierten Gütertransporte auf Lastenräder verlegt werden.[157] Es gibt viel Luft nach oben, wenn es darum geht, vom Auto auf das Fahrrad umzusteigen. Man nennt das auch das Umstiegspotenzial, und das ist, mit Blick auf die Länge der Wege, in Österreich enorm. So ist etwa auch rund die Hälfte aller Arbeitswege kürzer als zehn Kilometer. Arbeitgeber:innen können das Fahrradfahren ihrer Mitarbeiter:innen fördern, indem sie Dusch- und Umziehmöglichkeiten und Abstellplätze schaffen. Davon profitieren Arbeitnehmer:innen selbst, denn Radfahrer:innen sind durchschnittlich weniger krank als ihre nicht-radelnden Kolleg:innen. Und sie brauchen weniger Parkplätze, die Arbeitergeber, etwa im Fall von großen Industriebetrieben, teuer zur Verfügung stellen müssen.Viele sind in den vergangenen Jahren schon umgestiegen und nutzen das Fahrrad täglich oder mehrmals wöchentlich als Verkehrsmittel. Vor dem ersten Corona-bedingten Lockdown waren 2,35 Millionen Menschen in Österreich häufig mit dem Fahrrad unterwegs. Die Lockdown-Beschränkungen haben bei den Radfahrer:innen zu einem weiteren Zuwachs geführt. In Wien wurden im Mai 2020 um 45 Prozent mehr Radler:innen verzeichnet als im Mai 2019. In den Jahren 2007 bis 2021 ist der Anteil an Radfahrer:innen, die häufig – also täglich oder mehrmals in der Woche – mit dem Rad fahren, in Wien um 86 Prozent, in Vorarlberg um 52 Prozent und in Tirol um 44 Prozent gestiegen.[158,159] Zwei Drittel aller Österreicher:innen nutzen das Fahrrad immer wieder im Alltag oder wären zumindest daran interessiert.[160] Für sie und jene, die bereits viel radeln, gilt es, die Infrastruktur auszubauen.

Mythos: Mehr Straßen beschleunigen den Verkehr

Die Vorstellung, dass Straßenausbau die motorisierte Mobilität beschleunigt, hält sich hartnäckig. Oft versucht man mit zusätzlichen Straßen und Fahrspuren, Verkehrsüberlastungen und Staus zu lösen. Dieser Ausbau geht jedoch nicht nur auf Kosten anderer Verkehrsmittel. Die Entlastung und der Geschwindigkeitsvorteil werden bald von zusätzlichen Autos verdrängt. In Deutschland ist das Autobahnnetz zwischen 2016 und 2020 um 200 Kilometer gewachsen. Die Staus-

tunden in dem Zeitraum haben sich fast verdoppelt. Was die Straßen tatsächlich entlastet, ist der Ausbau von öffentlichen Verkehrsmitteln und Rad- und Gehwegen.[161]

Fahrradfreundliche Städte und andere Vorbilder

Viele Städte machen vor, wie man die Bevölkerung auf das Fahrrad bringt. Und unsere nach Bestnoten und Vergleichen gierende Gesellschaft bewertet diese Bemühungen und vergibt Plätze an die fahrradfreundlichsten Städte. Der „Global Bicycle City Index" des Versicherungsunternehmens LUKO bewertete 2022 90 Städte anhand von 16 Kriterien. Unter anderem fließen die Diebstahlrate, die Qualität der Infrastruktur, die Ausgaben für den Radverkehr, Unfälle und Initiativen wie der autofreie Tag in die Bewertung ein. 2022 belegte Utrecht in den Niederlanden den ersten, Münster in Deutschland den zweiten und Antwerpen in Belgien den dritten Platz. Kopenhagen in Dänemark landete auf Platz 4, Amsterdam in den Niederlanden auf Platz 5. Unter den Top 10 ist Deutschland 3 Mal vertreten, China, Schweden und die Schweiz jeweils mit einer Stadt. Die erste österreichische Stadt landet auf Platz 18: Innsbruck. Wien reiht sich knapp hinter Paris auf den 33. Platz ein.[162]
Der „Copenhagenize Index" bezeichnet sich selbst als das umfassendste Ranking. 115 Städte mit einem höheren Radanteil als 2 Prozent schafften es 2019 in die zweite Bewertungsrunde. Neben Straßen, Abstellplätzen und verkehrsberuhigten Zonen ist auch die Vielfalt der Radfahrer:innen relevant: Sind Kinder und ältere Personen und Menschen mit Beeinträchtigungen unterwegs? Beim Copenhagenize Index 2019 landete Kopenhagen auf Platz 1, Wien erstmals unter den Top 10 und belegte Platz 9. Die Autor:innen streichen für Wien positiv hervor, dass Lastenräder gratis ausgeliehen werden können und die Infrastruktur langsam ausgebaut wird. Die

Autor:innen erkennen aber auch, dass nur signifikante Investitionen in eine sichere Radinfrastruktur eine wesentliche Verbesserung darstellen und es schon etwas aus der Zeit gefallen und unrealistisch sei, von den Radfahrer:innen zu verlangen, sich die Fahrspur mit Bussen und Taxis teilen zu müssen.[163]

Geteiltes Rad, mehrfacher Nutzen. Hangzhou, China

Als einzige nichteuropäische Stadt hat es Hangzhou in die Top 10 des Global Bicycle City Index geschafft. Die 10 Millionen-Stadt hat 2008 ein Bike-Sharing-System eingeführt, das den Bewohner:innen ermöglicht, den ersten und letzten Kilometer schnell und kostengünstig zurückzulegen. Das Radverleih-System integriert Bus, Bahn und Taxi und erleichtert damit den Umstieg vom Auto auf die Öffis. An über 3.700 Stationen können sich Nutzer:innen ein Fahrrad ausleihen, die erste halbe Stunde ist kostenlos. 2017 wurde die Stadt für das weltgrößte Bike-Sharing-System mit dem renommierten Ashden Award ausgezeichnet.[164,165]

Au revoir Parkplatz! Bonjour aktive Mobilität. Paris, Frankreich

Die Stadt, in der das erste „Kurbelvelozipede“ in den 1860ern durch die Straßen rollte, wird nach und nach fahrradfreundlicher. Seit 2003 werden Parkplätze in Grünflächen sowie Geh- und Radwege umgewandelt. Bis 2025 soll die Hälfte der 134.000 Plätze umgewidmet sein. Auch die 70 Meter breite und knapp zwei Kilometer lange Prachtstraße Champs-Élysée, auf der vorrangig der motorisierte Verkehr rollt, soll verkehrsberuhigt und begrünt werden.[166]

Fahrradabstellplatz statt Autoparkplatz. Amsterdam, Niederlande

Auch in der Hauptstadt der Niederlande rückt man Parkplätzen zu Leibe. Bis 2025 werden schrittweise 11.200 Anwohnerparkberechtigungen aufgehoben. Niemand wird enteignet: Wenn jemand umzieht, die Parkberechtigung abgibt oder verstirbt, wird diese Berechtigung nicht mehr ausgegeben. Die freigewordenen Parkplätze werden begrünt und für Rad-Abstellanlagen und breitere Rad- und Gehwege genutzt.

Vorrang den Fußgänger:innen. Pontevedra, Spanien

Bodenmarkierung, Niveauunterschiede, Ampeln und Verkehrsschilder, die den Verkehr regeln. Danach sucht man im Zentrum der 83.000 Einwohner:innen großen Stadt Pontevedra vergebens. Hier haben Gehende seit 1999 Vorrang. Am Stadtrand wurden 15.000 Parkplätze geschaffen, kostenlose Busse bringen einen von dort ins Zentrum. Hinweistafeln geben die Entfernung bis zum nächsten Wegepunkt in Meter und Minuten an. In der Innenstadt dürfen Anwohner:innen, Lieferant:innen und die öffentlichen Verkehrsmittel in langsamen Tempo fahren. Seit 2009 gab es in Pontevedra keine Verkehrstoten mehr zu verzeichnen, die CO_2-Emissionen sanken um 70 Prozent. Der Einzelhandel profitiert, weil mehr Menschen ihre Einkäufe in der Innenstadt erledigen. Eltern lassen ihre Kinder alleine in die Schule gehen. Seit sich die Stadt für die großräumige Verkehrsberuhigung entschieden hat, sind über 12.000 Menschen in die Stadt gezogen.

Gartenstadt. Brighton, England

Die Stadt an der Küste des Ärmelkanals hat sich das Ziel gesetzt, bis 2030 klimaneutral zu sein. Um dorthin zu gelangen, wurde unter anderem im Stadtteil Hove das Projekt Valley Garden umgesetzt. Auf einer Länge von 1.500 Metern wurden bestehende Grünflächen verbunden und aufgewertet und 140 neue Bäume gepflanzt. Fußgänger:innen und Radler:innen bewegen sich dort über ein zusammenhängendes Rad- und Fußwegenetz, das vom Straßenverkehr getrennt ist.

Partymeilen. Bogota, Kolumbien

Jeden Sonntag werden in Kolumbiens Hauptstadt 120 Kilometer Straßen für den motorisierten Verkehr gesperrt. Dort, wo ansonsten Autos, Mopeds und LKW brummen, tummeln sich am autofreien Sonntag die Bewohner:innen und verwandeln die Straßen in eine riesige Begegnungszone, in der sie gemeinsam essen, trainieren, tanzen und feiern.[167]

Lightpath – Lichtpfad. Auckland, Neuseeland

In Auckland wurde 2016 ein vierspuriges Autobahnkreuz aus den 1960ern für Radfahrer:innen und Fußgänger:innen freigegeben. Der pink gefärbte Verbindungsweg, der besonders bei Pendler:innen sehr beliebt ist, ist 600 Meter lang. Plexiglaspanele schützen die Benutzer:innen vor Wind und Lärm.

Winterfest. Oulu, Finnland

Im Sommer fahren 30 Prozent der 200.000 Einwohner:innen in Oulu mit dem Fahrrad. Seit den 1970ern investiert die Stadt in Fuß- und Radwege, jedes Jahr wächst das Radwegenetz, das 2020 knapp 845 Kilometer betrug, um 10 bis 20 Kilometer. Die meisten Radwege sind zwischen 3,5 und 6 Meter breit und vom Autoverkehr getrennt. Damit die Bewohner:innen auch im Winter auf das Fahrrad steigen, sind die Räumfahrzeuge rund um die Uhr im Einsatz. Wo der Schnee gehäuft wird? Auf den Grünstreifen, die die Radwege vom Autoverkehr trennen. Der Einsatz wird belohnt: Der Radverkehrsanteil im Winter beträgt 12 Prozent.

Autofreier Stadtteil Merwede. Utrecht, Niederlande

Utrecht belegt im Global Bike Index 2022 Platz 1 und mischt beim Copenhagenize Index der vergangenen Jahre verlässlich unter den Top 3 der fahrradfreundlichsten Städte mit. Die etwa 360.000-Einwohner:innen-Stadt verdichtet nun ein ehemaliges Gewerbegebiet in der Nähe des Hauptbahnhofes. Das Stadtviertel soll weitestgehend autofrei funktionieren und Platz für 12.000 Bewohner:innen bieten. Schulen, Kindergärten und Geschäfte des täglichen Bedarfs werden zu Fuß oder mit dem Rad erreichbar sein. Der Stadtteil ist gut an den öffentlichen Verkehr angebunden und bietet Bike- und Carsharing-Angebote sowie Bereitschaftstaxis.[168,169]

Kinder geben den Verkehrston an. Sierndorf, Niederösterreich

Im Rahmen der Klimaschutzinitiative des Umweltministeriums „klimaaktiv" werden Schulen und Kindergärten auf dem Weg zu einer kinder- und klimafreundlichen Schulumgebung und Verkehrsinfrastruktur begleitet. Als die Volksschule der Marktgemeinde Sierndorf in Niederösterreich umgebaut wurde, wurden die Schüler:innen nach ihren Wünschen und Vorstellungen zum Schulweg befragt und Haltestellen analysiert. Während des Projekts sammelten die Schüler:innen Klimameilen und feierten am Ende ein Fest rund um klimaverträgliche Mobilität. Ihre Scooter und Räder können sie nun bis zum Läuten der Schulglocke unter einem überdachten Abstellplatz abstellen.[170]

Müllabfuhr auf Rädern. Lagos, Nigeria

Nigerias bevölkerungsreichste Stadt Lagos hat eine der höchsten Armutsraten weltweit. Und ein Müllproblem. Im Großraum Lagos leben zwischen 21 und 25 Millionen Menschen, die Hälfte davon mit weniger als 1,9 US-Dollar am Tag. Nur 40 Prozent des Abfalls wird von der Müllabfuhr abgeholt, 13 Prozent recycelt. Einige Bewohner:innen der Mega-City verbrennen deshalb ihren Müll und tragen damit zur ohnehin hohen Luftverschmutzung bei. Die Nigerianerin Bilikiss Adebiyi-Abiola gründete Wecyclers, eine Müllabfuhr auf Fahrrädern. Mit Lastenräder holen Fahrer:innen den Abfall von privaten Haushalten und Firmen, sortieren ihn und verkaufen den Müll an Recyclingfirmen. Für jedes Kilo, das die Fahrer:innen sammeln, werden ihnen Punkte gutgeschrieben, die sie in Bargeld oder Haushaltsgüter umtauschen können. Die Lastenräder haben nicht nur den Vorteil, keine klimaschädlichen Treibhausgase zu verursachen, sie kommen auch in Nachbarschaften und Vierteln, in denen die Müllabfuhr gar nicht gelangen kann: zu eng sind die Straßen und Gassen. Wecyclers sagt auf klimafreundliche Weise dem Müllproblem und der Armut den Kampf an.[171]

Interview: Heiße Eisen und Selbstermächtigung

Ein Gespräch über die Entwicklung der Radinfrastruktur und Radpolitik mit Alec Hager entwickelt und organisiert Fahrradkurse für Jung und Alt, konzipiert Radspielplätze, ist Autor des Ratgebers „Radfahren in Wien“, Mitbegründer der Plattform „Radkompetenz Österreich“ und Obmann des Vereins „Radvokaten“. Es war zudem langjähriger Sprecher und Geschäftsführer der Radlobby.

Textnachricht am Handy: „Werde wegen Sturm bissl länger brauchen.“ Alec Hager wird nicht ganz pünktlich zum Interview erscheinen. Es ist Anfang Februar 2023. In einem kleinen Café im zweiten Wiener Gemeindebezirk klatscht der Regen gegen die Fensterscheiben, der Wind rüttelt an der Tür, über Österreich fegen Orkanböen mit bis zu 100 km/h. Allein in Wien wird die Feuerwehr 170-mal ausrücken.[172] Hager ist vor 30 Jahren vom Mühlviertel in Oberösterreich nach Wien gezogen. Seit 20 Jahren setzt er sich hauptberuflich für bessere Radinfrastruktur und eine lebendige Radkultur ein. Um kurz nach fünf schält er sich im Café aus seiner Regenhaut: Fäustlinge, Regenhose, Regenjacke. Dann gibt er Einblicke in die Radverkehrspolitik der vergangenen 20 Jahre.

Woher kommt das Engagement für eine sichere Radinfrastruktur?
Das ist eine klassische Vom-Saulus-zum-Paulus-Geschichte. Als ich zum Studieren nach Wien kam, hat das Auto für mich in der Stadt keinen Sinn mehr gemacht. Die Öffis waren mir zu unflexibel – und in der Nacht sind sie damals ja auch noch nicht gefahren. Also habe ich mein altes Radl von zuhause nach Wien geholt. Für mich als Student war das das billigste Fortbewegungsmittel. Das Fahren in der Stadt war am Anfang total unangenehm. Ich war schon auch ein bisschen das Landei, das sich mit dem Verkehr in Wien schwergetan hat. Nach einem Zeiterl habe ich aber festgestellt, dass es auf der Straße

ein Platzproblem, ein Machtproblem und ein Strukturproblem gibt und dass man als Radfahrer ignoriert wird. Zu der Zeit, Anfang der 2000er-Jahre, wurde gerade die IG-Fahrrad gegründet. Bei der habe ich mich dann engagiert, wir haben eine Website gebastelt und Forderungen formuliert. Und dann haben wir 2006 die Critical Mass entdeckt, eine Aktionsform, bei der sich Radfahrer:innen einmal monatlich in großen Gruppen den Platz im Verkehr nehmen, der ihnen zusteht. Am Anfang waren wir eine sehr kleine Gruppe. Wenn du zu zehnt versuchst, am Wiener Gürtel die Fahrbahnen zu sperren, ist das natürlich etwas anderes, als wenn du mit 500 Radfahrer:innen unterwegs bist. Mit dem Fahrrad waren wir plötzlich nicht nur mobil, sondern auch politisch. Das war ein Gefühl der Selbstermächtigung.

So wie das Radfahren auch ein Akt der Selbstermächtigung ist?
Das ist ja das Spannende am Radfahren, das hat in so vielen Bereichen mit Selbstermächtigung zu tun. Schon wenn du als kleines Kind Radfahren lernst und dir deine Eltern später erlauben, alleine zu Freund:innen zu radeln – und sei es nur ein paar Häuser weiter –, das ist ein tolles Gefühl.

Welche Forderungen wurden damals gestellt, welche Erfolge gab es und wie lauten die Forderungen heute?
Die Forderungen waren damals sehr vage und allgemein. Wir haben mehr Platz und Budget gefordert und an die Politik appelliert, das Fahrrad als vollwertiges Verkehrsmittel anzuerkennen. Mit der Zeit haben wir die Forderungen konkretisiert. Was sich nicht geändert hat: Es geht immer um die Verteilung von Ressourcen und um die Verteilung von Platz. Mehr Budget für den Radverkehr ist manchmal leichter zu erlangen als eine Fahrbahn einer sechsspurigen Straße, die dem motorisierten Verkehr vorbehalten ist. In Wien haben wir mit der Aktion „Rasen am Ring" zehn Jahre lang eine autofreie, begrünte Wiener Ringstraße[173] gefordert. Wir waren sicher nicht die Ersten, die sich

dafür eingesetzt haben, und werden nicht die Letzten gewesen sein. Hier hat sich kein Zentimeter geändert. Es gibt punktuelle große wie kleine Erfolge und Verbesserungen, wie etwa der Radweg am Getreidemarkt in Wien oder diverse Verlängerungen und Verbreiterungen. Es gibt budgetäre Verbesserungen, aber von der radfreundlichen Stadt Wien sind wir noch weit entfernt. Ein Überholabstand, der gesetzlich verankert ist, und das Rechtsabbiegen bei roter Ampel waren ebenfalls langjährige Forderungen, die mit der 33. Novelle der Straßenverkehrsordnung umgesetzt wurden. Die politische Arbeit ist aber in Bezug auf diese Punkte noch nicht zu Ende. Es ist dringend nötig, dass der Überholabstand kontrolliert und kommuniziert wird. Die Gesetze müssen gelebt und durchgesetzt werden – auch jenes, dass parkende Autos nicht mehr in den Gehsteig oder Radweg ragen dürfen, damit sie Radfahrer:innen, Rollstuhlfahrer:innen, Fußgänger:innen und Menschen mit Kinderwagen den Platz nicht wegnehmen.

Der Österreichische Mobilitätsmasterplan 2030 sieht vor, den Radverkehrsanteil bis 2040 auf 13 Prozent zu erhöhen. Nimmt man sich zu viel oder zu wenig vor, und wird Österreich dieses Ziel erreichen?
Ein Radverkehrsanteil von 13 Prozent im ländlichen Raum ist sehr viel – im städtischen Raum sind 13 Prozent nicht genug. Das Ziel, den Radverkehrsanteil von 6 auf 13 Prozent zu erhöhen, ist zu begrüßen, aber mit den jetzigen Maßnahmen nicht erreichbar und existiert schon seit 2006 im ersten Masterplan Radfahren.

Wie erreicht man 13 Prozent?
Wenn wir von Klimaschutz und Mobilitätswende sprechen, geht es nicht darum, alle Leute aufs Rad zu bringen. Das ist für die meisten Pendelstrecken unmöglich. Es geht darum, dass mehr Menschen öffentliche Verkehrsmittel nutzen und die Zufahrt zu den Öffis mit dem Rad machbar wird. Es geht nicht nur um Infrastruktur, sondern auch um Öffentlichkeitsarbeit, Radkurse für Schüler:innen, diverse

Förderungs- und Forschungsinstrumente und gesetzliche Rahmenbedingungen, die geschaffen werden müssen. Im April 2022 hat das Klimaschutzministerium eine Studie[174] präsentiert, die die zentrale Frage stellt, wie man in allen Bundesländern sicheres und gutes Radfahren ermöglicht und welche Budgetmittel nötig sind. Diese Investment-Studie schlüsselt auf, wie viele Kilometer Radwege in welcher Qualität in den Bundesländern notwendig sind, um die Klimaschutzziele zu erreichen. Das Ergebnis kurz zusammengefasst: Es braucht nicht für jede Strecke einen getrennnten Radweg, aber es braucht sichere Fortbewegungsmöglichkeiten für Radfahrende. Entweder durch baulich getrennte Radwege oder eine gute Verkehrsberuhigung in Form von 30er-Zonen, autofreien Zonen, Begegnungszonen, Fahrradstraßen oder Ähnliches. Für das Klimaziel reicht es nicht, lediglich die Ballungszentren mit Radwegen auszubauen. Und dafür braucht es bis zu 7 Milliarden Euro Budget.

Was hält Menschen davon ab, aufs Fahrrad zu steigen?

In den meisten Umfragen werden drei Hauptgründe genannt. Erstens: Es ist wegen der vielen Autos zu gefährlich. Gleich danach werden der Fahrraddiebstahl und das schlechte Wetter genannt. Die Gefahr durch den Autoverkehr ist wirklich ein Problem. Wenn du motiviert bist und erstmals mit dem Rad rausfährst und knapp überholt wirst, ist das nicht wie Regen, der morgen wieder aufhört. Hier helfen natürlich Routine und gesetzliche Rahmenbedingungen wie der Überholabstand. Wir müssen Radwege schaffen, die sicher genug für die interessierten, aber besorgten Radfahrer:innen sind. Dann wird die Gruppe der routinierten Alltagsradfahrer:innen größer. Langsam sickert das in die Köpfe der Entscheidungsträger:innen. Wir brauchen Wege, die Platz genug für einen alten Herrn, für die Dame, die einkaufen fährt, oder die Eltern, die ihr Kind am Kindersitz oder im Lastenrad zur Schule bringen, bietet. Für diese Menschen zu planen und für sie genug Platz zur Verfügung zu stellen, das ist die zentrale Aufgabe der Radverkehrspolitik. Regen und Diebstahl sind meiner Meinung nach auch willkommene Ausreden oder kulturell geprägte Verhaltensmuster. Es gibt Städte und Länder, da regnet es viel mehr, wie beispielsweise in Amsterdam, trotzdem fahren die Menschen mit dem Fahrrad.

Wie hat sich die Radverkehrsinfrastruktur in den vergangenen 20 Jahren entwickelt?
Es tut sich was, aber die Hotspots werden – zumindest in Wien – selten angegriffen. Damit meine ich enge Schienenstraßen, an denen viele Autos parken, oder mehrspurige Straßen. Ja, es werden etwas mehr Radwege gebaut als im Vorjahr und in manchen Gebieten sind die Lösungen ganz gut geworden. Es gibt kleine verkehrsberuhigte Grätzln in Neu- und Altbaugebieten. Wenn ich vom zweiten Bezirk in die Seestadt[175] fahre, bin ich durchgehend im Grünraum oder auf Radwegen unterwegs. Im Stadterneuerungsgebiet Nordbahnviertel findet man viele Einbahnstraßen und Durchfahrten, die so gelöst sind, dass man nur mit dem Rad durchfahren kann. Wenn du dort an einer ruhigen Straße stehst, kommen zwei Autos und 30 Radfahrer an einer Kreuzung vorbei. Verschiedene Maßnahmen wie Poller, eine bestimmte Bevölkerungsstruktur und weniger Parkplätze greifen dort ineinander. In Wien hat sich in den vergangenen 10 bis 15 Jahren viel getan, aber wir sind ja auch von einem niedrigen Level gestartet und es wird jedenfalls zu wenig getan, um die selbstgesteckten Ziele zu erreichen, die notwendig wären, um die Klimaerwärmung gemäß Pariser Abkommen auf 1,5 °C beziehungsweise 2 °C zu begrenzen. Heiße Eisen werden nur ungern angegriffen, aber die machen mitunter am meisten aus.

Warum werden die heißen Eisen nicht angegriffen?
Weil sie zu viel kosten – finanziell, aber auch politischer und sozialer Natur. Wer sich aus der Zivilgesellschaft oder als Organisation für

Radwege einsetzt, muss mit starkem Gegenwind rechnen und braucht einen langen Atem. Politiker:innen fürchten sich vor Stimmenverlust und verzichten deswegen schon mal auf einen Radweg.

Das heißt, es bräuchte dahingehend Öffentlichkeitsarbeit und Bewusstseinsbildung, damit die Bevölkerung Politiker:innen, die Radwege bauen, bei der nächsten Wahl nicht abstraft?

Wir brauchen Politiker:innen, die sich mit einem faktenbasierten Konzept hinstellen und erklären: „Ich weiß, ihr seid eure Parkplätze gewöhnt, aber das ist jetzt zweitrangig. Jetzt geht es um das Klima, um die Zukunft, um die Kinder, und deshalb muss ich euch leider sagen, der Parkplatz ist gestrichen, hier kommt ein Radweg hin." Wer das mit genug Überzeugungskraft vermittelt, wird wieder gewählt. Das zeigt ja auch das Beispiel der Pariser Bürgermeisterin Anne Hidalgo, die genau das mit Erfolg gesagt und getan hat. In Wien traut sich niemand, dem nicht autofahrenden Teil der Bevölkerung – und das ist in Wien die Mehrheit – den Vorrang zu geben. Hier richtet sich die Politik nach der lauten, autofahrenden Minderheit.

Die einstige Forderung, das Radfahren als vollwertiges Verkehrsmittel anzusehen, ist also noch nicht umgesetzt?

Fast keine Partei wird heute noch behaupten, das Rad sei nur ein Sport- und Freizeitgerät. Gerade für Kurzstrecken ist das Fahrrad als vollwertiges Verkehrsmittel anerkannt, das beim Kampf gegen den Klimawandel eine wichtige Rolle spielt. Aber dass man deshalb ein anderes Verkehrsmittel einschränkt, so weit sind wir noch nicht. Ja, wir sind vollwertig, aber nicht gleichberechtigt. Man muss das Autofahren gezielt unbequemer machen.

Indem man Parkplätze rückbaut?

Als erste Maßnahme. Wien ist eine der Hauptstädte mit den meisten Oberflächenparkplätzen. Mir sind keine Pläne wie aus Amsterdam oder Paris bekannt, die den Rückbau von Parkplätzen offiziell vorsehen. Jedes Auto, das draußen parkt, ist eine kleine Hitzeinsel – auch jedes E-Auto ist immer noch eine Blechkiste, die Hitze speichert.

Wie sieht die ideale Verkehrsinfrastruktur in einer Stadt aus?
Die Vision ist relativ klar: In einer möglichst auto- und emissionsfreien Wohnumgebung findest du Fahrradstraßen, Fußgängerzonen, Radschnellwege und viel Grün vor. Flächen müssen entsiegelt und begrünt werden, wenn du willst, dass die Leute in Zukunft im Sommer auch noch rausgehen können und sich nicht drinnen mit einer Klimaanlage, die auf Hochtouren läuft, verschanzen. Es wird eine Infrastruktur für eine reduzierte Anzahl von größeren Vehikeln wie LKW brauchen, aber die darf nicht ins Wohngebiet führen. Kranken- und Warentransport müssen garantiert werden. Aus Studien wissen wir, dass 50 bis 70 Prozent des Warenverkehrs in Städten von Lastenrädern übernommen werden können.

Ist die Stadt der Zukunft autofrei?
Es macht keinen Sinn, sich eine Zwei-Millionen-Stadt gänzlich autofrei vorzustellen. Es geht Richtung Superblock, diese Methode der Verkehrsberuhigung stammt aus Barcelona. Der KFZ-Verkehr wird aus dem Wohnbereich verdrängt, nur noch Anrainer dürfen zufahren. Viele Städte ahmen das nach, in einem Pilotprojekt wurde die Umsetzung des Konzepts im 10. Wiener Gemeindebezirk – Supergrätzl Favoriten – begonnen, in anderen Bezirken aber verhindert.

Wie kann man sich als Privatperson für eine bessere Radinfrastruktur engagieren und einsetzen?
Bei der Critical Mass mitfahren und nach lokalen oder überregionalen Initiativen und Organisationen suchen. Die Radlobby ist beispielsweise in jedem Bundesland vertreten und hat mittlerweile auch viele Bezirksgruppen.

Wohin kann ich mich wenden, wenn ich einen Radweg anregen möchte, weil ich finde, auf dieser oder jener Straße ist das Radfahren zu gefährlich?
An die zuständige Behörde und zusätzlich an die Radlobby. Die Radlobby hat beispielsweise in Wien über den Radkummerkasten eine endlose Liste mit Straßen und Gassen gesammelt. Je mehr Mails die Zuständigen erhalten, die sagen: „Ich traue mich nicht Radfahren, weil die Straßen zu unsicher sind!“, umso besser.

Die wichtigsten Radregeln

Straßenverkehrsordnung (StVO), Fahrradverordnung (FVO), das Kraftfahrgesetz (KFG) und die Bodenmarkierungsverordnung (BoMaVO) mischen im Radverkehr mit. Die Straßenverkehrsordnung (StVO) bildet die rechtliche Grundlage dafür, wie wir uns auf öffentlichen Verkehrsflächen verhalten sollen. Im Oktober 2022 wurde die 33. Novelle der StVO erlassen. Hier das Wesentliche im Überblick: Auf welchen Wegen und Straßen dürfen wir fahren, wann muss ich diese sogar benutzen, wie soll mein Fahrrad ausgestattet sein, dass es den gesetzlichen Bestimmungen entspricht, und was ist absolut verboten? Das Verkehrs- und Straßenwesen in Österreich unterscheidet zwischen Radverkehrsanlagen und Radfahranlagen. Radverkehrsanlagen sind alle Flächen, auf denen das Radfahren erlaubt ist, wie etwa Wohnstraßen, Begegnungszonen und Fußgängerzonen, die für Radfahrer:innen freigegeben sind. Radfahranlagen sind eine Unterkategorie der Radverkehrsanlagen mit gesonderten Regeln. Dazu zählen Radfahrstreifen, Mehrzweckstreifen, Radwege, Geh- und Radwege und Radfahrerüberfahrten.
Radfahrstreifen: Ein Radfahrstreifen ist ein gekennzeichneter Teil der Fahrbahn, der meist zwischen fahrenden und parkenden Autos entlangführt. Als Radfahrer:in sollte man zu längsparkenden Autos einen Abstand zwischen 1,2 und 1,8 Meter einhalten, um den ge-

fürchteten Zusammenprall mit einer Autotür, die just in dem Moment geöffnet wird, in dem man vorbeifährt, zu vermeiden. Dieser Unfallhergang ist gemeinhin als Dooring bekannt (door = englisch: Tür). Eine durchgezogene Linie (Sperrlinie) oder eine gestrichelte Linie (Warnstreifen) sollte Radfahrer:innen und Autolenker:innen in ihre jeweiligen Spuren verweisen. KFZ-Lenker:innen dürfen den Radfahrstreifen nur queren, aber nicht befahren.

Mehrzweckstreifen: Ein Mehrzweckstreifen ist ein Radfahrstreifen, auf dem KFZ-Lenker:innen fahren dürfen, wenn der Platz links vom Streifen nicht ausreicht. Die Sicherheit auf diesen Streifen ist nicht sehr hoch, weil der Mindestabstand beim Überholen kaum eingehalten werden kann.

Radweg: Hier wollen wir radeln. Auf einem Radweg, der meist baulich vom Straßenverkehr getrennt ist und nur dem Radverkehr zur Verfügung steht. Fußgänger:innen und andere Fahrzeuglenker:innen dürfen den Radweg queren, aber nicht in der Längsrichtung benutzen.[176]

Benützungspflicht von Radfahranlagen

Wenn ein Radweg mit einem viereckigen Vorschriftszeichen angekündigt wird, ist die Benutzungspflicht für alle Fahrräder aufgehoben. Generell von der Benützungspflicht ausgenommen sind:
- Rennräder auf einer Trainingsfahrt.
- Mehrspurige Fahrräder oder Fahrräder mit Anhänger. Sind sie breiter als ein Meter, dürfen sie den Radweg nicht benützen.
Microscooter, Tretroller, Skateboards und Kinderfahrräder („fahrzeugähnliches Kinderspielzeug“) sind auf einer Radfahranlage nicht erlaubt, Rollschuhfahrer, Elektrofahrräder, Segways, Elektroroller hingegen schon.[177]

Geh- und Radweg: Fußgänger:innen und Radler:innen existieren hier nebeneinander auf dem Geh- und Radweg. Die Verkehrsflächen sind im Idealfall durch einen abgeflachten Randstein oder durch eine weiße Linie getrennt.[178]

Fahrradstraßen: Eine Fahrradstraße ist das Pendant zur Fußgängerzone. Sie ist den Radfahrer:innen vorbehalten und mindestens vier Meter breit. Autos dürfen ihre Räder nur auf die Fahrradstraße setzen, wenn sie queren, umdrehen oder zufahren müssen. Die Höchstgeschwindigkeit beträgt 30 km/h.[179]

Radschnellwege: Das sind die verbindenden Strecken zwischen Gemeinden, Dörfern, Stadt und Umgebung. Ohne Umschweife sollte man von einem Ort zum nächsten radeln können. Im besten Fall sind sie vom Straßenverkehr getrennt und mindestens 2 Meter breit, wenn sie in eine Richtung führen, und vier Meter breit, wenn es sich um einen Zweirichtungs-Radschnellweg handelt.[180]

Geöffnete Einbahnen: Manche Einbahnen dürfen von Radfahrer:innen gegen die Fahrtrichtung befahren werden. Zusatztafeln und Bodenmarkierungen weisen darauf hin.[181]

Begegnungszonen: Auf der niveaugleichen Verkehrsfläche achten alle Verkehrsteilnehmer:innen aufeinander und gefährden und behindern sich nicht gegenseitig. Alle beräderten Teilnehmer:innen dürfen maximal 20 km/h schnell fahren.

Fußgängerzonen: Hier herrschen vorrangig die Fußgänger:innen. Wenn Radfahren erlaubt ist, dann weist eine Zusatztafel oder ein Fahrradpiktogramm im Schild darauf hin. Hier darf nebeneinander und in Schrittgeschwindigkeit geradelt werden.[182]

Wohnstraßen: In Wohnstraßen darf gespielt und gegangen werden. In Schritttempo darf die Wohnstraße mit dem Rad – auch gegen die Einbahn – befahren werden. Autofahrer:innen ist nur die Zufahrt oder Querung gestattet.[183,184]

Nebeneinander fahren: Auf Radwegen, Fahrradstraßen, Wohnstraßen, Fußgängerzonen ist das Nebeneinanderfahren erlaubt. Auf

Straßen mit Tempolimit 30 darf ebenfalls nebeneinander gefahren werden – außer es handelt sich um eine Vorrangstraße, eine Schienenstraße oder eine Einbahn, die gegen die Fahrtrichtung befahren wird. Auf Straßen ohne Tempolimit dürfen Rennradfahrer:innen auf Trainingsfahrt nebeneinander fahren. Wer mit Kindern unter 12 Jahren unterwegs ist, darf ebenfalls neben ihnen fahren.[185]

Gehsteig: Auf einem Gehsteig haben Radler:innen nichts verloren. Kinder mit einem „fahrradähnlichem Kinderspielzeug" dürfen allerdings am Gehsteig fahren. Mit fahrradähnlichem Kinderspielzeug sind Räder gemeint, deren Felgendurchmesser 30 Zentimeter nicht übersteigt.

Abbiegen bei Rot: Viele Radfahrer:innen haben sich erhofft, dass die 33. Novelle der StVO das Rechtsabbiegen bei einer roten Ampel flächendeckend erlauben wird. Tatsächlich werden Kreuzungen evaluiert, an denen das möglich ist, und mit einer Zusatztafel versehen.

Telefonieren: Das Tratschen mit dem Telefon ist am Fahrrad nur mit einer Freisprechanlage erlaubt, die die Bewegungsfreiheit nicht einschränkt.

An der Kolonne vorbeifahren: Als Radfahrer:in erhobenen Hauptes an einer Kolonne nach vorne zur Kreuzung radeln – im Stadtverkehr gibt es wohl kaum etwas Belohnenderes. Die StVO erlaubt das Vorbeifahren an einer stehenden Kolonne und wenn ausreichend Platz ist.

Alkohol: Wer mit dem Fahrrad fährt und dabei von der Polizei angehalten wird, riskiert seinen Führerschein. Ab 0,8 Promille im Blut werden saftige Geldstrafen – ab 800 Euro – verhängt. Bei 0,5 Promille kann die Polizei das Weiterfahren verhindern.[186,187]

Überholabstand: „Meine Tochter hat in der Fahrschule gelernt, dass sie beim Überholen eines Radfahrers blinken muss, weil sie ja die Fahrspur wechseln muss. Ich glaube, das ist den wenigsten bewusst", reflektiert der Alltagsradler und Rad-Enthusiast Wolfgang aus Graz, als wir über Radfahren in der Stadt und am Land gesprochen haben.

Innerorts muss der Mindestabstand 1,5 Meter betragen, außerorts mindestes 2 Meter. Der Abstand darf verringert werden, wenn die motorisierten Lenker:innen mit weniger als 30 km/h unterwegs sind.
Freihändig und freifüßig: Die Hände vom Lenker und die Füße von den Pedalen zu nehmen ist verboten.[188]

Das Fahrrad – die gesetzlichen Bestimmungen

Als Radfahrer:in nimmt man im Vergleich zu Autolenker:innen nicht so viel Platz ein, und das Klacken des Freilaufs ist nichts im Vergleich zu den Geräuschen eines fahrenden Autos. Es macht also durchaus Sinn, dass wir uns mit Lichtern und einer Klingel ausstatten, um gesehen und gehört zu werden. Die StVO regelt, wie das Fahrrad ausgestattet sein muss. Mängel am Fahrrad können mit Geldstrafen belegt werden. Gibt es mehrere Dinge zu beanstanden, darf sie die Polizei seit der 33. StVO-Novelle aber nur noch als eine Verwaltungsübertretung strafen.[189]
Ich wohne im 20. Bezirk in Wien. Unweit von mir führt die Wallensteinstraße einen Kilometer lang vom Donaukanal bis zum Nordwestbahnviertel. Bis dorthin säumen ein paar wenige Bäume die Straße, die Fahrbahnen in beide Richtungen, eine Straßenbahnlinie und an beiden Seiten parkende Autos bereithält. Einen Radweg sucht man vergebens.
Ich habe am Anfang dieses Kapitels eingeladen, sich den Weg zur Arbeit oder dem Ausbildungsplatz vorzustellen. Am Ende dieses Kapitels gebe ich Ihnen eine Beobachtungsaufgabe mit: Wie viele ältere oder bewegungseingeschränkte Menschen sehen sie zu Fuß oder am Fahrrad? Radeln bei Ihnen mehr Frauen oder Männer vorbei? Wie viele Kinder sind am Weg zur Schule mit dem Fahrrad unterwegs? Achten Sie auch auf die Gehsteige! Sind sie breit genug, barrierefrei, oder ragen Autos hinein, sind E-Scooter abgestellt? Wie viel Platz

Vorgeschriebene Ausstattung

Lichtanlage: 1 Scheinwerfer – weiß oder hellgelb; ruhendes Licht; mindestens 100 cd hell; fest mit dem Fahrrad verbunden. **2** Rücklicht – rot; darf auch blinken, mindestens 1 cd hell; muss nicht fest mit dem Fahrrad verbunden sein.
Bremsen: 3 zwei unabhängig voneinander funktionierende Bremsen. **Klingel / Hupe: 4** Vorrichtung zur Abgabe akustischer Warnzeichen (sowohl Klingel als auch Hupe in Österreich erlaubt). **Reflektoren**: **5** Reflektor hinten – rot, kann in Rücklicht integriert sein. **6** Reflektor vorne – weiß, kann in Scheinwerfer integriert sein. **7** Pedalreflektoren – gelb; oder gleichwertige Einrichtungen. **8** Reflektoren in Speichen oder Reflexstreifen (durchgehender Ring) an beiden Reifen

nehmen Straßen und Parkplätze in Anspruch? Eines Morgens hat sich ein grantiger Wiener bemüßigt gefühlt, ein etwa 13-jähriges Mädchen aufgeregt darauf aufmerksam zu machen, dass sie mit ihrem E-Roller nichts auf dem Gehsteig verloren hat – womit er laut

Gesetz auch recht hat. Aber sollte er sich nicht eher über die fehlende Infrastruktur beschweren, dass es dem Mädchen verunmöglicht, auf der Straße zu fahren?

Geschichten von Radler:innen – Teil 4

Judit, 39, Wien: *Meine Fahrradgeschichte ist eine Liebesgeschichte. 2018 wollte ich einfach nicht mehr mit dem Bus in die Arbeit fahren. Nach einigen schmerzhaften Fahrten mit einem alten Rad, das ich vor der Verschrottung gerettet habe, habe ich einen Freund angerufen. Der hat in einem Radgeschäft gearbeitet und wir haben ein Rad aufgebaut. 300 Euro! So viel soll ich für ein neues Rad ausgeben!? Viel zu viel! Heute lache ich darüber. So hat es eigentlich angefangen. Schlechtes Wetter und Regen haben mich bald nicht mehr in den Bus zurückkatapultiert, und die Wege, die ich mit dem Rad zurückgelegt habe, wurden immer länger. Mittlerweile ist das Fahrradfahren fester Bestandteil meines Lebens.* Judit teilt auf ihrem Instagram-Account ihre Raderlebnisse: https://www.instagram.com/jud.gone.cycling/

Wolfgang, 55, Graz: *Ich bin Alltagsradler, seit jeher mit dem Rad unterwegs und fahre bei fast jedem Wetter. Seit 1986 wohne ich in Graz, für mich ist das Fahrrad das einzig sinnvolle Verkehrsmittel. Mit dem Gravel Bike bin ich auch ein bisschen sportlicher unterwegs, aber zum Downhillen werde ich nicht mehr anfangen, dazu bin ich zu alt und zu ängstlich. Mein Fahrrad, das ich als Kind hatte, war ein gefährliches Klapprad, das beim Fahren immer wieder zusammengeklappt ist. In Graz hat sich in den vergangenen Jahren schon etwas getan. Ich habe das Gefühl, die Grazer:innen achten auch ein bisschen, einen Hauch mehr auf den Abstand beim Überholen. Ich benutze meistens Radrouten, auch wenn die im ersten Moment vielleicht gar länger erscheinen, kommt man gut und vor allem sicher herum. Das Fahrrad ist auch im Urlaub dabei. Es gibt ja nichts Schöneres, als eine Stadt mit dem Rad oder in den Laufschuhen zu erkunden. Da stehst du nicht im Stau, musst keinen Parkplatz suchen und dich nicht mit anderen in die Öffis quetschen. In Kopenhagen war ich auch schon mal, aber ohne Fahrrad. Ich habe das Gefühl, als Tourist kommst du da im Radverkehr unter die Räder.*

Jasmirpal, 6, Wien: *Fahrradfahren ist cool. Aber man muss es zuerst lernen. Das ist nicht so cool.*

Antonio, 6, Wien: *Ich mag das, dieses Fahrradfahren, ich bin schneller als mein Papa sein Auto.*

Michael, 54, Ort unbekannt, Deutschland: *Mit dem Liegedreirad bin ich dem Tod davongefahren, ganz lapidar ausgedrückt. Ich war aufgrund einer Krebserkrankung bettlägerig, nur mit Hilfe im Rollstuhl unterwegs, und war schon im Hospiz angemeldet. Zuhause im Pflegebett stellte ich mir vor, wie meine Zukunft aussehen wird, wenn ich aus dieser Kiste wieder rauskomme. Mir war klar, ich will wieder Rad fahren. Ich war schon als Kind Rad-affin und habe immer alles mit dem Fahrrad gemacht. Das Internet konnte ich als einarmiger Bandit nutzen, und so gelangte ich in die wundersame Welt der Trikes (Dreiräder). Mittlerweile nutze ich es als Alltags- und Freizeitmobil und fahre fast täglich damit. Mit meinem Hänger nutze ich es auch für den Großeinkauf für einen 10-Personen-Haushalt. Die Verbindung von Bewegung, im physischen und psychischen Bereich durch das Rad, das Erleben von Natur und Kraft, summiert sich für mich zu einem heilbringenden Akt.*

Anna, 52, Wien: *Ich habe mir irgendwann einmal vorgenommen, an einem Triathlon teilzunehmen. Deshalb bin ich wieder auf das Rad gestiegen. Ich bin fitter geworden, habe Ausdauer und Muskelkraft aufgebaut. Mittlerweile habe ich drei Triathlons in den Beinen. Seit ich mit dem Fahrrad unterwegs bin, hat sich mein Orientierungssinn verbessert. Mit dem Rad bin ich einfach viel flexibler, ich sehe Orte und erkunde Gegenden, mit dem Auto würde ich da gar nicht hinkommen, und man kommt unterwegs ganz spontan mit Leuten ins Gespräch, zum Beispiel an der roten Ampel. Die einzigen Sachen, die mich vom Radeln abhalten, sind extremer Regen, starkes Glatteis und wenn ich krank bin.*

Kapitel 4

Gesundheit

„Vor fünf Jahren habe ich die Diagnose Multiple Sklerose bekommen. Trotz der Immuntherapie war ich noch nie so wenig krank wie jetzt. Mein Erfahrungsbericht ist zwar nicht wissenschaftlich repräsentativ, aber ich bin überzeugt, dass mir das Radfahren hilft. Bewegung an sich ist ja der beste Gesundmacher.“ Dieses Zitat stammt von Daniela. Jeden Tag fährt sie mit dem Fahrrad zur Arbeit. Sechs Kilometer hin, sechs Kilometer zurück. Die 43-Jährige aus Linz fasst zusammen, was in der Medizin längst bekannt ist: Sport und Bewegung halten uns körperlich und geistig fit und helfen uns, mit schwierigen oder stressigen Situationen umzugehen. Dass gerade das Radfahren eine besonders gute Möglichkeit ist, die Dämonen unseres Jahrhunderts zu bekämpfen, wussten schon Redakteurinnen im Wiener *Vademecum* im 19. Jahrhundert, die der Physiker, Historiker und Autor Hans-Erhard Lessing in seinem Buch über die Kulturgeschichte des Fahrrads zitiert:

> *„Vor allem gestaltet sich das Radfahren als wirksamste Medicin gegen den Dämon unseres Jahrhunderts, gegen die gleich einer Epidemie grassierende Nervosität … Eine Frau auf dem Stahlroße … stärkt und stählt nicht nur den Körper, sondern wirkt erfrischend auf Geist und Gemüth und neubelebend auf die abgespannten Nerven. Ein köstliches Wohlgefühl steigt in der Radfahrerin auf und befähigt sie, jene Widerwärtigkeiten, von denen sie, sei es nun in Erfüllung ihrer Berufspflichten, sei es im Hause, heimgesucht wird, leichter zu ertragen. Ist eine Dame gar hypochondrisch und übellaunig, dann erweist sich das Radeln als ein Heilmittel, das nicht genug anempfohlen werden kann. Bald verwandelt sich eine solche von ‚Weltschmerz‘ gepeinigte Frau in eine heiter gestimmte Radfahrerin, deren vormals melancholische Mienen sich zusehends aufhellen.“*[190]

Unzählige Studien werten, messen und vergleichen die Auswirkung von Bewegung und Sport auf unsere geistige und körperliche Verfassung und belegen: Wenn wir uns bewegen, verlängern wir unsere Lebenserwartung, beugen Krankheiten vor, sind glücklicher, kreativer, ja werden sogar klüger, stressresistenter und sind besser gegen psychische Krankheiten gewappnet.

Bewegung als Basis

Wie hängen Bewegung und Sport mit einem gesunden Körper, einer erholten Psyche und einem kreativen Kopf zusammen und welche Rolle spielt dabei das Fahrrad? Eine Spurensuche, bei der wir bis in die Zellfunktionen unseres Körpers vordringen, den Blutbahnen von der kleinen Zehe bis ins Gehirn folgen und über ein Feuerwerk der Hormone staunen. Bevor wir jedoch in die unheilvolle Welt des Bewegungsmangels eintauchen, machen wir einen Schritt zurück und stellen die Frage, warum der menschliche Körper eigentlich Bewegung braucht. Um diese Frage zu beantworten, treffe ich Rhoia Neidenbach an einem späten verregneten Nachmittag in einem Wiener Kaffeehaus. Die Sportwissenschaftlerin und Professorin für Versorgungsforschung an der Universität Wien kommt direkt von einer Vorlesung, bespricht am Telefon noch letzte Untersuchungsergebnisse und nimmt schließlich auf der Eckbank eines Traditionscafés Platz. Warum muss der Körper in Bewegung bleiben?

„Der menschliche Körper ist grundsätzlich dafür gebaut, sich zu bewegen. Wenn wir uns nicht bewegen, werden viele wichtige Vorgänge im gesamten Körper, übrigens auch Denk- und Verarbeitungsprozesse, einfach nicht so in Gang gesetzt, wie sie es sollten. Die Muskulatur und Gelenke müssen in Bewegung gebracht werden, damit sie funktionieren. Wenn wir uns bewegen, wird das, was wir zu uns nehmen, verstoffwechselt und in Energie umgewandelt. Auch hormonelle Vorgänge werden durch Bewegung beeinflusst – inaktive Menschen ha-

ben beispielsweise eine andere hormonelle Zusammensetzung als aktive. Das Immunsystem, der Stoffwechsel und der Bewegungsapparat funktionieren nur richtig, wenn wir uns ausreichend bewegen.“

Betrachten wir den menschlichen Körper als unser muskelbetriebenes Fortbewegungsmittel, das er schließlich auch ist: Wenn wir es nicht bewegen, erhält es Abnutzungserscheinungen. Wie ein Auto, das wochenlang herumsteht. Unsere Teile verschleißen langsam und werden unbeweglich. Es ist zunehmend schwieriger, in die Gänge zu kommen, unser Antrieb lässt nach, die Luft geht uns aus. Je länger wir herumstehen – inaktiv sind –, desto gravierender und stärker werden die Abnutzungserscheinungen sein.

Wenn wir uns bewegen, beugen wir vielen (chronischen) Krankheiten vor, wir schlafen besser, unser Wohlbefinden steigt, wir sind besser gegen psychische Erkrankungen wie Depressionen gerüstet und senken das Risiko einer Diabetes mellitus Typ 2 Erkrankung.[191] Die Weltgesundheitsorganisation (WHO) sieht in Bewegungsmangel einen der schwerwiegendsten Risikofaktoren für unsere Gesundheit.[192] In Österreich sind knapp 8 Prozent aller Todesfälle auf einen Mangel an körperlicher Aktivität zurückzuführen.[193] Herz-Kreislauf-Erkrankungen, Gelenkkrankheiten, Bluthochdruck und Diabetes mellitus Typ 2 zählen zu den sogenannten Volkskrankheiten. Diese Zivilisationskrankheiten betreffen nicht nur Einzelne und stehen mit Bewegungsarmut in Zusammenhang, sondern fallen aufgrund der Ausgaben für Behandlungskosten, Kosten für Lohnausgleich bei Arbeitsunfähigkeit und Frühpension auch volkswirtschaftlich ins Gewicht. In Österreich belaufen sich Berechnungen zufolge die durch Bewegungsmangel entstandenen Gesundheitskosten auf jährlich 181 Millionen Euro.[194,195]

Eine Gesellschaft, die in Infrastruktur für aktive Mobilität investiert und der Bevölkerung das Radfahren und Gehen auf sicheren Wegen ermöglicht, produziert gesündere und ausgeglichene Menschen, schleudert weniger Treibhausgase, Feinstaub und Luftschadstoffe in die Luft, reduziert Lärm und spart sich obendrein noch Geld. Wie hoch der wirtschaftliche Mehrwert durch Radinfrastruktur – Radwege und Radabstellplätze – ist, lässt sich mit der von der Weltgesundheitsorganisation entwickelten Methode HEAT (Health Economic Assessmet Tool for cycling) kalkulieren. 2010 lag der Radverkehrs- anteil in Österreich bei 7 Prozent, das entspricht einem Gesundheitsnutzen durch Radfahrer:innen von 725 Millionen Euro. Bei einer Erhöhung des angestrebten Radverkehrsanteils auf 13 Prozent erhöht sich der Gesundheitsnutzen auf 1,4 Milliarden Euro pro Jahr. Den Berechnungen liegt das Ergebnis einer Langzeitstudie der Universität Kopenhagen zugrunde. Demnach ist das Risiko für eine Todesursache im Alter von 20 bis 60 Jahren bei Radfahrerinnen und Radfahrern, die durchschnittlich drei Stunden pro Woche mit dem Rad fahren, um 28 Prozent geringer als bei Nicht-Radfahrer:innen. Die Teilnehmer:innen wurden über 14 Jahre lang begleitet, berücksichtigt wurden unter anderem das Alter, das Geschlecht, ob die Teilnehmer:innen rauchen und sich in ihrer Freizeit sportlich betätigen.[196,197]

Eine im Jahr 2018 von der Wiener Universität für Bodenkultur geleitete Studie wertete die Daten von 167 europäischen Städten aus, um zu verstehen, wie sich die Länge der Radwege und der Fahrradanteil auf die Gesundheit und die Bevölkerung auswirkt. Würde der Radverkehrsanteil in diesen Städten auf 24,7 Prozent erhöht werden, könnten jährlich 10.000 vorzeitige Todesfälle vermieden werden, allein in Wien 146.[198,199]

Kinder und Erwachsene haben einen natürlichen Bewegungsdrang. Und doch wurde der Mensch zu einem sitzenden Wesen. Mit dem Eintritt in die Schule kleben wir jeden Tag für mehrere Stunden an einem Sessel fest. In der Arbeit sitzen die meisten von uns vor einem leuchtenden Kasten, tippen auf Tastaturen und sitzen, sitzen, sitzen, bis wir im Auto sitzend nach Hause fahren. Seit Jahrzehnten legen wir immer mehr Wege mit dem Auto zurück und vernachlässigen die mit

Muskelkraft betriebene Mobilität: das Zufußgehen und Radfahren. Die motorisierte Mobilität fährt nicht nur unseren Planeten gegen die Wand, sondern macht unseren Körper schwerfällig und anfällig für körperliche und psychische Erkrankungen. „In den vergangenen 40 Jahren hat sich unsere Gesellschaft hin zu mehr Immobilität, zur Inaktivität und zur Gewichtszunahme entwickelt", repliziert Neidenbach über den aktuellen Gesundheitszustand der Menschen und attestiert „allen Bevölkerungsgruppen" Bewegungsmangel, also unabhängig von Alter, Wohnort und Einkommen. Große Sorge bereitet ihr die Bewegungsarmut bei Kindern und mahnt, dass nicht nur übergewichtige Menschen unter Bewegungsarmut leiden, sondern auch viele normalgewichtige oder untergewichtige Menschen.
Wie viel Bewegung braucht der Körper? Neidenbach merkt an, dass mit Bewegung nicht gleich Sport gemeint ist. Sie verweist auf die Bewegungsempfehlung der WHO, die für Erwachsene täglich 30 Minuten Bewegung in niedriger oder moderater Intensität und zusätzlich zwei muskelkräftigende Einheiten in der Woche vorsieht. Die Österreichischen Bewegungsempfehlungen definieren als körperliche Aktivität „jede Form von Bewegung, die durch Kontraktion der Skelettmuskulatur verursacht wird und mit einem erhöhten Energieverbrauch verbunden ist"[200]. Dazu zählen zügiges Zufußgehen, Radfahren, Tanzen, aber auch Garten- und Hausarbeit, Spazierengehen, Regale einräumen und vieles mehr.
Wie könnte Bewegung in kleinen Schritten in den Alltag integriert werden? Wer in der Stadt mit den öffentlichen Verkehrsmitteln unterwegs ist, könnte ein oder zwei Stationen vor dem eigentlichen Ziel aussteigen und den Rest zu Fuß erledigen. Der Verwandten- oder Freund:innen-Besuch muss nicht immer bei einem Kaffeekränzchen stattfinden. Der neueste Tratsch und Klatsch kann wunderbar bei einem Spaziergang ausgetauscht werden. Wichtig ist, dass man sich bewegt, unabhängig von Alter, Geschlecht oder körperlichem Zustand: Für sechs Bevölkerungsgruppen wurden je unter-

schiedliche Empfehlungen ausgearbeitet: Für Kinder im Kindergartenalter, Kinder und Jugendliche, Erwachsene, ältere Erwachsene, Frauen während und nach der Schwangerschaft und Erwachsene mit chronischen Erkrankungen. Die Empfehlungen gelten unabhängig „von Geschlecht, ethnischer Zugehörigkeit und Körper-, Sinnes- oder Mentalbehinderungen".[201]

Haltungsnote: Unzureichend. Diagnose: Bewegungsarmut

Auswertungen der Medizinischen Universität Wien für das Global Observatory for Physical Activity im Jahr 2021 ergaben, dass nur die Hälfte der erwachsenen Bevölkerung in Österreich die ausdauerbezogenen Mindestempfehlungen für körperliche Aktivität erfüllt.[202] Laut Statistik Austria bewegen sich nur 23,6 Prozent aller erwachsenen Österreicher:innen in ausreichendem Maße.[203] Hingegen erfüllen 90 Prozent der Radfahrer:innen in sieben europäischen Städten ganz nebenbei mit ihren Alltagswegen die Bewegungsempfehlung, wie eine Studie der Universität für Bodenkultur in Wien herausfand. Zwischen 2014 und Oktober 2017 wurden Teilnehmer:innen ab 18 Jahren in Antwerpen, Barcelona, London, Örebro, Rom, Wien und Zürich begleitet. Was Bewohner:innen einer Stadt ebenfalls dabei unterstützt, das tägliche Bewegungspensum zu erfüllen, ist ein gut ausgebautes Netz für öffentliche Verkehrsmittel und eine gehfreundliche Umgebung. In Wien erreichen 55 Prozent jener, die nicht mit dem Rad fahren, die Bewegungsziele – ein überdurchschnittliches Ergebnis, wie die Studienautor:innen anmerken.[204,205] Durch die Corona-Pandemie hat sich bei Kindern die „körperliche Inaktivität nochmal massiv erhöht", stellt Neidenbach fest, die zum Zeitpunkt des Interviews ein Forschungsprojekt zu Kindern und deren Bewegung umsetzt. Kinder zwischen 3 und 6 Jahren sollten sich mindestens drei Stunden über den Tag verteilt bewegen. Im Alter von 6 bis 18 Jahren sollten sich Kinder und Jugendliche mindestens eine Stunde am Tag bewegen und an drei Tagen in der Woche muskelkräftigende Übungen integrieren.[206] Nur die wenigsten Kinder und Jugendlichen in Österreich erreichen das Bewegungsminium: 85 Prozent der Mädchen und 71 Prozent der Buben im Alter zwischen 11 und 17 Jahren bewegen sich zu wenig.[207]

Laut WHO-Bericht zu Übergewicht in Europa 2022 sind in Österreich 27 Prozent der 5- bis 9-Jährigen und 26 Prozent der 10- bis 19-Jährigen übergewichtig oder adipös.[208] Übergewicht wirkt sich teils verheerend auf die Gegenwart und Zukunft der betroffenen Kinder aus: Übergewichtige Kinder werden eher gemobbt, haben ein niedriges Selbstbewusstsein und schneiden in der Schule schlechter ab. Ihr Gesundheitszustand gilt als schlechter als der von normalgewichtigen Altersgenoss:innen. Im Erwachsenenalter erhöht sich ihr Risiko von Adipositas und Herz-Kreislauf-Erkrankungen, auf dem Arbeitsmarkt werden sie benachteiligt, entsprechend minimiert sich ihre Chance auf einen gut bezahlten Job.[209] Dem Irrglaube, am Land seien die Kinder fitter, widerspricht Sportwissenschaftlerin Neidenbach. Oft sei das Gegenteil der Fall, und erzählt, dass das Bundesland Burgenland die höchste Anzahl an übergewichtigen Kindern hat. Bei Buben im Burgenland, so Neidenbach, beträgt die Übergewichtsrate im Volksschulalter 60 Prozent. Die Sportwissenschaftlerin erklärt das unter anderem mit den weiten Wegen am Land, die nicht mit dem Fahrrad oder zu Fuß zurückgelegt werden können. Dennoch haben auch Kinder mit Übergewicht, so die Wissenschaftlerin, ihren natürlichen Bewegungsdrang nicht verloren und würden sich noch eher ausprobieren oder bei Übungen mitmachen als Erwachsene. Das Problem seien die negativen Reaktionen, die ihnen entgegenschlagen, wenn sie nicht mit den anderen mithalten können, und die sozialen und gesundheitlichen Langzeitfolgen.

Ein aktiver Lebensstil beginnt mit kleinen, zügigen Schritten. Buchstäblich. Wer über längere Zeit inaktiv war und Bewegung in den Alltag bringen möchte, sollte mehrmals pro Tag zügig zu Fuß gehen. So

können Verletzungen und Unwohlsein während der Bewegung vermieden werden.[210] Denn es ist weniger der innere Schweinehund, der uns hemmt, aktiv zu werden, sondern „der Körper selbst“, wie Neidenbach ausführt und erläutert: „Wer jahrelang keinen Sport gemacht und sich nicht ausreichend bewegt hat, dessen Körper hat sich strukturell und hormonell so verändert, dass die Anpassungen sehr schwierig und mit einem Verletzungsrisiko verbunden sind. Bewegung, Muskelkraft und Dehnung müssen erst wieder aufgebaut werden. Wer vom inaktiven zum aktiven Lebensstil wechseln möchte, muss das sehr langsam angehen.“ Gerade auch beim Radfahren sei es laut Neidenbach wichtig, mit einer niedrigen oder mittleren Intensität zu starten und gezielt Reize zu setzen, um das Verletzungsrisiko zu minimieren. Wer zu schnell beginnt, überlastet sich und riskiert Verletzungen. Das sei nicht nur demotivierend, warnt die Expertin, sondern führe letztendlich zu noch mehr Inaktivität. Auch wenn wir mit leichter oder mittlerer Intensität Radfahren oder Gehen, bewegen wir die Beine, nehmen mehr Sauerstoff auf, trainieren unsere koordinativen Fähigkeiten und bringen unser Herz-Kreislauf-System in Schwung. Neidenbach bringt ihren persönlichen Arbeitsweg als Beispiel: „Am Weg zur Arbeit muss ich viele Höhenmeter bewältigen, mit dem normalen Rad wäre mir das zu anstrengend. Wenn ich mich aber bewegen will, nehme ich beim E-Bike den Strom raus. Ich bin an der frischen Luft, die Sonne strahlt ins Gesicht. So fängt mein Tag 300-mal besser an.“
Manchmal sind es Schlüsselerlebnisse, die unser Leben verändern. So wie bei Walter, der mir seine Radgeschichte erzählt hat. Der 57-jährige Niederösterreicher ist aufgrund einer Erkrankung eigentlich bewegungseingeschränkt. Seine Wirbelsäule versteift sich in einer Verkrümmung, er kann seinen Kopf kaum heben. Er sagt über sich selbst, er sei behindert. 2014 wurde Walter an der Hüfte operiert. Nach der Operation und dem Rehabilitationsaufenthalt ist er viel zu Fuß gegangen. Als er eines Tages in der Prater Hauptallee spazierte und von unzähligen Radfahrer:innen überholt wurde, fass-

te er den Entschluss, auf das Rad zu steigen. Seither hat der Frühpensionist aus Niederösterreich 40.000 Kilometer auf dem Fahrrad abgespult, Lebensqualität und Mobilität zurückgewonnen.
Oder Peter: Der 45-Jährige hat in seinen 20ern viel Gewicht zugelegt. Versuche, Sport zu treiben, missglückten. „Ich habe Laufen probiert und Schwimmen. Aber das war mir einfach zu langweilig." 2015 ist er auf das Fahrrad gestiegen und hat innerhalb von fünf Jahren sein Gewicht von 130 auf 80 Kilo reduziert. Das Radfahren hat ihm einfach „irrsinnigen Spaß" bereitet, erzählt er, und fügt hinzu: „Ohne Radfahren hätte ich das sicher nicht geschafft!" Auch für mich war Radfahren anfangs einfach ein nervenkitzelndes Vergnügen am Mountainbike. Als ich vor über zehn Jahren damit angefangen habe, war mir Bergauffahren verhasst. Ich habe es als üble Begleiterscheinung in Kauf genommen, um dorthin zu gelangen, wo die Abfahrten beginnen. In der Hoffnung, beim Bergauffahren nicht immer so schnell aus der Puste zu kommen, habe ich nach einiger Zeit mit dem Rauchen aufgehört. Während ich eine abwechslungsreiche Ernährung viel zu lange vernachlässigt habe, wurde mir bewusst, dass ich ausreichend Energie benötige, will ich am Fahrrad nicht eingehen. Ich habe angefangen, mich körperlich und mental auf Touren und Trails vorzubereiten. Erst mit der Zeit – ich spreche hier von Jahren – wurden der Radsport und Sport im Allgemeinen fixer Bestandteil meines Lebens und hilft mir heute, in schwierigen Zeiten oder stressigen Phasen „auf der Spur" zu bleiben und Kraft zu schöpfen.

Zivilisationskrankheiten davonradeln

Was Treibhausgase für unser Klima sind, ist Bewegungsmangel für unseren Körper. Je mehr Treibhausgase wir in die Luft schleudern, umso weiter wird sich die Klimakrise zuspitzen. Je länger wir uns nicht bewegen, desto gravierender sind die Folgen für unsere Gesundheit. Wer rastet, der rostet. Und zwar schmerzhaft. Zuerst macht sich die Inaktivität im Bewegungsapparat selbst bemerkbar: Muskulatur und Beweglichkeit nehmen ab, wir bekommen Rückenschmerzen, Gelenke werden steif und schmerzen. „Die generellen Veränderungen im Bewegungsapparat, die aufgrund eines inaktiven Lebensstils entstehen, schränken die Bevölkerung sicherlich am meisten ein", ist sich Neidenbach sicher und erläutert, warum: „Sie sind schmerzhaft, mit Kosten verbunden und gehen von alleine nicht mehr weg. Sie können zu regelmäßiger Medikamenteneinnahme führen, die wiederum mit Nebenwirkungen verbunden sein können. Hier braut man sich selbst etwas Gefährliches zusammen: Ist man inaktiv, bekommt man Schmerzen, die zu körperlicher Inaktivität führen. Ist die Inaktivität mit einer Gewichtszunahme gekoppelt, raucht und trinkt man und ernährt sich ungesund, ist es zu einer Herz-Kreislauf-Erkrankung nicht weit."

Radfahren an einem Standrad ist wahrscheinlich in fast jedem Gesundheitszustand durchführbar, antwortet Neidenbach auf die Frage, ob es Situationen oder Phasen gibt, in denen man lieber auf das Radfahren verzichten sollte. Als ausgebildete Physiotherapeutin weiß sie, dass es in der Physiotherapie sehr gern eingesetzt wird, insbesondere bei orthopädischen Erkrankungen. Es ist eine schonende Art, den Körper in Bewegung zu bringen, weil das Fahrrad den ganzen Körper unterstützt, das Gewicht abnimmt, die Gelenke schont und der Widerstand der Leistungsfähigkeit der Patient:innen angepasst werden kann, so die Sportwissenschaftlerin.

Bei der österreichischen Gesundheitsbefragung 2019 bewerteten drei Viertel der Österreicher:innen ihren Gesundheitszustand als sehr gut oder gut. 26 Prozent (oder 1,9 Millionen) der Befragten gaben aber an, unter chronischen Rückenschmerzen zu leiden. Gerade hier eignet sich Radfahren als Therapiemittel, schreiben die Medizinautorin Ruth Sharp und die Physiotherapeutin Miriam Funk. Radfahren stärkt die Rückenmuskulatur, stabilisiert die Wirbelsäule und stärkt die Stützmuskeln, die jeden einzelnen Wirbelkörper umgeben. Damit der Rücken gestärkt und nicht überreizt wird, ist die Neigung des Oberkörpers entscheidend. Der Oberkörper sollte leicht geneigt sein und der Schwerpunkt des Körpers über den Pedalen liegen. Eine zu starke Neigung des Oberkörpers, so wie man das bei Rennradfahrer:innen sieht, überfordert einen untrainierten Rücken. Zudem riskiere man eine Überstreckung in der Halswirbelsäule und eine Überlastung der Handgelenke. Um die Kniegelenke zu schonen, dürfen sie bei der obersten Pedalposition nicht mehr als 90 Grad gewinkelt sein. Der Sattel sollte bequem sein, denn wenn er drückt, verändern wir unsere Position und unsere Haltung auf eine Art und Weise, die zu Verspannungen führen kann. Prinzipiell, so raten die Autorinnen in ihrem Beitrag, sollte das Fahrrad, die Sitzhöhe, die Sattelposition und -neigung sowie der Lenker auf die jeweilige Größe und individuellen Bedürfnisse eingestellt werden. Für all jene, die aus gesundheitlichen Gründen nicht lange sitzen dürfen, bietet das Stepper-Fahrrad, das ohne Sattel auskommt, eine gute Fortbewegungsmöglichkeit.[211,212]

Radeln als Jungbrunnen

Das Herz-Kreislauf-System ist quasi das Transportsystem unseres Körpers. Das Herz pumpt Blut durch den gesamten Körper, versorgt Organe und Körperzellen mit Sauerstoff und Nährstoffen und transportiert Stoffwechselprodukte der Zellen ab. Würde man alle Blutgefäße, die sich im menschlichen Körper befinden, der Länge nach ausbreiten, könnte man damit zweieinhalb Mal die Welt umspannen – sie haben eine Gesamtlänge von ca. 100.000 Kilometer. Bei einem inaktiven und ungesunden Lebensstil können sich an den Gefäßwänden Ablagerungen ansammeln oder sie verlieren an Elastizität. Schwierige Bedingungen für unser Herz, Blut durch die Gefäße zu pumpen und unsere Zellen und Organe zu versorgen.[213] Wenn das Herz-Kreislauf-System beeinträchtigt wird, kann es zu Bluthochdruck, koronaren Herzkrankheiten, Gefäßverengung oder -verhärtung, zu Herzinfarkten und Schlaganfällen kommen. Erkrankungen des Herz-Kreislauf-Systems zählen zu den häufigsten Todesursachen. Eine großangelegte Studie aus England konnte nachweisen, dass Radfahrer:innen ein um 41 Prozent niedrigeres Sterberisiko im Vergleich zu Autofahrer:innen und Öffi-Nutzer:innen haben. Über 260.000 Personen im Alter zwischen 40 und 69 nahmen an dieser Studie teil, die 2017 im *British Medical Journal* veröffentlicht wurde. Fünf Jahre lang wurden die Teilnehmer:innen begleitet, um Rückschlüsse von der Mobilitätsform auf die Anzahl der Herz-Kreislauf-Erkrankungen, auf Krebserkrankungen und ihr Sterberisiko zu ziehen. Wer mit dem Rad zur Arbeit pendelte, minimierte das Risiko, Krebs zu bekommen, um 45 Prozent. Zu ähnlichen Ergebnissen kommt die Studie bei Herz-Kreislauf-Erkrankungen. Rad-Pendler:innen wiesen ein um 52 Prozent niedrigeres Risiko auf, an den Folgen einer Herz-Kreislauf-Erkrankungen zu sterben und um 46 Prozent weniger Risiko, überhaupt eine zu entwickeln. Die Studie berücksichtigt gesundheitsrelevante Faktoren wie Geschlecht, Alter, Deprivation, Rauchen, den BMI, Aktivität, Ernährung und wie viel Zeit sitzend verbracht wird. Auch die Gefahr von Unfällen im Straßenverkehr floss in die Ergebnisse ein. Personen, die bereits an einer Herz-Kreislauf-Erkrankung oder an Krebs erkrankt waren, wurden von vornherein von der Studie ausgeschlossen.[214,215,216] Auch die Wissenschaftler:innen des Imperial College London und der Universität Cambridge bestätigten das geringere Sterberisiko von Radfahrer:innen. Sie werteten Zensusdaten aus 25 Jahren von knapp 400.000 Pendler:innen aus England und Wales aus, um den langfristigen Effekt der Mobilitätsform auf die Gesundheit beschreiben zu können. Auch hier zeigt sich, wer mit dem Fahrrad fährt, verringert das Risiko eines frühen Todes um 20 Prozent gegenüber den Autopendler:innen. Das Risiko, an einer Herz-Kreislauf-Erkrankung zu sterben, war bei Radfahrer:innen um 24 Prozent niedriger als bei Autofahrer:innen, und die Wahrscheinlichkeit, an Krebs zu sterben, sank um 16 Prozent. Die Studie wurde 2020 im Planetary Health veröffentlicht.[217]

Müdigkeit, Schwindel, innere Unruhe und Nervosität, Kopfschmerzen – insbesondere in der Früh –, Ohrensausen, Schlafstörungen, Atemnot bei Belastungen und Herzklopfen: Die Symptome von Bluthochdruck sind vielfältig. Neben erblicher Veranlagung wird Bluthochdruck vor allem durch Bewegungsmangel, ungesunde Ernährung, Übergewicht, Rauchen und Stress ausgelöst. Dauerhaft hoher Bluthochdruck gefährdet Herz, Gehirn, Aorta, große Arterien, Nieren und Augen. In Österreich ist jede:r Vierte von Bluthochdruck betroffen, im höheren Lebensalter sogar jede:r Zweite.[218] Sport ist eine gute Möglichkeit, Bluthochdruck zu senken. Warum? Ein langsames, gleichmäßiges Ausdauertraining erweitert die Gefäße, macht sie elastisch, wirkt positiv auf den Fettstoffwechsel und wirkt sich auf das Nervensystem aus: Wir bauen Stress ab. Besonders gut geeignet für Bluthochdruck-Patient:innen sind Fahrradfahren, zügiges Gehen, Wandern, Nordic Walking oder Joggen.[219,220]

Die WHO stuft Übergewicht als einen der gravierendsten Risikofaktoren für nicht übertragbare Krankheiten ein. Übergewicht kann durch genetische Dispositionen, durch bestimmte Erkrankungen (etwa der Schilddrüsen), medikamentöse Einnahmen oder eine Schwangerschaft ausgelöst werden. In den meisten Fällen jedoch ist Übergewicht das Resultat von Bewegungsarmut. Dem Körper werde mehr Energie zugeführt, als er verbraucht, erklärt Sportwissenschaftlerin Neidenbach den wissenschaftlichen Konsens. Laut Statistik Österreich sind 50 Prozent der österreichischen Bevölkerung übergewichtig. Ein Drittel (34,5 Prozent, Stand 2019) wird als übergewichtig und 16,6 Prozent als fettleibig eingestuft.[221] Im 2022 veröffentlichten WHO-Bericht zu Übergewicht in Europa sind ähnliche, wenn auch etwas höhere Zahlen veröffentlicht: etwa 54 Prozent der Österreicher:innen sind übergewichtig oder adipös, hier fällt der starke Unterschied zwischen Frauen und Männern auf: ca. 46 Prozent der Frauen

gelten als übergewichtig und adipös, bei den Männern sind es über 60 Prozent. In Europa sind durchschnittlich 60 Prozent der Erwachsenen von Übergewicht betroffen, bei den Kindern ist es jedes dritte.[222]
Insofern keine anderen Erkrankungen bestehen, hat Übergewicht erst keinen großen Einfluss auf die Lebenserwartung. Dennoch ist das Risiko für bestimmte Begleit- und Folgeerkrankungen schon etwas erhöht. Es erhöht sich, je länger jemand übergewichtig ist und je mehr Kilos jemand auf die Waage bringt. Starkes Übergewicht erhöht das Risiko, an Diabetes mellitus Typ 2 zu erkranken, eine Fettstoffwechselerkrankung oder eine Fettleber zu entwickeln. Die Gefahr, dass sich Gefäße erhärten oder verengen, steigt, und Bluthochdruck, Asthma und hormonelle Störungen können ausgelöst werden. Bei Frauen können hormonelle Störungen Komplikationen während der Schwangerschaft verursachen, bei Männern die Fruchtbarkeit einschränken. Übergewicht gilt zudem als Risikofaktor für Brust-, Dickdarm-, Gebärmutter- und Nierenkrebs.[223]
Gerade weil Übergewicht in engem Zusammenhang mit Bewegungsmangel steht, ist eine Therapieform die Erhöhung von körperlicher Aktivität. Der Wechsel vom Auto aufs Fahrrad bringt laut Neidenbach bereits massive Verbesserungen, auch wenn sie einräumt, dass der Umstieg kein leichter ist. Wer häufig mit dem Rad fährt, kann Übergewicht außerdem vorbeugen. Eine dänische Langzeitstudie konnte nachweisen, dass Radfahrer:innen weniger anfällig für Übergewicht und Adipositas sind. Zwischen 1993 und 2003 wurden über 9.000 Männer und 8.000 Frauen ohne chronische Erkrankungen im Abstand von fünf Jahren untersucht und befragt. Die Studie wurde 2018 veröffentlicht und konnte darüber hinaus zeigen, dass es nie zu spät ist, mit dem Radfahren zu beginnen: Auch jene, die erst im höheren Alter vermehrt mit dem Rad fahren, neigten zu weniger Übergewicht.[224]
Müdigkeit, Schwindel, starkes Durstgefühl, Muskelkrämpfe und häufiges Wasserlassen, trockene Haut, Probleme, scharf zu sehen: Ähnlich wie bei erhöhtem Blutdruck sind Symptome von Diabetes

mellitus Typ 2 vielfältig und oft nicht zuordenbar. Deshalb bleibt die Krankheit bei vielen lange unentdeckt. Sie ist eine chronische Erkrankung des Stoffwechsels. Ursachen sind Übergewicht, Bewegungsmangel, fettreiche und ballaststoffarme Ernährung, erhöhte Blutfettwerte, erhöhter Blutdruck und Rauchen. Immer mehr jüngere Personen erkranken an Diabetes mellitus Typ 2. So wie in vielen Industrieländern, zählt Diabetes auch in Österreich zu den Zivilisationskrankheiten. Mit gesunder Ernährung und ausreichend Bewegung kann man den Ausbruch der Krankheit nicht nur verhindern, sondern sogar heilen. In Österreich leidet jede:r Zehnte an Diabetes mellitus Typ 2, ein Drittel weiß jedoch (noch) nichts von der Erkrankung. Alle 50 Minuten stirbt in Österreich ein Mensch an den Folgen von Diabetes, 100.000 im Jahr. Schätzungen gehen davon aus, dass 2045 rund 1 Million Österreicher:innen an Diabetes erkrankt sein werden. Laut der Österreichischen Diabetes Gesellschaft sind es aktuell 800.000 Menschen.

Langfristig richtet Diabetes schwerwiegende Schäden an. Kleinste Blutgefäße und Nerven werden geschädigt, wodurch die Augen, die Nerven, die Nieren und das Herz erkranken können. Die Innenwände der Blutgefäße werden durch den erhöhten Blutzuckerspiegel geschädigt, es bilden sich Ablagerungen, sie verengen sich oder verstopfen vollständig. Diabetiker:innen riskieren damit Herz-Kreislauf-Erkrankungen. Wenn Nervenschädigungen und Durchblutungsstörungen aufeinandertreffen, spüren Patient:innen Verletzungen oft nicht und ist ihre Wundheilung gestört. Weil viele Verletzungen im Beinbereich passieren, kommt es zum sogenannten diabetischen Fuß. In den schlimmsten Fällen muss das Bein amputiert werden. Eine frühzeitige Erkennung, Diagnose und Therapie sind essenziell, um diese schweren Folgeschäden zu vermeiden. Wenn die Krankheit frühzeitig entdeckt wird, kann sie geheilt werden. Neben der richtigen medikamentösen Einstellung sind gesunde Ernährung und ausreichend Bewegung Teil der Basistherapie.[225,226,227,228,229,230]

Interview: „Radfahren war meine Lebensrettung"

Mit diesen Worten hat sich Michael bei mir vorgestellt. Als bei dem 44-jährigen Angestellten aus Bad Steben in Deutschland Diabetes mellitus Typ 2 diagnostiziert wurde, hat er erstmal nichts geändert. Acht Jahre später zeigt die Waage 160 Kilo an. Nach einem Weckruf seiner Frau beginnt er – therapeutisch begleitet – sein Leben umzukrempeln, steigt auf das Fahrrad und gewinnt die Lust an Bewegung zurück.

Wann wurde Ihr Diabetes diagnostiziert?

2014. Ich war damals 36 Jahre und im Außendienst tätig. Ich kann mich noch genau erinnern, als ob es gestern gewesen wäre. Es war Sommer und sehr heiß. Dementsprechend viel habe ich getrunken. Natürlich kein Wasser. Gespritzten Apfelsaft und Energydrinks. Ich habe mich zwar gewundert, warum ich so angeschlagen war, habe mir aber weiter nichts dabei gedacht und einfach noch mehr Energydrinks getrunken. Dann fing es an, dass ich in der Nacht immer öfter aufs Klo musste. Meine Frau hat dann recherchiert und mich gebeten, zum Arzt zu gehen. Sie hat damals gesagt: „Du, Michael, ich glaube, mit deinem Blutzucker passt was nicht!" Der Arzt hat dann gleich gemeint, ich sollte meine Sporttasche packen und sofort für eine Woche ins Krankenhaus. Mein Blutzucker war auf 440. (Anmerkung: Bei erwachsenen Männern und Frauen liegt der Referenzwert bei weniger als 100 mg/dl (Milligramm pro Deziliter).)[231]

Wie hat sich das Leben nach der Diagnose 2014 verändert?

Ich wurde mit Langzeit-Insulin eingestellt. Meinen Blutzucker habe ich mit dem Messgerät gemessen, aber nur schlabbrig. Ich hatte falsche Nadeln, meine Finger waren schon ganz kaputt, weil man sich so oft stechen musste: in der Früh, vorm Essen, zu Mittag, zum Abendessen. Am Anfang war ich noch motiviert, etwas zu ändern, weil mir die Folgen von Diabetes schon bekannt waren. Aber der

Mensch neigt zu Ignoranz. Wir Männer sind da anfälliger, wir sind perfekte Verdränger. Das ist leider tödlich. Kurz nach meiner Diagnose ist mein Schwiegervater gestorben, wir mussten umziehen, beruflich war viel los. Ich kam in einen Strudel, bei dem mir die Gesundheit egal war. Ich habe mich einfach nicht darum gekümmert, was in meinen Mund reinkommt und was dann in meinem Körper passiert. Ich wollte einfach meine Ruhe haben.

Wie sahen die Tage damals aus?

Heutzutage stehst du in der Früh auf, hast keine Zeit, dir Frühstück zu machen. Schüttest schnell einen Espresso runter. Am Weg zur Arbeit holst du dir beim Bäcker was, das schnabulierst du schnell. In der Mittagspause hast du vielleicht 45 Minuten Zeit, isst also wieder im Stress. Dann kommst du nach Hause oder gehst essen und isst über Maß, weil man den ganzen Tag nicht gescheit gegessen hat. Und dann, um neun am Abend, nochmal was naschen. So war das bei mir. Die Arbeit war das Wichtigste. Die Gesundheit kam recht weit hinten. Wenn ich nach Hause gekommen bin, hat der innere Schweinehund zu mir gesagt: „Leg dich auf die Couch, das tut dir gut!" Das hat dazu geführt, dass ich von 140 Kilo auf ein Spitzengewicht von 160 Kilo gekommen bin.

Also wurde erstmal nichts umgestellt?

Das Einzige, was ich umgestellt habe, war, keinen raffinierten Zucker mehr zu essen. Dann kam halt Süßstoff statt Zucker in den Kaffee, das war damals das Allheilmittel. Ein bisschen bin ich auf die Diätprodukte, die schönen Light-Produkte, umgestiegen. Im Nachhinein auch ein ganz großer Fehler, denn das ist einfach nicht der richtige Weg. Ich habe mein Leben nicht umgestellt. Mir ging es ja gut, mein Zucker war eingestellt. Das ist ja das Schlimme und auch Gefährliche an Diabetes, du hast für lange Zeit keine Schmerzen. Wenn die Augen schlechter werden, setzt du dir halt eine Brille auf. Aber dass das schlechte Augenlicht von Diabetes kommen könnte, das ignorierst du. Beim normalen Check-up gibst du vielleicht eine Urinprobe ab, aber wenn dann der Termin beim Urologen ansteht, um dich komplett durchchecken zu lassen, dann traust du dich nicht hin, weil du genau weißt, was kommt. Mittlerweile habe ich leichte Polyneuropathie, also Gefühlstaubheit in den Füßen, weil Nerven gestört sind.

Sie haben mir geschrieben, dass Sie 2022 auf das Rad gestiegen sind. Was ist 2022 passiert?

Ich bin wegen eines entgleisten Blutzuckers, katastrophalen Blutwerten und 140 Kilo im Jänner 2022 in die Reha gekommen. In den Jahren davor hatte ich viel Stress. Ich habe bei einer Firma gearbeitet, die in Insolvenz gegangen ist. Ich habe zwei Zusammenbrüche gehabt und war kurz vor dem Burnout, wie mir Ärzte später gesagt haben. Depressionen sind ja leider häufige Begleiter bei Diabetikern. Mich hat es leider auch erwischt. Meine Frau hat wieder die Initiative ergriffen. Sie hat zu mir gesagt: „Michael, ich lieb' dich, aber wenn du weiterhin nicht auf deine Gesundheit achtest, packe ich das nicht mehr! Du musst was machen, sonst bin ich weg!" Das war für mich ganz schlimm, aber es hat mich auch wachgerüttelt. Also fing ich an, Ärzte abzuklappern. Bei der Blutanalyse hat meine Hausärztin gesagt: „Ja, also es ist schon noch Blut!" Die Blutwerte waren jenseits von Gut und Böse. Ich habe mir dann, was besonders für frisch diagnostizierte Diabetiker wichtig ist, eine Ernährungsberaterin genommen. Sie hat eine Körperanalyse gemacht und ich habe die Ernährung so weit umgestellt, dass ich nur mehr dreimal am Tag, in der Früh, zu Mittag und am Abend, etwas esse. Auf Drängen meiner Ärztin und meiner Frau habe ich dann eine Reha gemacht. Ich habe gleich zu Beginn um ein psychologisches Gespräch gebeten, danach ging mein Blutzucker schon rapide nach unten. Ein Mitpatient, der kaum älter war als ich, hatte bis über die Knie kein Gefühl mehr in den Beinen, konnte nur noch mit dem Rollator laufen. Das war für mein negatives Aha-Erlebnis. Innerhalb von vier Wochen habe ich 20 Kilo abgenommen.

Welche Rolle spielte oder spielt das Radfahren dabei?

Ich habe mir mit den Ärzten zusammen eine Sportart gesucht, die mir Spaß macht und die ich jederzeit machen kann. Nordic Walken oder Joggen sind nicht in Frage gekommen. Bei meinem Gewicht war die Verletzungsgefahr viel zu groß, wenn ich zum Beispiel umknicke. Also meinten sie: „Wie wäre es mit Fahrradfahren?“ Und dann ging es los. Von den vier Wochen Reha war ich dreieinhalb Wochen am Fahrrad. Ich bin ständig am Ergometer gesessen. Ich habe die Lust an der Bewegung wiedergefunden. Ich habe gemerkt, wie die Pfunde purzeln und wie super ich den Blutzucker mit dem Fahrradfahren regulieren kann. Ich trage ja diesen Sensor. Wenn ich Rad fahre, habe ich mein Handy am Lenker montiert und sehe, wie sich der Blutzucker beim Fahren verhält. Das ist so interessant, wie er zuerst ansteigt, wenn ich im Kardiobereich fahre, weil die Leber den Zucker für die Muskeln freigibt, danach aber schöööн runtergeht. Wenn ich im Fettverbrennungsmodus fahre, dann habe ich diese schöne langgezogene Kurve.

Wie ging es nach der Reha weiter?

Nach der Reha habe ich mir sofort ein E-Bike gekauft. Während der Corona-Pandemie haben meine Frau und ich uns schon mal bei uns im Ort E-Bikes ausgeliehen, ich habe da schon gemerkt, das Radfahren – meine alte Leidenschaft aus der Kindheit – tut mir gut. Aber ich konnte mich einfach nicht dazu durchringen, für ein E-Bike über 2.500 Euro auszugeben. Nach der Reha spielte Geld keine Rolle mehr. Und als meine Frau gesehen hat, wie schön das ist, wollte sie auch eines. Und zu zweit, das ist klar, macht es fast doppelt so viel Spaß! Innerhalb von wenigen Monaten habe ich nochmal 20 Kilo abgenommen. Ich kann jedem nur ans Herz legen, Bewegung zu machen. Und zwar stressfreie Bewegung. Ich habe auch lange gesagt, ja, ich habe eh einen Beruf, bei dem ich zwischen 15.000 und 20.000 Schritte gehe, aber das ist nicht die gleiche Art der Bewegung, sondern im Kontext von Arbeit und Stress. Es ist etwas anderes, wenn du mit dem Hund spazieren gehst oder eben mit dem Fahrrad unterwegs bist. Ich denke, ein E-Bike ist für Diabetiker der beste Einstieg, die meisten sind ja auch übergewichtig. Eigentlich ist das E-Bike für alle, die sich bewegen wollen und nicht so leistungsfähig sind, der perfekte Einstieg.

Ist das Fahrradfahren ein Instrument, um gesund zu bleiben, den Blutzucker zu kontrollieren und Kilometer zu spulen?

Wenn ich Touren mache, dann nicht um Kilometer zu machen. Wobei, im Vorjahr bin ich über 4.700 Kilometer gefahren und habe 50.000 Höhenmeter gemacht. Mir geht es darum, schöne Touren zu machen, gemeinsam mit meiner Frau. Die Landschaft, das Land und die Leute zu genießen, das hast du mit dem Auto nicht. Von uns zuhause gibt es in drei Kilometer Luftlinie einen Teich. Bevor wir die E-Bikes hatten, waren wir kein einziges Mal dort, der Weg ist einfach viel zu steil. Und so setzt man sich rauf aufs Rad, fährt eine halbe Stunde und plötzlich sieht man Biber.

Nutzen Sie das Fahrrad auch im Alltag?

Ja, das Fahrrad ist mein Alltagsbegleiter. Das beginnt im Kopf. Es muss klick machen, man muss sehen, was man eigentlich für Vorteile hat, wenn man mit dem Fahrrad fährt. Dann hat man in seinem Alltag eigentlich auch gar keine Lust mehr, ins Auto zu steigen, zumal der Spritpreis auch so hoch ist. Dann lade ich lieber um 17 Cent meinen Akku auf und fahre damit 100 Kilometer. Früher habe ich alles mit dem Auto gemacht. Jetzt fahre ich mit dem Rad. Ich gebe denen recht, die sagen, bei uns am Land sei man ohne Auto aufgeschmissen. Ich für mich habe mit dem E-Bike diese Ausrede nicht mehr. Ich habe mir einen Anhänger besorgt und jetzt für den Winter die richtigen Reifen und erledige alles damit.

Wie ist die Radinfrastruktur?

Die Mobilitätswende ist in unserem Landkreis (Anmerkung: Hof, Bayern) beziehungsweise in der Stadt noch nicht angekommen. Die Stadt Hof zählt in Deutschland zu den schlechtesten Fahrradstädten.[232] Es ist schlichtweg gefährlich, dort mit dem Fahrrad zu fahren. Hier am Land wurden wenigstens alte Bahngleise in schöne Fahrradwege umgewandelt. Zu meiner letzten Arbeitsstelle konnte ich das Rad unkompliziert in den Zug mitnehmen, das ist hier im ländlichen Bereich schon wichtig. Nach der Arbeit bin ich die 30 Kilometer mit dem Fahrrad nach Hause gefahren.

Wie sieht der Alltag mit Diabetes heute aus?

Ich habe den Sensor und spritze mir dreimal täglich Insulin. Der Sensor ist mein Kontrollorgan, bei dem ich sehe, wie sich mein Blutzucker verhält, wenn ich esse und Sport betreibe. Ich verstehe jetzt, wie mein Körper funktioniert, und das ist erstmal elementar. Kalorien zähle ich keine. In unserem Haus findest du keine Fertiggerichte, wir kochen alles frisch. Mit Hilfe meiner Ernährungsberaterin weiß ich, wie viel Gramm Kohlenhydrate, wie viel Gramm Fett, wie viel Eiweiß und Ballaststoffe ich zu mir nehmen muss. Wenn man diese vier Werte weiß und seine Ernährung so aufbaut, kriegt der Körper alles, was er braucht. Das mit dem Sensor will ich jetzt noch ein Jahr machen. Dann will ich einen BMI erreicht haben, mit dem ich nicht mehr als fettleibig gelte und keine Tabletten mehr nehmen muss. Ich glaube, nein, ich hoffe, dass es bei mir nicht zu spät ist, die eigene Insulinproduktion wieder anzukurbeln.

Was hat sich geändert, seit Sie auf das Fahrrad gestiegen sind?

Meine Faulheit und meine Ignoranz waren so groß, meine Ehe hat damals wirklich gekriselt. Man sollte, wie soll ich das sagen, öfter auf die Liebsten um einen herum hören, auch wenn es unangenehm ist. Oft ist die Zufriedenheit der Liebsten der Schlüssel zum eigenen

Wohlbefinden. Meine Ehe ist jetzt auf einem Level, wo ich sage: Wir sind wie frisch verliebt, und das seit Monaten. Das Radfahren hat uns so arg verbunden. Wir haben 2022 Urlaub in Österreich gemacht. Nie hätte ich gedacht, dass ich mal mit meiner Frau 1.000 Höhenmeter auf einen Berg hinauffahre. Der innere Schweinehund, den kannst du trainieren. Der sagt mir auch gerade: „Michael, es ist jetzt kurz vor 11 Uhr, gleich fahren wir ein wenig Fahrrad, weil das tut dir gut."

Wie geht es heute generell?
Ich kann von ganzem Herzen sagen, mir geht's super. Das bekomme ich auch als Feedback zu hören. Mir ist das ja ein bisschen peinlich, wenn mir vor allem Frauen sagen, Mensch, du siehst wirklich super aus. Die Ehefrau eines Freundes kannte mich wirklich nur als dicken Brocken. Und sie hat mich angeschaut und gesagt: „Ja, was ist denn mit dir passiert! Boa, das steht dir so gut, Mensch!"

Immunsystem am Sattel stärken

Unser Immunsystem schützt unseren Körper vor Schadstoffen, vor Krankheitserregern und krankmachenden Zellveränderungen. Die sogenannten T-Zellen im Immunsystem, auch Killerzellen genannt, machen genau das, was ihr Name vermuten lässt: Sie erkennen Krankheitserreger, krankhafte Zellen oder durch Krebs veränderte Zellen und töten sie ab. Sie spielen eine entscheidende Rolle bei der Abwehr von Infektionen mit Viren, Pilzen oder Bakterien und können allergische Reaktionen verhindern oder verzögern. Wenn wir Sport treiben, regen wir die Produktion der Killerzellen an und bauen gleichzeitig Stress ab, der wieder das Immunsystem schwächt. 2017 haben Forscher:innen der University of Birmingham und des King's College London erforscht, wie sich das Radfahren auf die Muskelmasse, Alterungsprozesse und das Immunsystem auswirkt. 200 Personen im Alter zwischen 55 und 80 Jahren wurden in zwei Gruppen geteilt: in eine radfahrende und eine nicht radfahrende Gruppe. Die Radler:innen hatten im Studienzeitraum keine Muskelmasse oder Kraft abgebaut und das Immunsystem hat deutlich profitiert. Die Radfahrer:innen hatten ähnlich viele T-Zellen wie Jugendliche.[233,234,235,236]

Klug, kreativ und glücklich

Bewegungsmangel lässt nicht nur unseren Körper rosten, sondern auch unser Gehirn. Das Gehirn ist unsere „Schaltzentrale", in der 100 Milliarden Nervenzellen miteinander kommunizieren[237] und das wie andere Organe mit Blut, Sauerstoff und Nährstoffen versorgt wird. Die Sportwissenschaftlerin Neidenbach erinnert daran, dass Muskulatur mehr Sauerstoff aufnehmen kann als Fettgewebe. Ein Körper, der aus mehr Muskel- als aus Fettgewebe zusammengesetzt ist, nimmt demnach mehr Sauerstoff auf und verfügt somit über eine höhere körperliche und kognitive Ausdauer. Wer sich regelmäßig bewegt und Sport betreibt, verbessert die Durchblutung und Versorgung des Gehirns. Die höhere Durchblutung fördert wiederum die Entstehung neuer Verknüpfungen, insbesondere in der Großhirnrinde, im Kleinhirn und im Hippocampus, der Gedächtnis- und Lernzentrale des Gehirns. „... Wem er fehlt, der kann sich nichts Neues merken", schreibt der deutsche Biologe Helmut Wicht mit neurowissenschaftlichem Schwerpunkt gleich zu Beginn eines Beitrages über den Hippocampus, der nicht nur eine wesentliche Rolle beim Lernen und Merken spielt, sondern auch der Steuerung unserer Affekte dient.[238] Das Kleinhirn steuert unsere Bewegung und Abläufe und ist an emotionalen und kognitiven Prozessen beteiligt. Beim Sporteln gönnen wir unserem Gehirn eine wertvolle Pause, weil sich die Gehirnaktivität ins Bewegungszentrum verlagert und das Denkzentrum entlastet wird.[239,240] Dieses Kopfdurchlüften, den stressigen Büroalltag abschütteln und abschalten können, davon berichten mir viele Radfahrer:innen. So auch Bella, die das Mountainbiken sehr schätzt: „Es ist der perfekte Ausgleich, um den Kopf frei zu bekommen, es gibt nichts Schöneres, als so richtig im Flow einzutauchen."

Beim Radeln bekommt man den Kopf frei, man fühlt sich erfrischt, versorgt seine Muskulatur, Organe und Zellen mit frischem Sauerstoff. Und, wie wir eben gelesen haben, verschafft Bewegung unserem Hirn eine verdiente Pause. Hängt man beim Radfahren zuerst noch den Gedanken nach, lockert sich der Knödel im Kopf nach und nach und löst sich schließlich auf. Und da ist sie, die Idee, ein neuer Gedanke, eine andere Denkrichtung, wir fahren noch ein bisschen weiter, um den Gedanken weiterzuspinnen und für später einzufangen. Radfahren fördert die Kreativität. Diesen Effekt konnten Forscher:innen der University of Stanford und der Université Côte d'Azur in einem Experiment nachweisen. In vier Sitzungen wechselten Radfahrer:innen unter Laborbedingungen zwischen Phasen der Ruhe und Phasen mit niedriger, moderater und moderater Intensität mit „variierendem Elan". Bei den Radfahrer:innen wurden Körpertemperatur, Puls und Blutzuckerwerte gemessen. Über einen speziell für das Experiment angefertigten Helm wurde der Sauerstoffgehalt im Gehirn gemessen. Es zeigte sich, dass sich beim Fahren die Hirnaktivität im Frontallappen reduzierte. und sich dadurch die kognitive Kontrolle minimiert. Und das setzt unsere Gedanken frei, erklärt Professor Jeanick Brisswalter, der die Studie mitentwickelte, im Magazin *Café du Cycliste*: „Wenn der Frontallappen des Gehirns inhibiert wird, fallen viele Filter, die unsere kognitiven Funktionen kontrollieren, weg. Vor allem verschwinden aber diejenigen Filter, mit denen wir Entscheidungen treffen. Dadurch wird es uns ermöglicht, kognitive Prozesse eher unbewusst abzurufen, und wir schaffen Raum für mehr Originalität und Kreativität."[241,242,243] Warum sich Radfahren im Vergleich zu anderen Sportarten besonders eignet, diesen befreiten, kognitiven Status zu erlangen, liegt an der intensiven, rhythmischen und physikalischen Aktivität. Gerade beim Radfahren dauern Touren mehrere Stunden, und im Vergleich zum Laufen oder hochintensivem Kardiotraining wird der Körper nicht wiederholt geschockt. Unsere Muskeln können die Kontrolle übernehmen, während sich unser Geist entspannt und gedanklich neue Gefilde entdeckt und Ideen entwirft.

Selbstwert steigern und Stress abbauen

Indem wir uns bewegen und Sport betreiben, halten wir unser muskelbetriebenes Fortbewegungsmittel instand. Das macht uns glücklich. Neben dem hormonellen Feuerwerk, das wir beim Sport zünden, passiert beim Sport aber noch etwas ganz anderes, essenzielles: Wir werden selbstbewusst. Denn, so die Sportwissenschaftlerin Neidenbach, Selbstbewusstsein habe nichts mit Eitelkeit zu tun, sondern sei die Fähigkeit, ein Bewusstsein über sich selbst zu haben. Und das beginne, wenn wir unseren Körper spüren – dann werden wir uns selbst bewusst. Oft würden wir den Körper nur im Krankheitsfall spüren, merkt die Universitätsprofessorin an. Über das Radfahren und Selbstbewusstsein sagt sie: „Wir atmen, wir spüren, wir nehmen die Umwelt, die Bäume, die Häuser, die Vögel auf. Auf dem Fahrrad sind wir auf uns selbst gestellt, haben die komplette Kontrolle über die Situation, spüren unseren Körper und können endlich unser Gedankenkarussell abdrehen." Auch deshalb sei für sie das Radfahren eines der besten Transportmittel – sichere Radwege vorausgesetzt: „Ich rede nicht vom Radfahren im verrückten Straßenverkehr." Selbstbewusste Menschen vertrauen auf ihre eigenen Fähigkeiten, gehen eher unbekümmert, sorglos und angstfrei durch das Leben, sehen einer Zukunft optimistisch entgegen.[244] Indem man sich bewegt und seinen Körper spürt, verbessert sich das Selbstbewusstsein, und das führt laut Neidenbach zu einer Verbesserung vieler Diagnosen. Psychischen Beeinträchtigungen wie Depressionen könne daher sehr positiv mit körperlicher Bewegung begegnet werden.

Wir alle sind furchtbar im Stress. Und zwar dauernd. Und darin liegt das Problem. Kurzfristig treibt uns Stress zu Höchstleistungen an. Stress hilft uns, mit fordernden und anstrengenden Phasen umzugehen und anspruchsvolle Aufgaben zu meistern. Dieser positive Stress, Eustress genannt, motiviert und aktiviert uns. Wenn wir das Gefühl haben, Stress gut bewältigen zu können, fühlt sich das gut an. Der negative Distress führt hingegen zu einem Gefühl der Hoffnungslosigkeit. Wir werden wütend oder ängstlich. Ob wir es wollen oder nicht, unser Körper reagiert auf Stress, das können wir nicht beeinflussen. Wenn wir eine Situation als mögliche Bedrohung oder als fordernde Situation einstufen, produziert unser Körper die Hormone Adrenalin und Noradrenalin. Blutdruck und Blutzuckerspiegel steigen, die Bronchien erweitern sich und das Hormon Kortisol, das den Gehirnstoffwechsel beeinflusst und unseren Körper in Alarmbereitschaft hält, wird freigesetzt. Hält Stress zu lange an, sind wir erschöpft und verspannt, der Körper schüttet am laufenden Band Kortisol aus. Das macht uns krank und schwächt das Immunsystem, begünstigt Herz-Kreislauf-Krankheiten. Stress gilt als Risikofaktor für Burnout und Depressionen und führt zu einer Reihe von Beschwerden: Schlafstörungen, Kopfschmerzen, Schwindel, Muskelverspannungen, sexuelle Funktionsstörungen. Gestresste Menschen sind leichter vergesslich, gereizt, dauernd am Grübeln, der Ausstieg aus dem Gedankenkarussell wird immer schwieriger. Gestresste Personen greifen eher zu Alkohol und zur Zigarette, entwickeln Probleme mit ihrem Essverhalten. Für Sport, der uns mal durchlüften würde, bei dem wir Stress abbauen und auf andere Gedanken kommen könnten, dafür ist schon gar keine Zeit. Dauerhafter Stress kann durch vieles ausgelöst werden, jede:r reagiert unterschiedlich darauf. Probleme im Alltag und ungelöste Konflikte, finanzielle Schwierigkeiten, Armutsgefährdung, Krankheiten, der Verlust einer nahestehenden Person durch Tod oder Trennung oder der Verlust der Arbeit, ein Jobwechsel oder die Geburt eines Kindes können in einem gesundheitsgefährdenden Ausmaß Stress verursachen. Wenn unsere notwendigen Bedürfnisse wie Durst, Hunger und Schlaf nicht oder nicht ausreichend gestillt werden oder wir dauernd Hitze, Lärm, Licht und Kälte ausgesetzt sind, reagiert unser Organismus ebenfalls gestresst. Eine Möglichkeit, wie wir mit Stress besser umgehen können, lautet, Bewegung im Alltag einzubauen, eine andere, soziale Kontakte zu pflegen, eine dritte Möglichkeit ist es, seine Freizeit bewusst zu gestalten.[245,246] Ich denke, es ist klar, worauf dieser Absatz hinausläuft: Radfahren ist eine wunderbare Methode, um seine Freizeit zu gestalten, soziale Kontakte zu knüpfen und dabei den Stress des Alltags hinter sich zu lassen. Gerade in stressigen Zeiten bleibt das eigene Wohl auf der Strecke, man tut sich schwer, Zeit für sich zu nehmen. Ein Rezept oder Allheilmittel gibt es nicht, aber ein (sportliches) Ziel, auf das man hinarbeitet, hilft, sich immer wieder aufzuraffen.

Depression

Menschen, die an Depressionen erkrankt sind, fühlen sich traurig, antriebs- und hoffnungslos. Ihr Dasein erscheint ihnen wert- und sinnlos. Die emotionale Leere lässt keinen Platz mehr für Freude oder Interessen. Schwer depressive Menschen hegen Suizidgedanken. 2019 litten in Österreich knapp 6,5 Prozent der Bevölkerung an einer depressiven Erkrankung. Frauen waren etwas häufiger betroffen als Männer. Bei den Jugendlichen hatten 2,9 Prozent Depressionen. Während der Pandemiejahre haben auch psychische Erkrankungen und Depressionen zugenommen. Gerade Kinder und Jugendliche haben in der Pandemie Depressionen, Zukunftsängste oder suizidale Gedanken entwickelt, bestätigt eine Studie der Donau-Universität Krems und der Medizinischen Universität Wien. Über 3.000 Schüler:innen ab 14 Jahren wurden im Februar 2021 zu ihrer psychischen Gesundheit befragt. Die Ergebnisse: 56 Prozent

aller teilnehmenden Schüler:innen litten unter depressiven Symptomatiken, die Hälfte unter Ängsten, ein Viertel unter Schlafstörungen und 16 Prozent hatten suizidale Gedanken. Der Studienleiter Christoph Pieh von der Donau-Uni Krems zeigt sich besonders über den hohen Anteil der Suizidgedanken besorgt und fasst die Ergebnisse in einer Presseaussendung zusammen: „Die Häufigkeit depressiver Symptome, Angstsymptome, aber auch Schlafstörungen hat sich mittlerweile verfünf- bis verzehnfacht, Tendenz steigend." Pieh sieht dringenden Handlungsbedarf. Einerseits in der Versorgung und in der psychischen Betreuung. Andererseits sollte die körperliche Bewegung gefördert werden, denn während sich die Dauer der Handynutzung seit 2018 verdoppelt hat, hat die körperliche Bewegung deutlich abgenommen.
Die Ursachen von Depressionen sind vielschichtig: von genetischen Dispositionen über körperliche Erkrankungen, belastende Lebensumstände oder -ereignisse, Arbeitslosigkeit, Einsamkeit, Diskriminierungserfahrungen und Lichtmangel (Herbst-Winter-Depression). Chronische Belastungen und Erkrankungen können Depressionen ebenfalls auslösen. Im Zusammenhang mit Demenz, Diabetes mellitus Typ 2 und koronaren Herzerkrankungen treten Depressionen häufig auf. Obwohl niemand vor Depressionen gefeit ist, gibt es einige Dinge, die uns im Umgang mit Rückschlägen, negativen Ereignissen, Dauerstress und Krankheiten zugute kommen: ein stabiler Freundeskreis, Selbstvertrauen, Humor, die Fähigkeit, andere um Hilfe zu bitten, in ein soziales Netz eingebettet zu sein und ein gesunder Lebensstil, zu dem auch Bewegung zählt. All das stärke unsere Widerstandskraft, die Resilienz. Ein Wort, das meiner Meinung nach zu inflationär genutzt wird und die wir uns gegen ein bisschen Geld in diversen Workshops aneignen können. Martin Schenk, Psychologe und Sozialexperte der Diakonie, merkt dazu an: „Resilienz ist keine Dimension individueller Leistungsfähigkeit. (...) Das ist wie jemandem, den die Depression quält, zu sagen: ‚Reiß

dich zusammen!‘ Wir wissen, das drückt die Person noch tiefer in den Strudel der Verzweiflung.“ Schenk verweist auf Aaron Antonovsky, der sich als einer der Ersten mit Resilienz beschäftigte und der darin die Fähigkeit verstand, mit der Welt in Beziehung zu sein. Resilienz sei deshalb immer auch mit gesellschaftlichen Bedingungen verknüpft.[247,248,249,250,251] Dass eine Infrastruktur, die Gehen und Radfahren fördert, auch soziale Interaktion und damit Beziehungen fördert, wurde bereits im Kapitel Mobilität besprochen. Dass sich Radfahrer:innen tatsächlich weniger einsam fühlen, das belegt eine Studie der Wiener Universität für Bodenkultur. Zwei Jahre lang wurden über 8.800 Menschen in sieben europäischen Städten (Antwerpen, Barcelona, London, Örebro, Rom, Wien und Zürich) zu ihrem Verkehrsverhalten, Verkehrsmitteln und ihrer allgemeinen Gesundheit befragt. 3.500 Teilnehmer:innen wurden am Ende der Studie auch zu ihrer psychischen Gesundheit (Angstzustände, Depressionen, Kontrollverlust und psychologisches Wohlbefinden), Lebensfreude (Energie und Erschöpfung) und Stressbelastung, zu sozialen Interaktionen, zum Kontakt mit Familie und Freund:innen und Einsamkeit befragt. Radfahrer:innen haben in allen Fragestellungen am besten abgeschnitten. Sie hatten mehr Lebensfreude, hatten mehr Energie, fühlten sich gesünder, vitaler und waren auch weniger einsam. Die Leiterin des Forschungsprojekts, Elisabeth Raser, zieht den Schluss, dass eine Steigerung des Radverkehrs in Wien nicht nur der Umwelt und dem Stadtbild guttue, sondern auch der physischen und psychischen Gesundheit der Verkehrsteilnehmer:innen. Dem stimmt die Projektmitarbeiterin Mailin Gaupp-Berghausen zu: „Die Ergebnisse sind in allen Städten ähnlich und legen die Vermutung nahe, dass eine Förderung von aktiven Mobilitätsformen – und insbesondere des Radfahrens – einen wesentlichen Beitrag für unser seelisches Wohlbefinden leistet.“[252,253]

Feuerwerk der Glückshormone

Warum ist das so, dass wir entspannter, motivierter, ausgeglichener sind, wenn wir aktiv sind oder uns sportlich betätigen beziehungsweise Radfahren? Da ist einmal natürlich das belohnende Gefühl, wenn wir unseren inneren Schweinehund überwinden, uns selbst an der Nase nehmen und unseren müden Körper in Bewegung versetzen. Auf der psychischen Ebene wird unser Körper mit mehr Sauerstoff versorgt, dadurch fühlen wir uns frischer. Unserem Kopf gönnen wir eine wohlverdiente Denkpause. Und dann ist da noch die emotionale und hormonelle Ebene. Wir entzünden ein regelrechtes Feuerwerk der Glückshormone, wenn wir unseren Körper in Gang bringen. Hormone steuern als Botenstoffe Vorgänge in unserem Körper. Sie sorgen dafür, dass Körperfunktionen im Gleichgewicht bleiben und wirken sich auf den gesamten Körper, unseren Stoffwechsel, unsere Stimmung und auch auf unsere zwischenmenschlichen Beziehungen aus. Wenn wir uns bewegen, setzt unser Körper die Botenstoffe Dopamin, Serotonin und Endorphine frei. Schon nach 20 Minuten Laufen im gemütlichen Tempo schüttet unser Körper Dopamin aus. Je intensiver das Training, desto früher startet unser Körper mit der Produktion. Dopamin macht uns wacher, fokussierter und konzentrierter, es steuert emotionale, geistige und motorische Reaktionen und wird als Botenstoff des Glücks bezeichnet - es lässt uns Glücksgefühle empfinden. Der Botenstoff Serotonin dreht im Gehirn an unseren Stimmungsreglern. Wenn wir es ausschütten, hebt sich unsere Stimmung, gleichzeitig wird das Stresshormon Cortisol unterdrückt, es senkt unseren Blutdruck, dämpft Aggressionen und spricht unser zentrales Belohnungssystem an. Serotonin hat daneben noch eine ganze Reihe wertvoller Aufgaben: Es ist bei der Regulierung der Körpertemperatur beteiligt, steuert den Appetit und Schlaf-Wach-Rhythmus – wenn es dunkel wird, wird Serotonin in das Schlafhormon Melatonin umgewandelt – und lindert unsere Schmerzsensibilität. Wenn wir lachen, essen oder uns körperlich anstrengen, schüttet unser Gehirn Endorphine aus. Endorphine haben eine euphorisierende und schmerzstillende Wirkung und besetzen im Körper dieselben Rezeptoren wie Opiate, die von außen zugeführt werden.[254,255,256,257,258]

Draußen sein. Naturerfahrungen

Am Fahrrad nehmen wir die Umgebung mit all unseren Sinnesorganen wahr. Wir spüren die eisige Kälte oder wärmende Sonne im Gesicht, wir riechen das Wetter und die Jahreszeiten: Es riecht nach Schnee, nach Heu, nach Regen, nach frischem Waldboden. Wir sehen, wie sich die Vegetation im Verlauf des Jahres verändert und hören den Wind pfeifen und die Vögel zwitschern. Auch in der Stadt, obwohl sich da die Vögel schon sehr anstrengen müssen, um gegen den Auto- und Umgebungslärm anzuträllern. Aber das ist eine andere Geschichte. In jedem Fall spielt Bewegung in der Natur für unsere Psyche eine wichtige Rolle. Umso mehr, wenn unser Alltag hauptsächlich in einer künstlichen, gebauten und naturfernen Umgebung stattfindet. In Österreich liegt der Anteil der in Städten lebenden Bevölkerung beinahe bei 70 Prozent, in der Schweiz bei drei Viertel, in Deutschland, Großbritannien und den Niederlanden bei fast 90 Prozent (Städte und Städtekonglomerate). Nahezu 95 Prozent der Zeit verbringen Menschen heute in industrialisierten Ländern in geschlossenen Räumen (Transportmittel mitgerechnet). Das führt nicht nur zu einem Anstieg spezieller Erkrankungen durch Lärm, Luftverschmutzung, Bewegungsmangel und Stress, sondern auch zu einer deutlich schwächeren Entwicklung der Lebenserwartung wie etwa in ländlicheren Gegenden industrialisierter Länder. Wir müssen keine mehrstündigen Fahrradtouren machen, damit sich unsere Stimmung bessert und unser Selbstwertgefühl steigert, schon fünf Minuten körperliche Aktivität im Grünen heben unsere

Stimmung. Besonders für junge Personen und psychisch angegriffene Menschen eignen sich Naturerfahrungen und Aktivitäten gut, um das Selbstwergefühl zu steigern und die Stimmung zu verbessern.[259]

Natur entspannt uns, gerade dann, wenn wir gestresst sind. Sie hat die Fähigkeit, uns Angst zu nehmen und trägt zur psychischen Regeneration bei. Wenn wir uns in der Natur aufhalten, sinkt unser Blutdruck, der Puls beruhigt sich und der Cortisolgehalt geht nach unten. Schon ein paar Minuten in der Natur schärfen unsere Konzentration. Erlebnisse und Erfahrungen in der Natur führen dazu, dass unsere Frustrationstoleranz steigt und Ärger und Energielosigkeit abnehmen. Die Kraft der Natur ist durch unzählige Studien belegt. Es konnte unter anderem gezeigt werden, dass man sich nicht einmal draußen aufhalten muss, damit die Natur uns beruhigt und erhellt. Häftlinge, die von ihrer Zelle aus Natur sehen konnten, hatten weniger Verdauungsprobleme und klagten weniger über Kopfschmerzen als Insassen ohne Blick ins Grüne. Die Eidgenössische Forschungsanstalt für Wald, Schnee und Landschaft in Zürich untersucht „Veränderungen der terrestrischen Umwelt sowie die Nutzung und den Schutz von natürlichen Lebensräumen und Kulturlandschaften“. In einem Experiment ließen sie Proband:innen auf einem Laufband gehen. Die Teilnehmer:innen wurden in zwei Gruppen geteilt. Eine Gruppe sah sich während des Gehens auf einem Bildschirm ein Video von Naturaufnahmen an. Auch die Gruppe ohne natürliche Berieselung fühlte sich nach dem Gehen weniger deprimiert, aber die, die Naturaufnahmen sahen, fühlten sich zusätzlich ruhiger, beschwingter und waren weniger verärgert.[260,261,262]

Geschichten von Radler:innen – Teil 5

Christian, 47, Gänserndorf, Niederösterreich: *Ich fahre mit dem Rad, um kostengünstigst von A nach B zu kommen. Ohne Pace und ohne Ziel, meine Pace zu verbessern. Manchmal fahre ich 160 Kilometer an einem Stück.*

Gerti, 56, Baden, Niederösterreich: *Normalerweise melde ich mich nicht bei solchen Aufrufen. Aber da habe ich mir gedacht, ich muss mich melden, weil mir das Radfahren so extrem wichtig ist. Ich habe kein Auto und liebe es, mit dem Rad schnell und unkompliziert überall hinzukommen. Der Weg in die Arbeit ist viel zu kurz, da bekomme ich nicht genug vom Radfahren. Deshalb packen mein Mann und ich unsere Fahrräder immer wieder zusammen und fahren mit dem Zug irgendwohin, um unseren Erkundungsradius zu erweitern und Neues zu entdecken. Das Fahrradfahren wurde mir eigentlich in die Wiege gelegt, da wir auch bei meinen Eltern am Land nicht immer ein Auto hatten.*

Daniela, 38, Wang, Steiermark: *Als Kind war ich viel bei meinen Großeltern. Meine Oma hat mich mit dem Rad in den Kindergarten gebracht – hinten am Gepäckträger bin ich gesessen – heute höchst illegal. Sie hat alle Wege mit dem Rad gemacht. Ohne Rad wäre sie auch nirgends hingekommen, weil sie keinen Führerschein hatte. Mit zehn bin ich selbst mit dem Rad gefahren. Ich fand das so toll, unabhängig von den Eltern zu sein und alleine die 4 Kilometer ins Freibad zu fahren. Heute haben wir gebrauchte Räder ohne Elektroantrieb, mein Mann radelt ins Büro und ich zum Bus, der mich dann nach Graz bringt. Ich würde sagen, wir sind jetzt nicht super sportlich, aber wenn wir jeden Tag den Hügel hinauffahren können, schaffen das alle. Von den Jüngeren in der Umgebung bekommen wir Zuspruch. Die Älteren im Ort packen das teilweise gar nicht, dass wir uns das antun. Dass das überhaupt eine Option ist! Sie bieten uns sogar immer wieder ihr Auto an, obwohl wir eh eines haben. Wir fahren aus*

Überzeugung mit dem Rad, einerseits der Umwelt zuliebe, andererseits auch für unsere Gesundheit und aus Kostengründen.

Esther, 44, Wien: *Auf dem Weg zur Arbeit, das sind 7 Kilometer, habe ich nur drei Ampeln, das ist natürlich mega cool. Ich bin schneller, flexibler als mit der S- oder U-Bahn und am Weg zur Arbeit werde ich wach. (lacht) Wenn ich nach der Arbeit nach Hause fahre, kann ich abschalten. Ich bin 2010 von Deutschland nach Wien gezogen und hab mir hier relativ schnell ein Rad zugelegt, ein Schrottrad. Ich hatte nicht viel Geld und bin mit einem damaligen Kollegen zum Tandler der MA 48. Wir haben mehrere Teile gekauft und daraus ein Rad aufgebaut. Es hat sicher keine 100 Euro gekostet. Am Anfang war ich natürlich noch ein bisschen wackelig und nicht so sicher auf dem Fahrrad, und die Straßenbahnschienen waren schon spooky. Mein Umgang damit war der, dass ich bestimmte Straßen einfach gemieden habe. Das Schrottrad habe ich sicher 5 Jahre lang in der Stadt benutzt. 2015 bin ich dann auf das Mountainbike gestiegen. Ja, und dann bin ich da so reingekippt. (lacht)*

Eva, 46, Wien: *Das Radfahren hat meine Beziehung gerettet. Auch wenn bei der ersten Ausfahrt nichts darauf hingedeutet hat. Die ist jetzt schon wieder über 20 Jahre her. Damals habe ich drei Schachteln Zigaretten am Tag geraucht und hatte starke Nackenschmerzen. Ich war damals am Fahrrad einfach überfordert und verängstigt. Ich konnte mir einfach nicht vorstellen, dass man 8 km überhaupt mit dem Rad fahren kann und wir haben auch viel gestritten bei der Tour. (lacht) Das war für längere Zeit die letzte Ausfahrt. Danach ist es richtig bergab gegangen. Ich hatte Probleme mit meinen Halswirbel-Bandscheiben, die Prognosen waren ganz schirch, bis zum hohen Querschnitt. Ich bin depressiv geworden, darunter hat auch unsere Beziehung gelitten, weil als Partner bist du überfordert und du selbst natürlich auch mit dir. Ja, und dann bin ich in das Radfahren reingekippt. Auf der Donauinsel habe ich angefangen und zu meinem 30er haben wir die Alpen überquert.*

Kapitel 5

Geschichte

Die Geschichte des Fahrrads erzählt die Geschichte des technischen Fortschritts, des gesellschaftlichen Wandels und sozialen Widerstands. Sie zeigt, wie die Mobilität die Umwelt, die Gesellschaft und das Individuum prägt und macht Ungleichheiten zwischen den Geschlechtern und Klassen sichtbar. Das Fahrrad war lange Zeit Sport- und Spielgerät der Männer und der Radrennsport eine klassische Männerdomäne. Wie steht es heute um die Gleichberechtigung am Fahrrad?

Die Welt dreht sich um das Rad

Wie haben wir uns eigentlich fortbewegt, bevor der Mensch in das Auto gestiegen ist? Wir haben uns so sehr an die motorisierte Mobilität gewöhnt, dass wir ganz vergessen haben, wie wir vor nicht allzu langer Zeit von A nach B gekommen sind. Über Jahrhunderte ging man zu Fuß, ritt mit dem Pferd oder fuhr mit der Kutsche, um Kilometer zu machen, wie Hans-Erhard Lessing, Physiker, Technikhistoriker und einer der weltweit führenden Fahrradexperten zu Beginn seines Buches „Das Fahrrad. Eine Kulturgeschichte“ schreibt.[263] Die Geschichte des Fahrrads beginnt mit der Erfindung des Rades – ein Meilenstein der Zivilisation, der den Transport und die Mobilität revolutionierte und zu den wichtigsten Erfindungen und Errungenschaften der Menschheit zählt. Wo die Geburtsstätte des Rades liegt, ist nicht gänzlich geklärt. Als Inspirationsquelle für das Rad gilt die Töpferscheibe, die bereits seit über 6.000 Jahren existiert. Um 3.500 vor Christus wurden Wagen, an denen Räder montiert waren, von Nutztieren durch Mesopotamien und Mitteleuropa gezogen. Das Rad war lange Zeit sehr schwer, klobig und massiv. Holz beziehungsweise

Bretter wurden mit Nägeln, kleineren Brettern und Eisen zu Scheiben verarbeitet. Diese Vollräder waren zwar sehr robust, aber auch schwer und schwerfällig. Das Manövrieren stellte eine Herausforderung dar, und gerade schnell konnte man damit nicht unterwegs sein. Auf der Jagd nach höheren Geschwindigkeiten erfanden die Ägypter 2.000 vor Christus das Speichenrad. Um die Holzräder widerstandsfähiger zu machen, haben die Kelten die Holzräder mit einem Eisenmantel versehen.[264,265] An dieser Stelle spulen wir schnell nach vorne: Wir schreiben das Jahr 1810 und befinden uns in Mannheim, Deutschland. Kutschen und andere, nicht motorisierte Fuhrwerke tingeln durch die Straßen und über nicht versiegelten Boden. Karl Freiherr von Drais, Forstbeamter und Erfinder, zerbricht sich den Kopf über eine Maschine, die mit menschlicher Muskelkraft angetrieben werden soll. Der Haferpreis steigt zu jener Zeit aufgrund einer Reihe von Missernten. Zudem erschöpfen Napoleons Truppen die Vorratskammern der Bauern. Als von Drais 1814 auf dem Wiener Kongress ein zweispuriges Gefährt vorführt, bewirbt er es auf einem Flugblatt als kostengünstige Alternative zum Pferd: „In Kriegszeiten, wo die Pferde und ihr Futter oft selten werden, könnte ein solcher Wagen wichtig seyn." Die am Kongress anwesenden Fürsten gähnten vielleicht müde, jedenfalls aber zeigten sie sich wenig beeindruckt – sie hatten das nötige Kleingeld und konnten sich das Verkehrsmittel Pferd leisten.

Ein Jahr später brach auf Bali der Vulkan Tambora aus. Mit verheerenden Folgen. 90.000 Menschen starben. Millionen von Tonnen Vulkanasche gelangten in die Atmosphäre und bescherte 1816 Europa und Nordamerika ein besonders kaltes Jahr. Die Durchschnittstemperatur sank um mehrere Grad, 1816 wird als Jahr ohne Sommer in die Geschichtsschreibung eingehen. Dauerregen, Schnee im Sommer, Getreide und Kartoffeln, die auf den Feldern schimmeln, bevor sie geerntet werden konnten und die hungrige Bevölkerung sättigen können – in Europa herrscht Hungerkrise, am härtesten trifft es die Ärmsten. In manchen Teilen Europas essen Menschen

Lehm und Gras, kochen Blätter und schlachten Katzen. Nutztiere, für die das Futtermittel fehlte, wurden notgeschlachtet, Bäckereien und Mühlen geplündert.[266,267,268]

Pferdewirtschaft

Bis ins 20. Jahrhundert war das Pferd wichtiges Transport- und Verkehrsmittel und die Pferdezucht ein bedeutender Wirtschaftszweig. Kutscher, Stallmeister, Reitlehrer und -knechte, Hufschmiede, Postkutscher, Tierärzte, Pferdemetzger und Bauern, die Heu und Hafer produzierten, erhielten ihren Lohn im Wirtschaftssektor Pferd. Doch so ein Pferd war eine teure Angelegenheit. Der britische Mathematikdozent Thomas Stephens Davies berechnete 1840, wie viel ein Pferd im Lebenszyklus kostet: Anschaffung, Stall, Personalkosten und Futter. Er kam auf 1.700 Pfund. Damit konnte man sich zur damaligen Zeit ein Haus in London kaufen.[269]

Was macht Forstbeamter Drais zu dieser Zeit? Unbeirrt denkt er weiter über die muskelbetriebene Fahrmaschine nach. Von Drais nennt sein Vehikel Laufmaschine, es besteht aus zwei Wagenrädern, die über einen Balken verbunden sind, einen Sattel – ein gepolsterter Reitsitz – und einem Lenker, mit dem das Vorderrad gesteuert wird. Hinter dem Sattel konnte man auf einem quer gelegten Brettchen ein kleines Gepäckstück abstellen und es mit Riemen festzurren. Kurz: Die Draisine ist ein Laufrad für Erwachsene.[270] Am 12. Juni 1817 rollte er zum ersten Mal mit der Laufmaschine über die beste Straße Mannheims. Man rollte vorwärts, indem man sich abwechselnd mit den Beinen vom Boden abstößt – so, wie das Kinder auf einem Laufrad tun. In einer Stunde legte Drais knapp 13 Kilometer zurück. Eine Postkutsche benötigte damals für dieselbe Strecke etwa vier Stunden. Das Laufrad vereinte bereits die essenziellen Eigenschaften des heutigen Fahrrads, das ebenfalls auf dem Prinzip des Balancierens auf zwei gleich großen, hintereinander laufenden Rädern basiert. Die Laufmaschine verbreite-

te sich wie ein Lauffeuer in den Medien – die französischen Medien haben die Laufmaschine übrigens „la draisienne“ genannt, weshalb sie heute unter dem Namen Draisine firmiert. Sie fand europaweit und in der ganzen Welt eine Anhängerschaft. Die Industrialisierung steckte noch in ihren Kinderschuhen. In Handarbeit wurden die Draisinen in Manufakturen hergestellt und waren entsprechend teuer.[271] Zwar warb von Drais ursprünglich für die Laufmaschine als kostengünstige Alternative zum Pferd, aber genutzt wurde es als solches nicht, wie Anne-Katrin Ebert, die ihre Doktorarbeit über „Die Geschichte des Fahrrads in Deutschland und den Niederlanden bis 1940“ schrieb, im *Konsument*-Fahrradbuch erzählt: „Genutzt wurde es vielmehr als Sportgerät und Spielzeug, und leisten konnte es sich nur eine kleine Schicht von begüterten Menschen.“ Zu dieser Zeit arbeiteten über 70 Prozent der Bevölkerung in der Landwirtschaft, viele in bitterer Armut, die Draisine war so das Spielzeug der wohlhabenden Kreise.[272]
Es dauerte nicht allzu lang, bis die Draisine von den Straßen verbannt und sein Erfinder geschmäht wurde. Das Balancieren auf dem Laufrad war eine völlig neue Art des Fortbewegens. Es löste, wie vieles, das neu ist, Skepsis und Unbehagen aus. Konsequenterweise wurden Fahrschulen eingerichtet, wie zum Beispiel in der Wiener Manufaktur Adam Burg & Sohn, in der man um 10 Gulden pro Stunde das Fahren auf der Laufmaschine lernen konnte und erfuhr, wie man sich rücksichtsvoll gegenüber Fußgänger:innen verhält. Die Straßen und Fahrbahnen zur Zeit der Laufmaschine waren für unser heutiges Verständnis in einem miserablen Zustand. Schlaglöcher, Mulden, Fahrrinnen, bei Regen weichte der Boden auf. Allesamt keine guten Voraussetzungen, um Balance zu halten, was ja ohnehin eine schwierige Angelegenheit war. Die Laufmaschinen-Läufer und -Läuferinnen wichen auf den Gehsteig aus und sorgten damit für Ärger und Unmut. Oder wie wir heute sagen würden – für Interessenkonflikte und Verteilungskämpfe. Bald wurde in vielen Städten Europas, aber auch in New York und in Kalkutta, das Fahren mit der Draisine auf den Bür-

gersteigen untersagt. Der Engländer Lewis Gompertz, Erfinder, Mitbegründer des ersten Tierschutzbundes und Kämpfer für die Rechte von Frauen, Unterdrückten und Ausgegrenzten, forderte daraufhin eine eigene Fahrspur für Draisinen auf der Fahrbahn. Er, der der Draisine eine Handkurbel verpasste und dem Fahrwerk eine glorreiche Zukunft beschied, verzichtete aus ideologischen Gründen darauf, Pferde zu reiten oder mit der Kutsche zu fahren.

Ein Verbot alleine reicht selten aus, Dinge aus dem Alltag und von den Straßen zu verbannen. In England wurde die Draisine überwiegend von Dandys benutzt, die in der Presse verunglimpft und in Karikaturen verspottet wurden. Schnell haftete der Draisine auf der Insel ein schlechter Ruf an. In Deutschland wurde die Laufmaschine aus politischen Gründen boykottiert. Im Jahr 1819 ermordete der Student Karl Sand den „reaktionären Bühnenautor und vermeintlichen Vaterlandsverräter August von Kotzebue", wie Lessing ausführt. Sand wurde zum Tode verurteilt. Der zuständige Oberhofgerichtspräsident, der dem Gnadengesuch nicht stattgegeben hatte, war Wilhelm von Drais, Karls Vater. Weil man dem Oberhofgerichtspräsident nichts anhaben konnte, entlud sich der Zorn der Anhängerschaft Sands und der Studenten auf seinen Sohn und dessen Erfindung. Drais ging für sechs Jahre ins Exil nach Brasilien, um den Schikanen zu entkommen.[273,274,275]

Trotz Verbot und Imageschäden geriet das muskelbetriebene Vehikel nicht gänzlich in Vergessenheit, auch wenn rund 40 Jahre bis zum nächsten Aufschwung vergehen sollten. Um 1865 wurde die Draisine mit einer Kurbel am Vorderrad versehen. Das Kurbel-Velozipede wurde von einem französischen Kopf entwickelt, nur von welchem, ist bis heute noch nicht gänzlich geklärt. Vieles spricht für den Schlosser Pierre Michaux, der ab 1865 mit den radbegeisterten Olivier-Brüdern zusammenarbeite, die später die erste Radfabrik „Compagnie Parisienne" gründeten. Aber auch der nach Amerika emigrierte Pierre Lallement wird als Erfinder gehandelt. Er erhielt 1866 in Amerika ein Patent auf ein Kurbel-Veloziped. Fest steht, dass man ab 1865 auf einem

Fahrwerk sitzt, das über eine Kurbel am Vorderrad angetrieben wird, die man mit Pedalen bedient. In vielen Ecken und Enden der Welt wurde gegen Ende des 19. Jahrhunderts am Fahrrad gewerkelt. Kam es hier zu einem Fortschritt, wurde er andernorts aufgegriffen und modifiziert. Diese Velozipede wogen teilweise bis zu 50 Kilo, sie bestanden aus einem festen Metallrahmen. Aus den Holzrädern mit Eisenreifen wurden Speichenräder mit Vollgummibereifung. Stahl war das Material der Stunde und bestimmte den Fahrradbau. England, wo die Stahltechnologie am weitesten fortgeschritten war, stieg bald zur Fahrrad-Hochburg auf.[276,277,278,279]

Das Vorderrad wurde allmählich größer als das Hinterrad, denn das verlieh mehr Stabilität und Geschwindigkeit. Eine entscheidende Neuheit stammt aus dem Hause James Starley aus der englischen Stadt Coventry – das damalige Zentrum der englischen Stahlindustrie – die Fahrradkette. Das erste Mal kam sie auf einem Dreirad zur Anwendung, das für ältere Herren und Frauen konzipiert wurde – denn die Tricycles, wie sie auch genannt wurden, boten mehr Sicherheit und Komfort als Hochräder, mit denen man ab zirka 1875 durch die Straßen und Parks rollte. Das Motto schneller, höher, weiter war geradezu auf das Hochrad zugeschnitten. Die Vorderräder hatten bald einen Durchmesser zwischen 1 und 1,5 Meter und erlaubten Geschwindigkeiten von bis zu 25 km/h. In Europas Hauptstädten sah man das Bürgertum am Hochrad von oben auf das gewöhnliche Leben blicken. Der Preis eines Hochrades entsprach dem Jahreslohn eines Arbeiters, wer mit einem Hochrad durch die Parks rollte – dort waren die Wege in einem besseren Zustand –, gehörte zur elitären Schicht. Das Hochrad als elitäres Spiel- und Sportgerät bot den Lenkern nicht nur erhebliche Schwierigkeiten beim Auf- und Absteigen, sondern barg ein immenses Verletzungsrisiko. Ein Steinchen, ein kleiner Ast oder eine andere Unebenheit genügte, damit die Fahrer mit dem Kopf voraus „abstiegen“. Nicht wenige kamen zu Tode. Vielleicht war das ein Grund, warum es Anfang der 1880er in England so aussah, als würde

sich das Tricycle durchsetzen. Auf dem europäischen Festland fand das Hochrad zu dieser Zeit die ersten Anhänger. In Wien bildeten sich 1884 erste Clubs und Vereine, Übungslokale wurden gemietet und die Zugehörigkeit mit Clubdressen, -farben und -abzeichen gestärkt.
Das Fahrrad sollte sicherer werden. 1879 meldete der Engländer Harry Lawson das dritte Patent für sein Safety Bike, eine Bezeichnung für alle niederen Zweiräder, an. Während er das Gefährt Bicyclette nannte, verpasste die Presse dem Gefährt den Spitznamen Krokodil – aufgrund seiner Behäbigkeit und der Länge von über zwei Metern. Bemerkenswert am Krokodil ist, dass es bereits wesentliche Merkmale des modernen Fahrrads aufwies: Vorder- und Hinterrad waren fast gleich groß, der Sattel befand sich in der Mitte, die Tretkurbel darunter und die Kette trieb nun das Hinterrad und nicht mehr das Vorderrad an. Von da waren es nur noch ein paar Radlängen bis zum Prototyp des modernen Fahrrads von John Kemp Starley, James Starleys Neffe. Er verbesserte das „Krokodil" und nannte es „Rover" – der Wanderer. Die dritte Weiterentwicklung, Rover III (1886), gilt schließlich als modernes Fahrrad mit zwei gleich großen Rädern, Kettenantrieb auf das Hinterrad und geschlossenem Rahmen. Drei Jahre später brachte Starley das Modell „Rover Lady's Saftey" auf den Markt. Indem er das Oberrohr des Rahmens wegließ, erhielt das Fahrrad einen tiefen Einstieg, dass das Aufsteigen in langen Röcken erleichterte. Damit stiegen immer mehr (wohlhabende) Frauen auf das Fahrrad.[280,281]

Vom Luxusflitzer zum Symbol für Umweltschutz

Die Draisinen, Hochräder und Tricycles wurden lange Zeit in Manufakturen hergestellt, das hatte seinen Preis, und den konnte sich nur die Oberschicht leisten, die von der beginnenden Industrialisierung profitierten. In den unteren Schichten herrschte Armut, ihre Lebensbedingungen sollten sich erst gegen Ende des 19. Jahrhunderts bessern.[282] Das (Hoch-)Rad war damit Luxusgefährt, Sportgerät und

Spielzeug der Eliten. In der Zeit des Hochrades achteten die Fahrrad-Clubs penibel auf den Status ihrer Mitglieder und auf die Größe ihrer Portemonnaies. Im elitären Fahrradclub, dem Michaux-Club in New York, erhielten superreiche Herren am Vormittag Unterricht von Club-Trainern, aber nicht irgendwo, sondern in der Club-Halle, am Nachmittag fuhren dort die Damen unter Musikbegleitung Fahrrad. Im Jahre 1890 bildet sich in Washington der Capitol Bicycle Club für Kongressabgeordnete, über den es, wie Lessing zu berichten weiß, hieß: „Jeder, der etwas darstellen will, hat bereits oder ist gerade dabei oder will noch das sich drehende Rad erlernen."[283]

Die 1890er gelten als die goldene Dekade des Fahrrads. Mit fortschreitender Industrialisierung und Technologisierung wurde die Fahrradproduktion effizienter, die Fahrräder günstiger. In Österreich stieg die Waffenfabriks-Gesellschaft im oberösterreichischen Steyr in die Fahrradproduktion ein und produzierte das berühmte Waffenrad. Es war weder für den Kriegseinsatz gedacht noch führte es Waffen mit sich. Es wurde Waffenrad genannt, weil man sich dadurch einen besseren Absatz erhoffte. In Fachmedien wurde es gegen Ende des 19. Jahrhunderts als österreichisches Coventry bezeichnet.

Der Fahrradboom führte nicht nur zu zahlreichen Konflikten auf den Straßen, sondern zu einem Preisverfall, der sich in Amerika um 1897 ankündigte. Die amerikanischen Hersteller begannen vermehrt nach Europa zu exportieren und boten ihre Fahrräder billiger als die heimischen Produzenten an. Das „Spezialrad" aus Amerika kostete 1910 28 Reichsmark. Damit konnte sich auch ein Arbeiter, dessen Monatslohn 110 Reichsmark betrug, ein Fahrrad leisten. Was die Arbeiter:innen freute, bedeutete den Ruin für kleine Radmanufakturen. Obwohl das Fahrrad an Prestige verloren hat und die neuen Objekte der Begierde Motorrad und Automobil hießen, wurde das Fahrrad ab 1920 zum Massenverkehrsmittel, mit dem man die alltäglichen Wege zurücklegte, die beengten Wohnviertel verließ und Dorfgrenzen überwand.[284,285,286]

Pferdestärken versus Muskelkraft

Das Fahrrad hielt in Italiens, Frankreichs und Englands Armeen schon längst Einzug, in Österreich musste noch Überzeugungsarbeit geleistet werden. Die Österreichische Kavallerie veranstaltete 1892 einen Distanzritt von Wien nach Berlin, um die Überlegenheit des Pferdes gegenüber dem Rad zu beweisen. Der Erstplatzierte benötigte 71 Stunden, sein Pferd und weitere 30 starben oder erhielten den Gnadenschuss. Der Deutsche Fahrrad Bund antwortete mit einer Fernfahrt im Jahre 1893 von Wien nach Berlin. Der Erstplatzierte benötigte für die 583 Kilometer 31 Stunden.

Demoliert aus dem Kriegseinsatz

Zu Kriegszeiten belieferten alle großen Fahrradhersteller das Heer. Im Ersten Weltkrieg waren eine Viertelmillion Fahrräder im Einsatz. Im Zweiten Weltkrieg bauten die Nationalsozialisten Radwege, weil sie das Fahrrad als ökonomisches und ressourcenschonendes Verkehrsmittel einsetzten. Nach Ende des Zweiten Weltkriegs fuhr die städtische Bevölkerung mit dem Fahrrad zu umliegenden Bauernhöfen und bettelte um Essen. Man schämte sich – für das Betteln und das Radfahren.[287] Das Fahrrad hatte einen schlechten Ruf, es galt als Gefährt für Verlierer, die kein Geld hatten. Als das Auto um 1950 erschwinglich wurde, war es – wie anfänglich auch das Fahrrad – Männern vorbehalten. Im Alltag waren nun hauptsächlich Frauen, Kinder und Jugendliche auf dem Fahrrad unterwegs.[288]

Öko-Welle, Fitness-Boom und Mountainbike-Manie

Nach dem Zweiten Weltkrieg führt das Fahrrad als Verkehrsmittel ein bisschen ein Schattendasein. Am Wochenende wird es vielleicht mal aus den Garagen und Kellern geholt, um Ausflüge zu unternehmen. In den 1970ern setzt langsam ein Imagewechsel ein. Während der Ölkrise 1973 forderten Zeitungen, die Autobahnen am autofreien Sonntag für Radfahrer:innen freizugeben. Damit wollte man zeigen, dass das Fahrrad, im Gegensatz zum Auto, immer genutzt werden kann.[289] Fahrradfahren wurde mit dem Umweltgedanken verknüpft, und der Fitnesstrend bescherte dem Fahrrad weiteren Aufwind. Als zu dieser Zeit in Kalifornien Leute beginnen, mit dem Fahrrad Hügel runterzufahren, schlägt die Geburtsstunde der Mountainbikes. Heute ist das Fahrrad Modeaccessoire und Fitnessgerät, Reisebegleiter, Alltagsfreund und Lastenträger. Es ist identitätsstiftend und eine Möglichkeit, die Weltanschauung und den Lebensstil spazieren zu fahren.[290] Und es ist, wie Agnes (39) aus Perchtoldsdorf in Niederösterreich sagt, auch einfach das kostengünstigste Verkehrs- und Transportmittel. Sie erledigt ihre Alltagswege nicht aus Überzeugung oder aus gesundheitlichen Gründen mit dem Fahrrad, sondern schlicht und einfach deshalb, weil es am günstigsten ist.

Frauen am Fahrrad

Im 19. und Anfang des 20. Jahrhunderts war der Wirkungskreis der westlichen Frau auf Heim und Herd beschränkt, in Politik und Wirtschaft sollte sie sich gefälligst nicht einmischen. Körperliche Ertüchtigung gehörte sich nicht für Frauen – ausgenommen Artistinnen. Körperlich schwere Arbeit haben sie dennoch geleistet: Frauen aus den unteren Schichten schufteten in ausbeuterischen Verhältnissen als Dienstmädchen in besseren Häusern, als Mägde in der Landwirtschaft oder als Arbeiterinnen in der Fabrik. Hausarbeit und Kindererziehung erledigte Frau nebenher – als wäre da noch Kraft oder Zeit für körperliche Ertüchtigung übrig gewesen. Frauen, die arbeiten gingen, waren von ihren Arbeitgebern abhängig. Frauen, die zuhause blieben, von ihren Familien, Vätern und Ehemännern. Was die Frauen aus allen Schichten verband, war ihre Rolle als Hausfrau und Mutter.[291] Die Industrialisierung im 19. Jahrhundert bringt nicht nur technischen Fortschritt, sondern auch das starre Rollengefüge ins Wanken. Die Stellung der Frau in den Familien und in der Gesellschaft beginnt sich zu verändern. Das Fahrrad spielte dabei eine wesentliche Rolle.[292] Indem Frauen auf das Fahrrad stiegen, legten sie nicht nur sprichwörtlich das Korsett ab, sondern radelten gesellschaftlichen Konventionen und Zwängen davon.

Frauen fahren Fahrrad, seit es die Draisine gab. Als Artistinnen oder als Mann verkleidet, stiegen sie auf das Hochrad. Frauen, die es sich leisten konnten, fuhren mit dem Tricycle, einem Dreirad. Die ersten Frauen auf Fahrrädern waren Großbürgerliche und Adelige, weiß Petra Sturm, Fahrradhistorikerin und Expertin für Frauen und Fahrrad, und erzählt bei einem persönlichen Treffen, dass auch Schauspielerinnen unter den ersten Radfahrerinnen waren. Sie standen auf der Bühne, waren daher bekannt und konnten sich deshalb mehr trauen. Wenn man als Frau auf das Fahrrad stieg, musste man sich „mehr trauen", weil man sich und den Körper exponiert. Etwas, das sich für die gewöhnliche Frau nicht schickte. Ein Grund, warum auch heute noch das Fahrradfahren in Ländern wie Iran, Afghanistan und Pakistan für Frauen, wenn überhaupt, nur unter bestimmten Bedingungen möglich ist.[293]

Als das Niederrad und Damenrad aufkam, stiegen immer mehr Frauen auf das Fahrrad. Was den Frauen das Fahrradfahren zunächst aus praktischen Gründen verleidete, trugen sie an ihren Körpern: schwere, sittsame und bewegungseinschränkende Kleidung. Lange Röcke und Kleider, die sich leicht in den Speichen verfingen und ein Hindernis beim Auf- und Absteigen darstellten, sowie enge Korsetts, unter denen das Atmen schwerfiel, zeichneten die Mode von damals aus. Es mussten schleunigst Kostüme für die radfahrende Frau her. Röcke wurden zur Rockhose geteilt und ein Hosenkostüm entworfen. Teil des Hosenkostüms waren Bloomers – bauschige Hosen, die an den Knöcheln zusammengebunden waren, oder Knickerbocker, die weniger voluminöse Variante, die unter dem Knie zusammengebunden wurde. Der Büstenhalter ersetzte das Korsett. Das Radkostüm war ursprünglich nur für das Radfahren gedacht – abseits des Rades galten die üblichen Kleidernormen. Immer mehr Frauen behielten ihre Hosenkostüme an, wenn sie die Fahrradfahrt beendet hatten. Und erregten damit einige Gemüter, aber erhielten auch Zuspruch und fanden Nachahmerinnen.[294]

Fake-News und Body-Shaming

Radfahren war für Frauen nicht verboten, aber es galt als verpönt, unmoralisch, unweiblich und alles andere als schicklich. Fahrradfahrende Frauen traten gegen geltende Sitten, Normen und Schönheitsideale in die Pedale. Um sie davon abzuhalten, wurden – wie wir heute sagen würden – Fake-News verbreitet: Radfahren mache unfruchtbar und verführe regelrecht zur Selbstbefriedigung.[295,296] Damals wie heute unterliegen Frauen bestimmten, sich verändernden Schönheitsnormen. Wer diese nicht erfüllt, wird abgestraft, abgewertet, gemobbt und ausgeschlossen. Die Reduzierung und negative Reaktionen auf das Äußere wird heutzutage unter dem englischen Begriff Body-Shaming zusammengefasst und kritisiert. Lessing zitiert in seinem Buch über die Kulturgeschichte des Fahrrads einen Autor der Zeitschrift *Jugend* aus dem Kaiserreich, der einiges über das 1896 vorherrschende Schönheits- und Körperideal verrät:

> *„Haben Sie jemals etwas Häßlicheres, etwas Gemeineres gesehen als ein mit puterrothem Gesicht, vom Staube entzündeten Augen und keuchenden Lungen auf dem Zweirade dahinrasendes Frauenzimmer? Ich nicht! Eine solche Erscheinung tritt nicht nur in ihre Pedale, sondern auch die primitivsten Grundgesetze der Ästhetik mit Füßen! Pfui Deibel! – mit Respekt zu sagen. Ist an solch einer Radfurie auch noch eine Linie schön? Etwa der krumme Rücken oder die nach der Hinterradseite weit und provokatorisch ausladende Sitzgelegenheit? Der größte Reiz des weiblichen Körpers ist sanfter Linienfluß, gefälli-*

ge Rundung! Aber das Radfahren macht unsere Frauen dürr und eckig, unweiblich außen und innen.“ Der Autor forderte Frauen auf, vom Rad abzusteigen, sonst hätte sie kein Recht mehr, sich *„das schöne zu heißen!*“[297]

Frauen auf dem Fahrrad widersetz(t)en sich Hohn und Spott in den Zeitungen und den Anfeindungen auf der Straße. Sie wussten sich zu wehren. Als eine Frau in Chicago von einem Herrn beleidigt wurde, weil sie Fahrrad fuhr und Bloomers trug, antwortete sie mit einem Kinnhaken, der mit Jubel und Applaus von den Schaulustigen belohnt wurde – die Gegebenheit fand sogar den Weg in eine Chicagoer Zeitung. Es gab also auch Zuspruch für fahrradfahrende Frauen. Der Diskurs wurde laut Petra Sturm zweiseitig geführt. Es gab jene Fraktion, die Frauen am Rad unterstützten, und jene, die das verurteilten, wie folgendes Beispiel zeigt: Als die Women‘s Rescue Leage in Chicago um Unterstützung für ein Gesetz warb, das den Frauen das Fahrradfahren per Gesetz verbieten sollte, war es ausgerechnet ein Pastor, der Partei ergriff. Er versicherte, dass das Radfahren der Mutterschaft und Ehe nicht schade und dass es genauso schön sei, eine Frau zu lieben, die Bloomers und eben keine langen Röcke trägt. So wie sich der Horizont der Männer auf dem Fahrrad bereits erweitert habe, solle sich der Horizont der Frauen nun vergrößern. Der Pastor war radikal genug, um auch das Frauenwahlrecht zu fordern.[298] Der Diskurs offenbart jedenfalls etwas über die vorherrschende Meinung und das Rollenbild der Frau und ihren zugewiesenen Platz. Der Platz der Frau war jener in der Familie als kümmernde Mutter und Ehefrau und nicht auf dem Sattel eines Fahrrads. Das Fahrrad bedrohte diese Ordnung. Gegen die traditionellen Erwartungen und die Vorzüge eines Fahrrads schrieb die Journalistin und Radfahrerin Ann Strong 1895 im *Minneapolis Tribune*:

„Ich sehe nicht ein, warum ein Fahrrad nicht ebenso gute Gesellschaft leisten kann wie die meisten Ehemänner nach zwei Jahren … Was die Gesundheit betrifft, bin ich sicher, dass eine Menge alter Maiden die

Ankunft des Fahrrads als kostbaren Ersatz für das Rezept manchen Arztes begrüßen werden: Wenn Sie nur heirateten und eine Familie zu versorgen hätten, wäre ihre Gesundheit in Ordnung! Man vergleiche doch mal das Rad in dieser Hinsicht mit einer Familie. Man kann sein Rad abends sauber machen, und es schleudert nie in der allerletzten Minute seine Schuhe weg oder schmiert sich nie mit Sirup voll. Wenn man fertig ist, kann man losfahren. Keine kleinen Ellbogen bohren sich einem in die Rippen – es gibt kein Motzen – kein Schreien vor Straßenbahnen oder Süßigkeitenläden. Ruhig gleitet man dahin, geschmeidig und schnell. Erheiterung und Nervenstärkung mischen sich mit der Würze der Gefahr, der Notwendigkeit, scharf zu beobachten, und der Aussicht auf Abenteuer. Was die Gesundheitsfrage angeht, ist also kein Vergleich zwischen Radfahren und der Ehe. Ein weiterer Vorzug des Fahrrads ist die Tatsache, dass man es immer loswerden kann, wann man nur will. Man kann es ins Haus rollen und in eine Ecke stellen, und da bleibt es. Es läuft einem weder nach noch will es ständig in den unmöglichsten Augenblicken betreut werden. Wenn es schäbig oder alt wird, kann man es versetzen und ein neues nehmen, ohne die ganze Gemeinde zu schockieren.“

(Veröffentlicht in Lessings „Das Fahrrad. Eine Kulturgeschichte“)

Frauen fuhren Rennen, gründeten Radfahrzeitschriften und Fahrradclubs und umrundeten die Welt, noch bevor das 19. Jahrhundert zu Ende ging. Die amerikanische Journalistin Anne Kopchovsky brach 1895 unter dem Namen Annie Londonderry zu einer Weltumrundung mit dem Fahrrad auf und kehrte nach 15 Monaten erfolgreich zurück. In den Zeitschriften *„Draisena. Ältestes Sportblatt der radfahrenden Damen“* (1895–1899) und *„Die Radlerin. Sportblatt der radfahrenden Damen Deutschlands und Österreich-Ungarn“* (1897–1899) ging es ausschließlich um das Thema Frauen am Fahrrad – in allen Facetten.[299] In Baden bei Wien wurde 1893 das erste österreichische Radrennen für Frauen ausgetragen.[300] Petra Sturm, die selbst begeisterte Radfahrerin im Alltag wie im Urlaub ist und ein

Faible für Vintage-Räder und -rennen hat, taucht in Archive, Museen und alten Zeitungen ein, um Zeugnisse von fahrradfahrenden Frauen zu finden. Schlicht und einfach deshalb, weil es in der Geschichtsschreibung über Radpionierinnen noch zu viele Lücken gibt. Frauen auf dem Fahrrad rüttelten an der alten Ordnung, zerrissen Kleidernormen und gewannen Unabhängigkeit und Freiheit. Statt zuhause zu bleiben und bewegungsarmer Handarbeit nachzugehen, fuhren sie raus, trafen sich mit Freund:innen, konnten sich den prüfenden Blicken der Familie entziehen und organisierten sich politisch. In Amerika und Großbritannien kämpften Frauen für Frauenrechte und das allgemeine Wahlrecht. Sie streikten, leisteten passiven wie aktiven Widerstand, störten Veranstaltungen, verteilten Flugblätter und vernetzten sich. Und bei all dem, war den Suffragetten, wie Frauen, die um das Wahlrecht kämpften, verächtlich genannt wurden, das Fahrrad behilflich.[301] Die amerikanische Frauenrechtlerin Susan B. Anthony fasste die Wirkungsmacht des Fahrrads 1896 mit ihrem viel zitierten Satz zusammen:

> *„Ich denke, das Fahrrad hat mehr dazu beigetragen, Frauen zu emanzipieren, als irgendetwas auf der Welt. Ich freue mich jedes Mal, wenn ich eine Frau auf einem Fahrrad vorbeifahren sehe. Es gibt ihr ein Gefühl der Selbständigkeit und Unabhängigkeit in dem Moment, in dem sie es tut."*

Dem stimmt die Wiener Künstlerin und Frauenrechtlerin Rosa Mayreder 1905 zu: „Das Bicycle hat zur Emanzipation von Frauen aus den höheren Gesellschaftsschichten mehr beigetragen als alle Bestrebungen der Frauenbewegung zusammengenommen."[302]

Verbandelt, verbündet, verboten. Frauen im Radsport

Anna Kiesenhofer ist 2021 in Tokio zu Olympiagold geradelt. Die damals 30-Jährige hat nach 100 Jahren für Österreich eine Goldmedaille im Straßenrennen nach Österreich geholt. Mit Mona Mitterwallner, Laura Stigger und Valentina Höll nehmen junge und selbstbewusste Mountainbikerinnen und Downhillerinnen aus Österreich die vorderen Plätze in der Weltrangliste ein.[303] Etwa gleich viele Frauen (6 Prozent) wie Männer (7 Prozent) nutzen im Alltag das Fahrrad als Verkehrsmittel. Also alles gut, Frauen und Männer sind auf dem Fahrrad gleichberechtigt, und zur männerdominierten Radszene haben wir schon längst Adieu gesagt? Mitnichten, weiß Petra Sturm bei unserem Treffen zu erzählen und verweist auf ihren Artikel im Magazin fahrstil. Heimat bist du großer Töchter?, aus dem in den nächsten Absätzen zitiert wird. Zuerst müssen wir, so die Radhistorikerin, zwischen Alltagsmobilität und Radsport unterscheiden.[304]

Radpionierinnen: Lücken erforschen

Die Journalistin und Radhistorikerin Petra Sturm ist in Salzburg aufgewachsen und schon als Jugendliche Rad gefahren: „Wenn du nicht mit dem Bus fährst, bist du mit dem Rad gefahren und damit ins nächste Dorf. Das hat deinen Aktionsradius erweitert." 2007 ist sie nach Wien gezogen, hier in der Stadt ist das Rad für sie „das perfekte Individualverkehrsmittel". Über Veranstaltungen wie die Critical Mass sei sie damals in das Thema Radfahren gekippt, erzählt die studierte Publizistin und Historikerin. „Als ich angefangen habe, zum Thema Frauen und Fahrrad zu recherchieren, habe ich festgestellt, dass die Wiener Radfahrgeschichte kaum aufgearbeitet ist." Sturm betreibt historische Primärquellenforschung. Sie durchforstet Archive, Matriken (Tauf-, Trauungs- und Sterbebücher) und Museen auf der Suche nach Radpionierinnen und radfahrenden Frauen. Die Suche sei gar nicht so einfach, wie sie anhand der Recherche zu Cenzi Flendrovsky schildert: „Ich wollte wissen, wie sie als Frau, die im 19. Jahrhundert Rad fährt, gelebt hat. Mit den Quellen, die ich hatte, und den Lücken, die es gibt. Gerade bei Frauen sind historische Recherchen schwierig. In den Matriken kannst du schauen, was du findest, aber das ist gerade bei Frauen schwierig, weil die oft bei ihren Vätern oder Ehemännern waren."

Elisabeth Steininger ist 37 Jahr alt, als sie das Radfahren lernt. Zwei Jahre später, 1893, gründet sie mit Vincencza Wenderich den Grazer Bicycle Club. Den Plan dafür schmiedeten die beiden auf einer „fröhlichen Radfahrt von Bruck nach Graz". Die Frauen organisierten Wanderfahrten in der Grazer Umgebung und Corsofahrten, auf denen sie für das Radfahren warben.[305] Der Grazer Bicycle Club sei der bekannteste, erzählt Petra Sturm, doch in jedem Bundesland schlossen sich Frauen zusammen, um gemeinsam Radzufahren. Im Jahr 1893 ging in Baden bei Wien das erste Österreichische Straßenrennen der Damen über die Bühne. Die Zeitschrift Radfahr-Sport berichtet 1896 von Herma Schredl, einer jungen Athletin, die „begreifliches Aufsehen in Radsportkreisen erregt hat". Und den Herren der Schöpfung alle Achtung abringt, „wenn wir auch über Damenwettfahrten unsere eigenen Ansichten haben". Herma Schredl blickt mit einem herausfordernden Gesicht aus der Zeitung. Das Kleid reicht ihr bis zu den Knien, die Arme stecken in ausladenden Puffärmeln. Über zehn Abzeichen trägt sie auf ihrer Brust. So sitzt die Athletin, die 1894 dem Wiener Neustädter Bicycleclub „Rapid" beigetreten ist, stolz auf ihrem Fahrrad. Im Artikel gesteht man Schredl zu, „die Haupterfordernisse für diesen Sport, Gewandtheit, Kraft und Ausdauer in seltenster Weise mit Eleganz und Schicklichkeit zu vereinigen".[306]

Sturm fasst zusammen, dass in der experimentellen Phase des Radfahrens, in der man alles ausprobiert hat, Frauen immer mit von der Partie waren und erst, als sich feste Verbände und professionelle Strukturen entwickelten, Frauen von ebendiesen ausgeschlossen wurden. Als ich mit Sturm über österreichische Radpionierinnen sprach, arbeitete sie gerade an einer Graphic Novel über Cenzi Flendrovsky. Ein Zufallsfund habe ihr Interesse an der Radpionierin geweckt, die mit Anfang zwanzig einem Radverein beigetreten ist und bald darauf Rennen bestritten und 1898 Österreich-Ungarn beim ersten Internationalen Damenrennen Deutschlands in Berlin

vertreten hat. Die Steine, die ihr in den Weg gelegt wurden, hat sie selbst aus dem Weg geschafft.[307,308] Im Magazin *fahrstil* resümiert sie über die vergangene und aktuelle Radsport-Welt: „Weiblichen Radsportlerinnen wurden seit Anbeginn Steine in den Weg gelegt. Launische Verbote, eingeschränkte Stimmrechte oder Mitgliedschaften, keine oder unqualifizierte Berichterstattung, alles belegt von den Anfängen des Rennradsports bis heute."
Um 1900 wurde Frauen die Teilnahme an offiziellen Rennen verboten. In Deutschland wurde das Verbot erst 1967 wieder aufgehoben.[309] In Österreich, erzählt Sturm, konnten erst 1990 die ersten offiziellen Damenrennen ausgetragen und damit Lizenzpunkte gesammelt werden. Gemessen haben sie sich davor in inoffiziellen Rennen. 1930 gewinnt Gretl Sirocky den inoffiziellen Frauenbewerb des ersten Wiener Höhenstraßenrennens. Ihr Bruder, der ebenfalls Rennen fuhr, ging in die Sportannalen ein. Sie nicht.[310] Offizielle Ren-

Elise Steininger, Vincenza Wenderich, Louise Sorg, Mitzi Albl, Louise Albl (v. l.) Abb. in: Beiblatt der Radfahrchronik zum „Radfahrhumor", Nr. 16, 1893, S. 539, Steiermärkische Landesbibliothek

nen blieben laut Historikerin Sturm lange unter der Bewusstseinsschwelle, weil über sie nur unzureichend berichtet wurde beziehungsweise wird. Keine gute Startposition für Frauen in Österreich am Weg zur professionellen Rennradsportlerin. Sturm schiebt nach: „Für Frauen fehlten professionelle Strukturen und Vereine, die sie fördern. Und das über Jahrzehnte. Dadurch sind Generationen von Rennradfahrerinnen weggefallen." Rennradfahren ist eine traditionelle Männerdomäne", betont Sturm und erklärt: „Frauen wollen die gleichen Touren, die gleichen Strecken fahren und darüber soll medial berichtet werden. Frauen wollen nicht länger nur Podiums-Girls sein!" Österreichische Radathletinnen wie Anna Kiesenhofer oder Alexandra Meixner stehen exemplarisch für das jahrzehntelange Versäumnis, Frauen im Rennradsport zu fördern. Meixner hält als Ultraradsportlerin unzählige Rekorde und hat als erste Österreicherin und eine von wenigen Frauen weltweit den Deca-Ultrathriatlon[311] absolviert. Wer in diesem Buch das erste Mal von ihr liest, hat den Beweis für die fehlende Berichterstattung über und Anerkennung der Ausnahmesportlerin, die in ihrem Brotberuf Frauenärztin ist und ihr Training in den Alltag integriert. „Einzelkämpfertum und Durchhaltevermögen brauchen Rennradsportlerinnen weltweit und in Österreich besonders.", schreibt Sturm im *fahrstil* und nennt strukturelle Gründe: Zwar konnten im inoffiziellen Vereinsbereich Wettfahrten ausgetragen werden, aber „Öffentlichkeit, Anerkennung und Förderung waren nicht vorgesehen, mediale Berichterstattung hing von der Willkür der (männlichen) Berichterstatter ab." Sturm beobachtet Veränderungen in der Branche, die durch die MeToo-Bewegung und jüngere Disziplinen wie Mountainbiken und Downhill auch im Radsport an Fahrt aufgenommen haben. Von einer Gleichstellung sei man aber noch weit entfernt, so seien Trainerinnen und Funktionärinnen nach wie vor in der Minderheit, Athletinnen werden nicht gleich bezahlt und bei den Sponsorenverträgen herrschen Doppelstandards. „Bei Frauen zahlt sich

vor allem Attraktivität aus", schreibt sie. Auch die mediale Berichterstattung hinkt hinterher und wirft ein Schlaglicht auf eine weitere Geschlechter-Baustelle: Nirgendwo sonst ist der Gender-Gap im Journalismus so groß wie in Sportredaktionen, wo der Frauenanteil gerade mal bei 10 Prozent liegt.
Einen weiteren Grund, warum sich Frauen lange nicht auf das Rennrad gesetzt haben, sieht die Radhistorikerin in den Vorurteilen und Zuschreibungen aus dem 19. Jahrhundert, die noch immer in den Köpfen vieler ihre Runden und Bahnen drehen. Rennradfahren galt lange Zeit als unweiblich. Das bestätigt mir auch Sieglinde, 55, aus Niederösterreich. In den 1990ern fing sie mit dem Rennradfahren an. Ihr damaliger Freund wollte sie davon abhalten und meinte, nur „schirche Frauen" würden Rennrad fahren. Als Historikerin weiß Sturm, dass es sich nicht schickte, aktiv zu sein oder sich im Wettbewerb mit anderen zu messen. „Ästhetik und Anmut entscheiden darüber, ob eine Sportart für Frauen gesellschaftlich akzeptabel war."[312] Diese falschen Vorstellungen und Zuschreibungen davon, was ein weiblicher Körper aushalte oder nicht, dass Radfahren zu gefährlich sei, würde auch heute noch Frauen vom Radfahren abhalten und dazu führen, dass sie sich weniger zutrauen. „Deshalb gibt es auch Vereine, in denen Frauen gemeinsam fahren. In der Gruppe lernt man das Rennradfahren und bei gemeinsamen Ausfahrten kommt man langsam über die eigenen Grenzen und erweitert sie", erzählt Sturm.
Jüngere Disziplinen wie Downhill und Mountainbike sind durchlässiger für Frauen, weiß Sturm und verweist auf Erkenntnisse aus der Sportwissenschaft. Junge Athletinnen wie Höll und Mitterwallner haben laut Sturm mit ihren Erfolgen schon viel bewegt und „sie räumen mit Vorurteilen auf, dass Frauen nicht so belastbar seien oder ihnen die Technik fehle". Im Hobby- und Freizeitbereich ziehen Frauen nach und steigen vermehrt auf das Rennrad und Mountainbike. Nun sollten auch im Profibereich die Strukturen geschaffen werden. Mit der

Ombudsstelle und Genderbeauftragten, die der Österreichische Radsportverband 2021 eingerichtet hat, sei man auf einem guten Weg, sagt Sturm.[313] Und was rät die Fahrrad-Enthusiastin Frauen, die den Umstieg auf den Sattel (noch) nicht gewagt haben? „Ich würde auf schönen Radwegen anfangen und das Rad mit in den Urlaub nehmen. So kommt man vielleicht über den Genuss hinein." Sie ist sich sicher, wer öfter mit dem Rad fährt, ist bald davon überzeugt, dass es das beste Individualverkehrsmittel ist. „Du kommst in ein Flow-Gefühl und hast die Möglichkeit, im eigenen Tempo zu fahren und dennoch Landschaft und Umgebung wahrzunehmen. Man tut der Umwelt was Gutes. Eigentlich tut man allen was Gutes."

Elisabeth, 42, wohnt in der hügeligen Südsteiermark und ist seit einigen Jahren in der Freizeit auf dem Rennrad unterwegs. Über die Erfahrungen, die sie als Frau am Rennrad gesammelt hat, erzählt sie mir am Telefon: „Mein Expartner wollte nicht, dass ich Rennrad fahre. Es sei zu riskant und die Gefahr, hinzufallen, zu groß. Als mein Ehemann und ich vor ein paar Jahren ein gemeinsames Hobby gesucht haben, hat er das Rennradfahren vorgeschlagen – dafür bin ich im ewig dankbar. Im ersten Jahr musste ich das Absteigen üben, und mir ist es ein paar Mal passiert, dass ich mit dem rechten Fuß aus dem Pedal ausgeklickt habe und mit links runtersteigen wollte. Das war mir auch peinlich, niemand will sich blamieren, aber jetzt ist das kein Thema mehr, und der Vorteil von Klickpedalen ist, dass du deine Kraft effizient nutzen kannst. Teilweise fühlen sich Männer bemüßigt, meine Leistung zu kommentieren. Als mein Mann und ich bei einem Benefiz-Marathon mitgefahren sind, bin ich beim zweiten Anstieg vorausgefahren, er hinter mir in meinem Windschatten. Da hat einer der anderen Teilnehmer, ich schätze, der war so um die 55 Jahre alt, gemeint: ‚Na schau, da fahrt ja die Frau voraus!' Es ist diese Verwunderung, die ich wahrnehme und die mich fast dazu veranlasst, mich rechtzufertigen, wenn ich als Frau mit dem Rennrad unterwegs bin. Ein anderes Mal hat mich bergab ein Rennradfahrer überholt und meinte: ‚Na, Bergab-Fahrerin bist aber keine!' Scheinbar muss ich als Frau meine Leistung von Männern beurteilen lassen. Dabei geht es mir nicht darum, mich mit anderen zu messen. Ich bin meine eigene Gegnerin, entscheide selbst, ob ich mich verbessern will oder nicht. Diese Leistungskommentare sollten sich Männer einfach sparen. Ich habe den Eindruck, dass es eine Männerdomäne ist. Dieses Jahr möchte ich mich daher verstärkt mit Frauen vernetzen und die Sichtbarkeit von Frauen am Rennrad erhöhen."

Interview: In bunten Kleidern Straßen erobern

Semar Gür ist Lehrerin, lebt in Izmir in der Türkei und ist 39 Jahre alt, als sie das Fahrradfahren lernt. Mit Freundinnen unternimmt sie am Wochenende Ausflüge und ist begeistert über die Unabhängigkeit und Freiheit, die ihr das Radfahren beschert. Stirnrunzeln bereitet ihr hingegen die Beobachtung, dass abgesehen von ihr und ihren Freundinnen nur Männer in engen Lycras und im Geschwindigkeitsrausch unterwegs waren. Mit ihrer damaligen Nachbarin Pinar Pinzuti zettelt sie 2013 eine Revolution der Fahrradkultur in der Türkei an. „Wir wollten das Fahrradfahren normalisieren. Das war eine Revolution in der Türkei", erzählt Pinzuti auf einem Blogbeitrag von Jobrad.[314] Zu dieser Zeit hat niemand in der Türkei das Fahrrad im Alltag genutzt, geschweige denn Frauen. Fahrradfahrende Frauen? Das passte nicht zu den Wertvorstellungen der politischen Elite, erzählt Pinzuti in einem Interview im Riffreporter: „Die Frauen sollten zu Hause bleiben, wenn sie schwanger sind. Sie sollten nicht laut lachen, keine Shorts tragen und einen Schritt hinter ihrem Mann gehen." Die Frauen, die Fahrrad fuhren, saßen am Rennrad oder Mountainbike. Im Alltag waren die Radaktivistinnen eine selten gesehene Ausnahme.[315] Sema Gür und Pinar Pinzuti riefen 2013 den Süslü Kadınlar Bisiklet Turu aus – den Fancy Women Bike Ride (FWBR), der seither in unzähligen Ländern und Städten weltweit jeden dritten Sonntag im September stattfindet. Damals, 2013, fuhr ein Pulk von 200 Frauen aufgebrezelt mit Hüten, Kleidern, Röcken und Blumenschmuck durch Izmir. Die Initiatorinnen zeigten: Wer an einem Sonntag in bunten, wallenden Kleidern und in High-Heels Radfahren kann, kann das auch in Jeans und Turnschuhen. Mit dem FWBR wollen sie so viele Frauen wie möglich auf das Fahrrad bringen, egal wie alt, ganz gleich, welcher gesellschaftlichen Schicht oder Religion sie angehören. Insbesondere hoffen sie jene anzusprechen, die (noch) nicht fahren können oder es seit ihrer Kindheit nicht mehr getan haben. „Denn Radfahren heißt Freiheit und Selbstbestimmung", unterstreicht Pinzuti die Bedeutung des Fahrrads im Interview mit *Jobrad*. Pinar Pinzuti wohnt mittlerweile in Mailand, Italien, und hat das Radfahren zu ihrem Beruf gemacht. Bei der Beratungsfirma Bikenomist hat sie sich den Titel „Cycling Brainwasher" erarbeitet und schreibt als Autorin für das Fahrradmagazin Bikeitalia, sie ist Mitglied beim Eurovelo-Rat und Direktorin der italienischen Fahrradtourismus Expo-Fair und findet per E-Mail Zeit, um Fragen zu beantworten:

Wie war der erste Fancy Women Bike Ride?

Die erste Ausfahrt haben wir als Social Bike Ride konzipiert. Wir wollten zeigen, dass es beim Radfahren auch um Alltagsmobilität geht. Unsere gemeinsame Ausfahrt ist deswegen das genaue Gegenteil eines Radrennens. Wir fahren so langsam wie möglich, tragen irgendwas Schickes („something fancy"). Und wir winken den Leuten, die an den Straßen stehen, zu. Das Event hat damals unglaubliche Resonanz in den lokalen und internationalen Medien erhalten und hat in der ganzen Welt Anhänger:innen gefunden.

Was hat sich seit dem ersten FWBR in Izmir getan? Gibt es hinsichtlich der Radinfrastruktur Verbesserungen?

Drei Jahre nach dem ersten FWBR hat der Bürgermeister einen autofreien Tag verkündet. Das Fahrrad kann in den öffentlichen Verkehrsmitteln kostenlos mitgenommen werden und die städtische Fähre ist für Radfahrer:innen gratis. Wir sehen diese Verbesserungen auch in den anderen 95 Städten in der Türkei, in denen der FWBR stattfindet.

Der FWBR ist mehr als eine Fahrraddemo in schicken Kleidern?
Er ist mittlerweile eine globale Bewegung, die ich gemeinsam mit Semar koordiniere. Wir schaffen Bewusstsein für das Radfahren, setzen uns für einen autofreien Tag ein und wir fordern mehr Platz im öffentlichen Raum, besonders im urbanen Gebiet.

Geschichten von Radler:innen – Teil 6

***Arnold, 46, Wien:** Wenn ich mit dem Rad zur Arbeit fahre, ist mein Hirn schon auf 100 Prozent und ich werde nicht erst langsam im Büro munter. Für mich ist das ein gemütliches In-den-Tag-Starten, man ist mit sich alleine und kann am Heimweg den Tag Revue passieren lassen. Hin und zurück sind es 35 Kilometer. Wenn es im Herbst oder Winter in der Früh regnet, fahre ich mit dem Auto meines Vaters oder mit den Öffentlichen. Da bin ich schon ein bisschen fauler geworden. Bis ich 2014 mit dem Mountainbiken angefangen habe, bin ich auch im Alltag nur hin und wieder gefahren. Aber dann bin ich da in diese Bike-Gruppe gerutscht. Was mir von Anfang an gefallen hat, waren die Technik und die Herausforderungen: Was kann das Material, was traue ich mir zu. Aber extrem gut gefällt mir einfach, dass ich in der Natur und in den Bergen bin. Da bist du stundenlang alleine oder mit ein paar wenigen Leuten unterwegs und hast einfach deine Ruhe. Das ist schon eine Art Freiheitsgefühl. Und du kommst halt mit dem Rad viel weiter als zu Fuß. Jedes Mal, wenn ich im Sattel sitze, ist das für mich die Zeit, die ich für mich habe.*

***Erich, 51, Mödling, Niederösterreich:** Was mich motiviert, auf das Mountainbike zu steigen, ist die soziale Komponente. Ich gehe praktisch nie allein radeln. Wir quatschen über dies und das, über Rad- und Fahrtechnik. Mit netten und dann auch noch gleichgesinnten Leuten beisammen zu sein, auch nach der Tour, ist mir das Wichtigste. Da nehme ich die körperliche Ertüchtigung einfach mit. Ich war nie jemand, der Spaß am Ausdauersport hat, kann mich aber quälen, und in der Gruppe fällt es viel leichter, wenn man quasi muss. Dass ich mich auch selbst challengen (herausfordern) kann, ist meine ganz persönliche, unsoziale Komponente, ein bissl Showing-off (Angeberei) ist da aber schon auch dabei. Ich habe Zeit meines Lebens Leistungssport betrieben, wo man sich gegen andere misst – das gibt Selbstbestätigung, aus der Haut komm ich nicht raus. Und beim Biken bin ich auf einem Level, wo man in meinem Alter noch recht leicht*

Fortschritte machen kann. Und man pusht sich natürlich gegenseitig, es bereitet mir Freude, wenn mir oder jemandem aus der Gruppe eine Stelle gelingt.

Franz, 76, Hitzendorf bei Graz: *Mein Arzt wollte mit Medikamenten meinen Bluthochdruck einstellen, aber ich habe gefragt, ob es nicht eine andere Möglichkeit gibt. Dann hat er gesagt: „Ja, dreimal in der Woche Kreislauftraining!“ Zuerst bin ich laufen gegangen, aber davon habe ich Knieprobleme bekommen. Ja, und deshalb habe ich mich auf das Rad gesetzt. Zuerst nach der Arbeit. Dann ist mir gekommen, ist das nicht blöd?! Ich fahre mit dem Auto in die Arbeit, komme nach Hause, um dann mit dem Rad im Kreis zu fahren?! Also habe ich angefangen, mit dem Rad zur Arbeit zu fahren. Pro Strecke ca. 17 Kilometer. Wo ich wohne, ist es sehr hügelig. Ich kam immer total verschwitzt in die Arbeit. Das war eine Zumutung, das hat sich nicht mit dem Büroalltag vertragen! Also habe ich mir ein E-Bike gekauft. Meine Frau fährt auch sehr gerne mit dem Fahrrad. Wir sind mit den Rädern und Kindern ins Waldviertel oder in den Seewinkel gefahren. Das waren unsere kleinen Sternfahrten, die Kinder im Kindersitz, die größeren konnten teilweise schon selber fahren. Als die Kinder größer waren, haben wir Mehrtagestouren gemacht. Da, wo es uns gefällt, wollten wir länger bleiben, und wenn es regnete, haben wir uns halt irgendwo untergestellt. Ich bin auch Gemeinderat und für den Verkehr zuständig. Viele wissen gar nicht, wie weit ihr Wohnort vom Zentrum entfernt ist, und haben den Bezug dazu verloren, wie lange man für 5 bis 10 Kilometer braucht. Nämlich eigentlich nicht lange. Ich will die Bevölkerung darauf aufmerksam machen, dass es gar nicht so schlimm ist, 5 bis 10 Kilometer mit dem Rad zu fahren. Früher war das Rad für mich ein Freizeitgerät, dann habe ich mit dem Radfahren meiner Gesundheit etwas Gutes getan. Meinen Blutdruck habe ich ein paar Jahre ohne Medikamente im Griff gehabt, jetzt brauche ich nur eine geringe Dosis – ob das daran liegt, dass ich viel mit dem Rad fahre, weiß ich nicht.*

Kapitel 6

Wirtschaftsfaktor Fahrrad

Reisen wir kurz zurück in den ersten pandemischen Frühling 2020. Der Alltag ist geprägt von Lockdown, Homeoffice und Homeschooling und überlasteten Krankenhäusern. In den Nachrichten werden die tagesaktuellen Zahlen zu Covid-Neuinfektionen, Genesenen, Getesteten und an oder mit Covid Gestorbenen rauf- und runtergebetet. Österreicher:innen horten Klopapier, vermehren Sauerteig und verlagern den Geburtstag der lieben Verwandten in den digitalen Raum. Kinos, Restaurants, Theater, Clubs und Vereine bleiben geschlossen. Plötzlich fallen viele Gelegenheiten weg, für die man für gewöhnlich ins Auto steigt. Viele Menschen, besonders in Städten, steigen plötzlich auf das Fahrrad, um überfüllte Busse, Straßenbahnen und Züge zu meiden. In Wien wurden kurzfristig Radwege – die sogenannten Pop-up-Radwege – installiert, damit die vielen Radfahrer:innen genügend Platz auf der Straße haben. Durch die Zeitungsblätter raschelt ein neues Signalwort, das ein Phänomen beschreiben soll, das sich schon seit einiger Zeit angekündigt hat: der Fahrradboom. Der Trend zum Fahrrad und speziell zum E-Bike zeichnete sich aber tatsächlich schon Jahre vor dem ersten Covid-Fall in Österreich ab, weiß der Verband der österreichischen Sportartikelerzeuger und Sportausrüster (VSSÖ) in einem Faktenblatt zur österreichischen Fahrradindustrie zu berichten. Nichtsdestotrotz waren 2020 etliche Fahrradgeschäfte leergekauft und noch mehr Radfahrer:innen brachten ihr altes Fahrrad in die Werkstatt. Es kam zur Überlastung der Werkstätten, zusätzlich fehlte es an Ersatz- und Zubehörteilen. Die starke Nachfrage traf auf Engpässe in den Lieferketten und Produktionsstätten. Fabriken in Asien, von wo der Großteil der Fahrräder und Zubehörteile stammt, konnten aufgrund der Co-

vid-Pandemie nicht in voller Auslastung produzieren. Das stößt einen neuen Trend auf dem Fahrradmarkt an: Immer mehr europäische und auch österreichische Fahrradhersteller verkünden, zumindest Teile der Produktion nach Europa zu verlagern.[316,317]
Das Fahrrad ist ökonomisch eine Goldgrube. Die wirtschaftliche Bedeutung des Fahrrads in Österreich wird aber oft unterschätzt. Aus dem Fahrrad entspinnt sich ein weitverzweigtes Wertschöpfungsnetzwerk über den Handel, die Industrie, den Tourismus, über Dienstleistungen, Vereine und Veranstaltungen. 2009 untersuchte das Umweltministerium erstmals die „positiven volkswirtschaftlichen Effekte der Radwirtschaft in konkreten Zahlen und Fakten". Aktualisierte Zahlen wurden im Frühjahr 2022 veröffentlicht: Seit 2009 hat sich die direkte und indirekte Bruttowertschöpfung[318] mit 2,6 Milliarden Euro mehr als verdoppelt. Werden die Einkommenseffekte in der nachgelagerten Wertschöpfungskette ebenfalls berücksichtigt, beträgt die Wertschöpfung in der österreichischen Radwirtschaft 2,9 Milliarden Euro pro Jahr. Die gesamtwirtschaftliche Bedeutung des Fahrrads ist damit so groß wie die der Telekommunikation und größer als jene der Papierindustrie. Hinzu kommt, dass jeder Euro, der in der Radwirtschaft erwirtschaftet wird, weitere 0,64 Euro „an Wertschöpfung in anderen Wirtschaftssektoren" auslöst. Am stärksten von der Fahrradwirtschaft profitiert der Radtourismus durch Beherbergung und Gastronomie mit 1,152 Milliarden Euro. 2019 waren 30.107 Personen unmittelbar in der Radwirtschaft beschäftigt, insgesamt arbeiten über 46.000 Personen in der Fahrrad-Branche. Damit sind im Wirtschaftssektor Fahrrad genauso viele Menschen beschäftigt wie in der Energieversorgung, ordnen die Studienautor:innen diese Zahlen ein und schlussfolgern, dass die Radwirtschaft „überdurchschnittlich beschäftigungsintensiv" sei. 1,03 Prozent aller Arbeitsplätze in Österreich hängen von der Radwirtschaft ab und „zwei Arbeitsplätze in der Radwirtschaft sichern einen weiteren Arbeitsplatz außerhalb der Radwirtschaft". In Tirol sind übrigens, in absoluten Zahlen, die meisten

Menschen in der Radwirtschaft beschäftigt, gefolgt von Kärnten, Salzburg und Oberösterreich.[319,320]
Wir springen ins Jahr 2021: 1 Milliarde Euro. Erstmals wurde in Österreich die Milliarden-Marke beim Umsatz mit Fahrrädern geknackt. In absoluten Zahlen wurden 490.394 Fahrräder verkauft, drei Viertel des Umsatzes (73 Prozent) erzielte man mit dem Verkauf von E-Bikes, wie aus einer Pressemeldung des VSSÖ hervorgeht. Bei E-Lastenrädern war der Anstieg besonders massiv: 2021 wurden über 2.200 E-Lastenräder verkauft, das entspricht einer Steigerung von 136,5 Prozent im Vergleich zu 2020. Die Österreicher:innen sind durchaus bereit, tief in die Tasche zu greifen, wenn es um das Gefährt auf zwei Rädern geht. Der Durchschnittspreis eines E-Bikes lag 2021 bei 3.410 Euro, im Jahr zuvor blätterte man noch rund 3.012 Euro für ein motorisiertes Fahrrad hin. Für ein Fahrrad ohne Elektromotor gaben Radfahrer:innen 2021 durchschnittlich 1.200 Euro aus. Insgesamt ist der Durchschnittspreis aller Fahrräder von 2015 mit 780 Euro auf 2.095 Euro im Jahr 2021 gestiegen. „Diese Zahlen", berichtet Michael Nendwich, Sprecher des Sportartikelhandels in der Wirtschaftskammer Österreich, „belegen, dass das Fahrrad als Wirtschaftskraft nicht mehr zu übersehen ist." Und weist darauf hin, dass die Branche noch mehr hätte verkaufen können, wenn die nachgefragten Fahrräder lieferbar gewesen wären.[321,322] 2022 verzeichnet die Fahrradbranche erneut ein Absatz- und Umsatzplus, insgesamt wurden 506.000 Fahrräder verkauft. Mit 1,39 Milliarden Euro konnte der Umsatz um 36 Prozent gesteigert werden. Auch die Preise klettern weiter nach oben: Für ein E-Bike bezahlte man im Durchschnitt rund 4.200 Euro, ein Rad ohne E-Antrieb kam durchschnittlich auf 1.700 Euro, Kinder- und Jugendfahrräder lagen bei 470 Euro.
Der VSSÖ führt den Umsatzzuwachs auf die E-Bike-Verkäufe zurück – mit 1,03 Milliarden Euro wurden 2022 erneut drei Viertel des Umsatzes mit E-Bikes erzielt und so viel wie 2021 in der gesamten Fahrradbranche. Treiber der E-Bike-Verkäufe sind laut VSSÖ

steuerliche Vergünstigungen für Dienstfahrräder (mehr dazu später). Der Sprecher der ARGE Fahrrad und CEO des Radhändlers „Thalinger Lange", Hans-Jürgen Schoder, in einer Pressemeldung dazu: „Ein Blick auf Deutschland, wo Dienstfahrräder schon sehr viel verbreiteter sind, verrät uns aber, dass das Potenzial beim Fachhandel noch viel größer ist. Mit den richtigen Fördermaßnahmen und einem Ausbau der Radinfrastruktur können noch viel mehr Bevölkerungsschichten in Österreich das Radfahren für sich entdecken."[323] Die Verkaufszahlen der (E-)Lastenräder schießen weiterhin in die Höhe. Im Vergleich zu 2021 haben sich die Verkaufszahlen erneut verdoppelt.[324]

Fahrrad made in Austria

Fahrräder wachsen nicht auf Bäumen, auch wenn sie in den vergangenen Jahren wie Schwammerln aus dem Boden geschossen sind. Das Fahrrad als Fortbewegungsmittel, Freizeitbegleiter und Sport-Buddy, wird stark mit dem Klima- und Umweltschutzgedanken verknüpft. Dass bei der Herstellung Rohstoffe, Wasser, Energie verbraucht werden und wie hoch der berechnete CO_2-Ausstoß eines Fahrrads pro gefahrenem Kilometer ausfällt, ist im Kapitel Klima angeführt. Bevor sich die neuen besitzenden Hintern über den bequemen oder knackig-sportiven Sattel freuen, reisen die Fahrräder und ihre Bestandteile um die halbe Welt. Fast die Hälfte der nicht motorisierten Fahrräder, die durch Österreichs Straßen und Wälder rollen – oder im Keller oder in der Garage ein vernachlässigtes, einsames und trauriges Dasein fristen –, wurde 2022 aus Kambodscha (46 Prozent) importiert. Danach folgen Deutschland mit 14 Prozent und Tschechien mit 8 Prozent. Bangladesch landet auf dem 4., China auf dem 5. und Taiwan auf dem 6. Platz der Importländer.[325] Dass die Räder aus Deutschland und aus Tschechien importiert wurden, heißt nicht, dass sie dort auch hergestellt werden – aber dazu später.

Der Preisverfall des Fahrrads um 1900 führte vielerorts dazu, auch in Österreich, dass Fahrradmanufakturen schließen mussten. In Friedenszeiten stellten Waffenproduzenten Räder her, um die leerstehenden Kapazitäten zu nutzen, so auch die „Österreichische Waffenfabriks-Gesellschaft" (ÖWG) im oberösterreichischen Steyr, aus deren Fabrik das Waffenrad rollte. 1925 in Steyr Werke AG umgewandelt, erfolgte 1934 die Fusion zur Steyr-Daimler-Puch AG und die Radproduktion wurde nach Graz verlagert, wo bis Ende der 1980er die Puch-Räder hergestellt wurden. Seit 2012 werden unter der Marke Puch wieder E-Bikes und Fahrräder verkauft.[326,327,328] Heute zählen KTM-Bike, Simplon und die Kinderfahrräder Woom zu den bekanntesten Fahrradherstellern in Österreich. Was bedeutet es, wenn Fahrräder made in Austria sind? Christoph Berger-Schauer ist Herausgeber des Mountainbike-Magazins *Lines* und kennt die Fahrradbranche. Bei ihm frage ich als Erstes nach. „Das Herzstück eines Fahrrads, der Rahmen, kommt nie aus Österreich. Die Produktionsmöglichkeiten und das Fertigungs-Know-how hat man zu großen Teilen gar nicht mehr in Europa." Um die Wertschöpfung in die Firma und nach Österreich zu verlagern und die Qualitätskontrolle zu erleichtern, bauen einige Firmen die Komponenten in Österreich zum Rad zusammen, weiß Berger-Schauer. Das sei gängige Praxis und erleichtere zudem die Qualitätskontrolle. „Die kriegen quasi den ‚nackerten Rahmen' und bauen dann vor Ort das Rad zusammen." Auch er sieht seit der Pandemie eine Kehrtwende: „Viele Hersteller versuchen, ihre Rahmenproduktionen nach Europa zu verlagern. Portugal positioniert sich gerade ganz stark." Dass in Europa immer mehr Fahrräder montiert werden, zu diesem Schluss kommt auch Martin Ciupek, Ressortleiter „Produktion & Umwelt" bei VDI Nachrichten in seinem Artikel über die europäische Fahrradproduktion. Kapazitäten in der Teileproduktion werden ausgebaut und in Portugal, woher die meisten in Europa produzierten Rahmen stammen, werden fleißig Fertigungsanlagen gebaut.[329] Die Bereitschaft der Kund:innen, immer höhere Preise zu bezahlen, mache etwas mit der Fahrradbranche, erklärt Berger-Schauer: „Die Hersteller und die Händler expandieren wie noch nie. Viele Radhändler bauen Hallen, als wären sie Autoverkäufer." Diese Beobachtung bestätigt auch der VSSÖ in der Pressemitteilung im Frühjahr 2023: Aus einer brancheninternen Umfrage geht hervor, dass die Hälfte der Verbandsmitglieder für dieses oder kommendes Jahr Investitionen tätigen wollen, davon planen 20 Prozent die Werkstätten und 19 Prozent die Verkaufsflächen auszubauen.[330]

Simplon produziert Mountainbikes, E-Bikes, Trekking- und Rennräder. Das Unternehmen mit Sitz am Bodensee in Hard wirbt mit dem Slogan „Born and raised in Austria". Was das genau heißt, verrät eine Verlautbarung in den Medien Anfang des Jahres 2023: Das Unternehmen will „wichtige Teile der Produktion" nach Europa zurückholen – etwa das Lackieren der Fahrräder. Seit 2022 testet das Unternehmen die Lackierung der in China produzierten Rahmen in Portugal und Bulgarien. Schrittweise soll dorthin auch der Rahmenbau verlagert werden. Künftig ist geplant, zwei Radmodelle anzubieten, deren Rahmen in Europa gebaut und lackiert werden. Was bedeutet also „Born and raised in Austria"? In einem Telefonat erklärt mir Alex Steurer, Forschungs- und Entwicklungsexperte bei Simplon, dass Rahmen und Teile aus Asien bezogen und in Vorarlberg zu Rädern zusammengebaut werden. Ein Großteil der Wertschöpfung finde hier statt.[331]

Woom wurde 2013 gegründet. Innerhalb von zehn Jahren stieg das in einer Wiener Garage gegründete Unternehmen zum international erfolgreichen Kinderfahrradhersteller auf – allein in Österreich liegt der Marktanteil bei Kinderfahrrädern bei 44 Prozent. Das Kinderrad aus Österreich wird nicht im Land der Berge produziert. Erst in den vergangenen Jahren verlagerte das Unternehmen Teile der Produktion von Asien nach Polen. 2021 wurden nach eigenen Angaben 115.000 Fahrräder – und damit fast die Hälfte der Gesamtproduktion – in Polen produziert. Für den europäischen Markt, verrät Belinda Ableitinger von Woom, werden die Räder in zwei Partnerfabriken in Polen „zusammengeschraubt“, der Rest in Vietnam, Bangladesch, Kambodscha und Polen. Für den nordamerikanischen Markt ist eine Produktion in Mexiko denkbar. Man möchte, so auf der Website des Herstellers, die Produktionsstätten „möglichst nahe an den Absatzmärkten“ wissen. Das Risiko von Lieferengpässen soll dadurch reduziert und Lieferketten klimafreundlicher gestaltet werden.[332,333] KTM-Bike ist Österreichs größter Fahrradhersteller und hat rund 1.000 Beschäftigte – rund 600 davon in Mattighofen, Oberösterreich. Während die E-Bikes in Österreich produziert – also zusammengebaut – werden, fertigt man die unmotorisierten Fahrräder in Tschechien.[334,335] Einen Drahtesel aus österreichischem Holz produzieren My Esel. Ein Unternehmen in Traun, Oberösterreich, das einen anderen, man könnte gewillt sein zu schreiben, radikaleren Weg der Nachhaltigkeit einschlägt. Im Sortiment finden sich Stadträder, Trekking- und Rennräder, deren Rahmen aus Holz besteht.[336] Geero, ein steirisches Unternehmen, das urbane E-Bike-Flitzer herstellt, wirbt damit, dass die Räder mit „Herz und Hirn in Österreich gefertigt“ sind. Die Rahmen werden auf Nachfrage in einer Partnerfirma in Shanghai, China, produziert. Die Beschichtung und Verarbeitung der Rahmen erfolgen in der Steiermark.[337]

Interview: Auf dem neuesten und ältesten Stand

Mit NOX Cycles und Glanzrad stecken zwei sehr unterschiedliche Fahrradhersteller Pinnadeln in die Landkarte der österreichischen Fahrradproduzenten. Auf der einen Seite Glanzrad. Eine, in Selbstbeschreibung „winzige“ Manufaktur, in der jährlich etwa 800 Räder für den Alltagsgebrauch zusammengeschraubt werden, deren Geschäftsführer Thomas Glanz von E-Bikes nichts wissen möchte und die Räder in einem Interview mit Autos der Marke Škoda vergleicht: Nicht zum Angeben, aber auch nicht zum Genieren. Massentauglich eben. Auf der anderen Seite

NOX Cycles. Anfang der 2000er Jahre in Berlin gegründet, produziert das Unternehmen seit 2015 ausschließlich hochwertige E-Mountainbikes für die „finanzstarke Klientel", wie operativer Geschäftsführer und Produktmanager Igor Mlinar verrät. Gebaut werden die Räder in Tirol.

Glanzrad

Die Rahmen für die Glanzrad-Räder stammen aus Italien, der Slowakei und zu einem geringen Teil aus Asien. Warum war es Ihnen wichtig, elementare Bestandteile in Europa zu produzieren?

Wir sind ein kleines Unternehmen. Für mich war es einfacher und sicherer, mit meinem Investment in Europa zu bleiben. Ich habe am Anfang nächtelang recherchiert, habe Messen besucht, Kontakte geknüpft, um Firmen zu finden, die kleine Stückzahlen produzieren. Ich wollte 50 Stück von einem Rahmentyp und nicht 100, 1.000 oder 10.000 Stück fertigen lassen. Unsere Sättel werden in Italien vom Ferdinando, der geht wahrscheinlich schon auf die 80 zu, und seinem Sohn in Handarbeit hergestellt. Als ich ihn kennengelernt habe, hatte er noch nicht mal eine E-Mail-Adresse, geschweige denn eine Website – die hat er noch immer nicht. Die Stahlrahmen aus Italien stellt Patricia her – sie hat die Fabrik von ihrem Vater übernommen. Wir reden mit Hand und Fuß und Google-Übersetzer. Mir taugt es einfach, selbst hinzufahren und zu sehen: Das wird wirklich vor Ort produziert und nicht ausgelagert. In den vergangenen eineinhalb Jahren habe ich 1.000 Rahmen in Italien fertigen lassen.

Mit welchen Schwierigkeiten hat man als winzige Manufaktur zu kämpfen?

Als kleiner Hersteller muss ich mich immer hinten anstellen, ganz gleich, ob ich beim Großhändler bestelle oder die Rahmen in der Slowakei lackieren lasse. Gerade sind aber Kapazitäten frei. Letztens habe ich 100 Reifen innerhalb von wenigen Tagen geliefert bekommen – eine Menge, die ich mich früher nicht mal getraut hätte, zu bestellen.

Vor einiger Zeit noch wurden Anfragen, wenn überhaupt, erst nach Wochen beantwortet. Während der Lieferengpässe hast du als kleiner Händler fast nichts oder nur zu überhöhten Preisen bekommen.

Konstruiert Glanzrad die Räder selbst?
Ja, und zwar ohne Computer. Wir haben klassische Rahmenformen. Ich überlege die Grundgeometrie, den Radstand und den Sitzrohrwinkel und welchen Abstand es vom Sattelrohr zum Steuerrohr braucht. Dann ist es eh schon vorbei. Wenn das Rad fahrbar sein und nicht zusammenbrechen soll, dann kann ich nicht viel variieren. Wir sind da sehr simpel. Ich hole die Rahmen meistens selbst in Italien ab und bringe sie zum Lackieren in die Slowakei. Wir sind eine Handvoll Leute, die ganz schön reinhackelt und im Jahr zirka 800 Räder zusammenbaut – aber nicht am Fließband, es soll ja auch Spaß machen. Aufgebaut werden die Räder entweder direkt in unseren Filialen in Graz oder Wien oder in Niederösterreich. Dort haben wir uns in eine alte Halle eingemietet – 500 m^2, wetterfest, stabil und aus Holz. Da schrauben wir unsere Räder zusammen, die genauso funktionieren wie vor 100 Jahren, das fasziniert mich.

Ist die weitestgehende Produktion in Europa ein Kaufmotiv?
Für die, die bei uns ein Fahrrad kaufen, jedenfalls. Wenn uns wer fragt, warum wir nicht in Österreich produzieren, muss ich antworten, dass wir das nicht können. Ich hätte zum Beispiel gerne in Österreich lackiert, würde aber das Fünffache dafür bezahlen – und das zahlt mir am Ende niemand für ein Fahrrad.

Der Durchschnittspreis eines herkömmlichen Fahrrads lag 2021 bei über 1.200 Euro. Ihre Räder liegen um einige Hundert Euro darunter. Wie ist das trotz Herstellung in Europa möglich?
Für die einen ist es günstig, die anderen wollen nicht so viel Geld ausgeben. Du kannst ein Fahrrad mit unterschiedlichen Komponen-

ten bestücken, wir wollen Räder für die Stadt machen, die alltagstauglich sind. Unsere Räder halten schon was aus, ich bin mit einem unserer Modelle von Wien bis ans Nordkap geradelt. Stell dir vor, du wärst nicht mit deinem alten Puch-Rad, sondern mit einem 3.000-Euro-Rad hierhergefahren. Na, dann könntest du nicht in Ruhe den Kaffee genießen, sondern würdest ständig rausschauen und dir denken: „Na, um Gottes willen, hoffentlich stiehlt mir niemand das Radl!" Wäre ich in der Autobranche und müsste mich einreihen, wären unsere Räder wahrscheinlich in der Škoda-Riege – für die breite Masse, nichts zum Angeben, aber ein Gebrauchsgegenstand für den Alltag, für den man sich nicht genieren muss.

Wie haben Sie den Fahrradboom erlebt?

Für mich war es eher eine Verschiebung der Nachfrage als ein Fahrradboom. Die meisten kaufen die Räder im Februar, März und April, manche im Sommer und einige, die auf Schnäppchenjagd sind, im Herbst. Das hat sich 2020 verschoben. Zufällig ist der erste Lockdown in den Frühling gefallen und da wollten plötzlich alle ein Fahrrad kaufen – die, die im Sommer oder Herbst geplant hatten, eines zu kaufen, wollten nicht mehr warten.

2021 waren drei Viertel aller verkauften Fahrräder in Österreich E-Bikes. Warum haben Sie keine motorisierten Fahrräder?

Mich persönlich würde das E-Bike einschränken, weil ich eine Steckdose brauche und meine Reichweite auf die Akkuleistung begrenzt ist. Auf meiner Reise ans Nordkap wäre mir die Suche nach einer Steckdose auf die Nerven gegangen. Und vom wirtschaftlichen Aspekt rechnet es sich einfach nicht für mich. Als kleiner Unternehmer kann ich mir Forschung und Innovation nicht leisten und würde beim technischen Fortschritt immer weit hinterherhinken und große Anbieter kopieren – und zwar schlecht. Das wäre ungefähr so, wenn ich jetzt ein Handy rausbringe und sage: „Schau, das ist so toll, mit dem kannst du jetzt ins Internet gehen!" Da hört dir ja gar niemand mehr zu. (lacht) Und mich fasziniert es, wie weit man allein durch Muskelkraft kommt.

NOX Cycles

Fahrräder, die im Zillertal produziert werden: Was genau heißt das, was passiert im Zillertal?

Im Zillertal findet die Endfertigung statt. Ich sitze hier im Büro im Zillertal. Zwei Räume weiter werden fast all unsere Räder in einer Einzelplatzfertigung zusammengebaut. Das heißt, wir haben keine Produktionsstraße, sondern ein Mitarbeiter baut ein Fahrrad komplett auf. Wir entwickeln in Deutschland und Österreich. Insgesamt sind wir in etwa 30 Leute, die in der Entwicklung arbeiten, sich um den Vertrieb und das Marketing kümmern und die Fahrräder aufbauen. Als ich 2018 hier angefangen habe, haben wir im Jahr ein paar hundert Räder gefertigt, jetzt sind es über 4.000. Wir sind eine gute Mischung aus ambitionierten Fanatikern und brutalen Enthusiasten.

Aus welchen Ländern kommen die Rahmen und Komponenten, die dann im Zillertal zum Fahrrad zusammengeschraubt werden?

Unsere Felgen und Reifen sind aus Europa, die Carbonrahmen lassen wir in Portugal herstellen. Die meisten Teile sowie unsere Alurahmen kommen aus Taiwan. Die Insel hat sich in den vergangenen 40 Jahren als die High-End-Schmiede für Fahrradkomponenten und Rahmenbau etabliert. Die haben nicht nur die Kapazitäten, sondern auch das Know-how. Ich würde sagen, 60 Prozent beziehen wir aus Taiwan, den Rest aus Europa.

Warum kommen nicht alle Komponenten aus Europa?

Die 100-Prozent-Europa-Lösung würde es geben, aber dann wären viele Komponenten am Fahrrad verbaut, die dir als Mountainbikerin wenig Zuverlässigkeit, Haltbarkeit und Performance bieten. Ein Basic-Bike würde vielleicht funktionieren, aber wir sind im High-

End-Bereich. Und es ist klarerweise auch eine Preisfrage. Ich habe mit Tiroler Firmen geredet, als es darum ging, Rahmen zu schweißen. Rein technisch wäre alles möglich, aber wenn erst die Werkzeuge angeschafft werden müssen, die sich im siebenstelligen Bereich befinden, naja, das wird dann unrentabel.

Bei einem der E-MTBs hat es dann doch geklappt – laut Eigenangaben wird es gänzlich in Europa entwickelt und produziert.
Das Wort nachhaltig, das ist abgedroschen. (pausiert und lacht) Wäh! Aber das Rad ist tatsächlich eines der Nachhaltigsten, weil wir die Lieferketten so kurz wie möglich halten und nach europäischen Umweltstandards und Arbeitsrecht produzieren. Wir wollten unter anderem ein Exempel statuieren, dass es möglich ist, ein Fahrrad komplett in Europa herzustellen. Die Carbonbauteile für den Rahmen, also Kettenstrebe, Sitzstrebe und Hauptrahmen, sind aus Portugal. Die Aluminium-Frästeile, die in Tirol beschichtet werden, sind aus Bayern. In Bayern lassen wir die Teile lackieren, aufgebaut wird das Rad dann hier im Zillertal.

Und der Akku, Motor und Federgabel, woher stammen diese Teile?
Unsere Akkus und Motoren bekommen wir von deutschen Herstellern, die wir auf unserer Website veröffentlichen. Die Zellen für die Akkus und die Elektronik, da bin ich mir sicher, kommen zwar überwiegend aus Asien, aber die Endfertigung findet in Europa statt. Federgabel und Dämpfer sind von Fox. Das ist eine amerikanische Firma, die lange in Amerika produziert hat, bis sie draufgekommen ist, dass die Taiwanesen das richtig gut können.

Was unterscheidet die Fertigung in Europa von jener in Asien?
Es ist ein Kraftakt sondergleichen, in Europa zu produzieren. Hier muss das Know-how erst aufgebaut werden. Nach Asien kann ich einfach 3D-Daten eines Fahrradrahmens schicken und bekomme inner-

halb eines Jahres einen lackierten und zusammengebauten Rahmen. Allerdings nie so exakt gefertigt wie in Europa. Wenn Werkzeuge für das Rad erforderlich sind, werden die gebaut. In Europa muss ich mich um diese Sachen selber kümmern. Als wir vor etwa zweieinhalb Jahren den Grundgedanken gefasst haben, einen Rahmen in Europa herzustellen, haben wir mit vielen potenziellen Fabrikanten geredet. Geworden sind es die Portugiesen. Wir haben ganz viel voneinander gelernt und sie kommen jetzt langsam an einen Punkt, an dem wir nicht mehr jede einzelne Schraube organisieren müssen, sondern den Rahmen für die weitere Verarbeitung geliefert bekommen. Mit der Produktion in Portugal haben wir nicht nur europäische Arbeits- und Umweltstandards, sondern auch kürzere Transportwege.

Wie sieht es mit Arbeits- und Umweltstandards in den taiwanesischen Fabriken aus, in denen produziert wird?
Bis zur Pandemie war ich viel in Taiwan. Es war uns wichtig, die Arbeits- und Umweltbedingungen vor Ort anzusehen – die gehen schon Richtung europäischer Standards. Für unsere Factory lege ich die Hand ins Feuer. Das sind richtig gute Leute. Carbonrahmen produzieren sie mittlerweile nicht mehr, weil sie preislich nicht mehr mit anderen südasiatischen und südostasiatischen Ländern mithalten können, aber bei Aluminiumrahmen sind sie eine Instanz.

Immer mehr Radhersteller wollen Teile ihrer Produktion nach Europa verlegen, was steckt dahinter?
Viele Firmen, die in China, Kambodscha, Vietnam oder Laos produzieren, merken, dass die Lieferkette extrem fragil wird. Ich denke, für viele ist es eine ökonomische Entscheidung. Ich habe kein Problem mit China, aber geopolitisch ist das schwierig. Man weiß nicht, was in fünf Jahren sein wird. Alle da draußen streiten, was ist mit denen?! Da ist es halt cool, wenn ich meine Hersteller so close wie möglich habe.

Weltweite und europäische Produktion

2022 wurden weltweit 155.195.140 Fahrräder produziert. Auf der Website Worldometer wird die Zahl der weltweit produzierten Räder in Echtzeit ausgegeben – der Zähler springt schneller, als ich tippen kann. Für diese Schätzung ziehen die Autor:innen Statistiken von *Bicycle Retailer and Industry News*, vom Bicycle Market Research Institute sowie weitere Quellen wie Eurostat heran. Hier wird China als größter Produzent ausgewiesen, dahinter folgt Indien, an dritter Stelle die Europäische Union, danach Taiwan und schließlich Japan. Bis in die 1960er wurden übrigens fast genauso viele Autos wie Fahrräder produziert – mittlerweile übersteigt die Anzahl der jährlich produzierten Fahrräder jene der hergestellten Autos um ein Vielfaches.[338] 2021 wurden in der EU 13,5 Millionen unmotorisierte Fahrräder hergestellt, um 11 Prozent mehr als 2020. In Portugal wurden mit 2,9 Millionen Einheiten die meisten Fahrräder produziert, gefolgt von Rumänien (2,5 Millionen), Italien (1,9 Millionen), Deutschland (1,4 Millionen) und Polen (1,2 Millionen). Die Zahlen stammen von Eurostat, nicht weiter definiert ist, was unter Produktion zu verstehen ist – ob damit die Herstellung der Komponenten oder die Montage der Komponenten zu einem Fahrrad gemeint ist. 2021 exportierte die Europäische Union 1,5 Millionen unmotorisierte Fahrräder und 315.000 E-Bikes im Gesamtwert von 921 Millionen Euro. Die wichtigsten Zielländer sind das Vereinigte Königreich und die Schweiz. Demgegenüber stehen Importe von Fahrrädern und E-Bikes im Wert von 1,9 Milliarden Euro. Ein Großteil der unmotorisierten Räder werden aus Kambodscha (27 Prozent), Taiwan (26 Prozent) und China (10 Prozent) importiert. Danach folgen Bangladesch (8 Prozent) und die Türkei (5 Prozent). Mehr als die Hälfte der E-Bikes, die in die EU importiert werden, stammen aus Taiwan (57 Prozent), weit abgeschlagen folgen die Schweiz (13 Prozent), Vietnam (11 Prozent), China (7 Prozent) und die Türkei (6 Prozent).[339]

Arbeitsbedingungen in einer Fahrradfabrik in Kambodscha
Der Journalist Zacharias Zacharakis recherchierte zu Arbeitsbedingungen in den Fahrradfabriken Kambodschas. Von dem knapp 17-Millionen-Einwohner:innen-Staat in Südostasien werden die meisten Fahrräder in die E U– und auch nach Österreich – importiert. Sein Urteil: mserabel. Er sprach mit Arbeiter:innen vor Ort, unter anderem mit Kim. An sechs Tagen die Woche biegt er Aluminiumrohre zurecht, im nächsten Schritt schweißt sie ein anderer Arbeiter zum Rahmen zusammen. Dafür erhält Kim den Mindestlohn – fünfeinhalb Euro am Tag – und eine geringe Zulage. Das Geld deckt kaum die Lebenshaltungskosten. Mit seiner Frau und seinem kleinen Sohn wohnt er bei den Schwiegereltern. Ein Schweißer klagt über befristete Verträge und Produktionsdruck. 50 Rahmen müssen er und sein Team in der Stunde produzieren – dass sei bei komplexen Konstruktionen einfach nicht zu schaffen. Die Konsequenz? Die Arbeiter:innen hängen ständig hinterher, die fehlenden Rahmen müssen in den ohnehin knappen Pausen produziert werden, oft bleibe nicht einmal Zeit, um auf die Toilette zu gehen. Unter den Wellblechdächern der Fabrik staut sich die Hitze, genügend sauberes Trinkwasser ist Mangelware. „Das ist Arbeit bis zur totalen Erschöpfung“, fasst der Arbeiter zusammen.[340]

Ressourcenschonend und sicher: gebrauchte Räder

Es muss nicht immer ein neues Fahrrad sein. Gerade für den Alltagsgebrauch, für Kurzstrecken oder wenn man erst mit dem Fahrradfahren beginnt, eignen sich gebrauchte Fahrräder ganz hervorragend – unabhängig der bevorzugten Disziplin. Damit spart man CO_2 und Geld. Seit über zehn Jahren ist das Fahrrad mein ständiger Begleiter und Verkehrsmittel erster Wahl. Es braucht nicht immer ein neues Rad, um damit Abenteuer zu erleben, zu reisen, in die Arbeit zu fahren und den Alltag zu erledigen. Auf der österreichischen Plattform willhaben.at warten über 25.000 Räder auf neue Besitzer:innen, auch Bekleidung, Helme, Anhänger und sonstiges Zubehör und Ersatzteile können erworben werden. Mittlerweile kann auch schon das alte Rad aus der Garage oder vom Flohmarkt zum E-Bike umgebaut werden. Die meisten erhältlichen Sets bestehen aus Motor, Akku, Tretlager und Ladegerät.[341]

Klimafreundliche Mobilität im Urlaub

Die Austro-Musiker Wolfgang Ambros und Georg Danzer besingen 1976 das Skifahren, es sei das Schönste, was man sich nur vorstellen kann. Die „Ski-Nation" Österreich hat damit ihre inoffizielle Hymne: „Skifoan, des is des Leiwandste, wos ma sich nur vurstelln kann." An dieser Stelle ist es Zeit für eine längst überfällige Lobeshymne auf das Fahrrad. Es ist Transport- und Fortbewegungsmittel, Sportgerät, Reiseuntersatz und identitätsstiftend. Das Fahrrad beschert uns einst wie heute Unabhängigkeit, Gesundheit und Mobilität auf zwei Rädern. Wir nutzen es im Alltag, um von A nach B zu kommen, schlagen auf dem Rennrad unsere eigene Bestzeit, verschieben auf dem Mountainbiken eigene Grenzen und überwinden Ängste. Wir bringen unsere Kinder, Neffen und Nichten in den Kindergarten, liefern Einkäufe, Medikamente, Laborproben und Pakete aus und erledigen sogar Umzüge mit dem Fahrrad. Und wir reisen mit dem Fahrrad oder machen Fahrradurlaube. In Österreich profitiert der Radtourismus am meisten von der Fahrradwirtschaft. 2019 wurden 1,152 Milliarden Euro erwirtschaftet, danach folgt der Einzelhandel mit 221,2 Millionen Euro, die Herstellung von Fahrrädern schlägt mit 126,5 Millionen Euro zu Buche, und an letzte Stelle reihen sich die Dienstleistungen rund um das Fahrrad mit 120,3 Millionen Euro ein. Zu den Dienstleistungen zählen Tätigkeiten von Radvereinen, der Profisport und der Betrieb von Anlagen sowie Radveranstaltungen. Zur Erinnerung, direkt in der Radwirtschaft beschäftigt sind

mehr als 30.000 Menschen, über zwei Drittel davon sind dabei dem Radtourismus (Beherbergung und Gastronomie) zuordenbar. Seit 2009 erfuhr der österreichische Radtourismus einen deutlichen Zuwachs, die Wertschöpfung im Radtourismus hat sich verdreifacht und die Anzahl der Beschäftigten fast verdoppelt.[342,343]
Es is ja so sche do, in Österreich. Die Berge, die Seen, die Luft, herrlich. Mozarts Geburtshaus! Der Stephansdom! Die Aufzählung orientiert sich an den bei Tourist:innen beliebtesten Bundesländern 2022: Tirol, dann Salzburg, dann Wien. Tourismus sichert Arbeitsplätze, hat die Möglichkeit, Natur- und Tierschutz zu propagieren, sorgt für Wertschöpfung und Wohlstand. Aber, da wo viele hinkommen, hinterlässt er Spuren – Overtourismus ein Begriff, der vor dem touristischen Shutdown durch die Pandemie in aller Munde war – beschreibt, wie Regionen, Städte, Dörfer und (Natur-)Sehenswürdigkeiten von Tourist:innen überrannt werden und die dort lebende Bevölkerung und Tier- und Pflanzenwelt stört, teilweise vertreibt. Nicht selten werden extra für die (Winter-)Urlauber:innen Spuren gezogen. Für die Pistengaudi werden Wälder gerodet, Bäume entwurzelt, Flüsse umgeleitet, Felsen gesprengt – das setzt auch die Tierwelt unter Druck. Flächen werden für Hotels und Parkplätze versiegelt.[344,345]
Eine Möglichkeit, Reisen und Tourismus umweltfreundlicher und klimaverträglicher zu gestalten, führt über die Mobilität: Wie reisen Gäste an und ab und wie bewegen sie sich vor Ort fort? Indem man mit öffentlichen Verkehrsmitteln anreist, die Mitnahme des eigenen Rades in den Öffis erleichtert und vor Ort Leihsysteme für Auto und Fahrrad und den öffentlichen Verkehr ausbaut, schützt man das, was man sehen will: Die Natur, die Landschaft und lebenswerte Städte. Eine Studie des Österreichischen Wirtschaftsministeriums über Tourismusmobilität 2030 bringt Vorschläge, wie Tourismusverkehr sozialer und ökologischer gestaltet und aktive Mobilität – also das Zufußgehen und Radfahren – gefördert werden können. Was braucht es, damit Menschen öffentlich an- und abreisen oder vor Ort den eigenen PKW

stehen lassen? Im Winter, so die Autor:innen, lassen viele Gäste, die in Österreich zu Urlaub sind, den eigene PKW geparkt, weil Skibusse „mehr oder weniger flächendeckend“ im Einsatz sind. Im Sommer hingegen werde „aufgrund des vielfältigeren Aktivitätenprofils, der unterschiedlichen Tagesabläufe und Wetterbedingungen“ der eigene PKW häufiger genutzt. Ich traue mich zu behaupten, dass hier, wie bei der Verkehrsinfrastruktur im Allgemeinen, das Angebot die Nachfrage gestaltet. Die Studienautor:innen weisen darauf hin, dass gerade bei der An- und Abreise oder Wegen vor Ort, die erste und letzte Meile am schwierigsten zu bewerkstelligen sei. Diese können jedoch direkt von der lokalen und regionalen Tourismuspolitik gesteuert werden: Shuttlebusse, Carsharing und Mobilitätscards. Die sollten nicht nur von Urlauber:innen, sondern auch Bewohner:innen und jenen, die im Urlaubsort arbeiten, genutzt werden. Der Erfolg von diesen Angeboten sowie die Wahl des Verkehrsmittels zur An- und Abreise hänge wesentlich davon ab, wie die Tourist:innen darüber informiert werden.[346,347] 2022 verzeichnet Österreich knapp 137 Millionen Nächtigungen und liegt damit nur mehr 10 Prozent zum vorpandemischen Niveau. Die meisten Urlauber:innen reisen aus Deutschland, den Niederlanden, der Schweiz, aus Tschechien und Belgien an – und damit durchaus aus nicht so weit entfernten Ländern, wodurch eine Anreise mit den öffentlichen Verkehrsmitteln naheliegend wäre. Aus eigenen Erfahrungen von Sommerurlauben in den Bergen weiß ich aber: Auch wenn die Anreise öffentlich zu bewältigen ist, spätestens vor Ort braucht es einen motorisierten Untersatz, wenn man aus der Ortschaft raus und die Berge erkunden will. Hier gibt es also Luft nach oben.[348]

Radfahren ist das neue Skifahren

Als ich zu Radurlauben in Österreich recherchiere, spülen mir die sozialen Medien Julia und Walters Fotos auf mein Handy. Gatschige oder verreiste Feldwege, über die sie mit ihren Rädern kurbeln, ein

Foto von Julias gefrorenen Haarspitzen und Reif, der auf umgegrabenen Feldern liegt. Valentinstag feierten sie mit einer ausgiebigen Radtour. Das Ende der Fotostrecke zeigt ein zufriedenes, rotbäckiges Paar, das am Bahnhof auf die Heimreise wartet und in die Kamera strahlt. Rad und Zug kombinieren Julia, 41, und Walter, 45, die „gmiatlichen Genussradler auf Tour", wie sie sich selbst beschreiben, besonders gerne. Kennengelernt habe ich die beiden auf der Suche nach Radler:innen-Storys. Sie haben die Radrouten in Österreich und drumherum gut geprüft, auf ihrer Website berichten sie über einzelne Etappen und gesamten Reisen. Im Sommer 2022 haben sie in knapp 40 Tagen Österreich auf ihren unmotorisierten Rädern umrundet. Am Ende ihrer Umrundung haben sie 2.500 Kilometer und 19.860 Höhenmeter in den Beinen, 10 Länder und 7 von 9 österreichischen Bundesländer bereist und 27 Grenzübergänge passiert.[349] Michael, der mit dem Radfahren seine Diabetes-Erkrankung im Griff hält und dessen Interview an anderer Stelle zu lesen ist, verbrachte seinen Urlaub 2022 in Österreich – mit dabei das Fahrrad. Verständlich. Österreichs Natur- und Kulturkulisse lässt kaum Wünsche übrig: Berge, Almen, Flüsse, Bäche, Seen, weite Felder, liebliche und historische Städte und Dörfer, Nationalparks und Weltkulturerbe. Auf der Ebene, entlang von Flüssen, durch weite Felder, über sanfte Hügel und Gebirgspass-Überquerungen, Österreichs Topografie hält für jede Steigungs- und Neigungsgruppe etwas bereit. Durch Österreich ziehen sich zudem unzählige EURO-Velo-Touren, Radrouten, die einen Zipfel in Europa mit einem anderen verbinden. So führen etwa der Euro Velo 6 (vom Atlantik bis zum Schwarzen Meer), 7 (Sonnenroute vom hohen Norden bis nach Malta), 9 (von der Ostsee bis zur Adria), 13 (Iron Curtain Trail) und 14 („Gewässer von Mitteleuropa") durch Österreich.

Schon seit einiger Zeit geistert der Slogan „Radfahren ist das neue Skifahren" durch die Medien. Nicht zuletzt aufgrund der immer wärmer werdenden Winter und des Schnees, der nicht fällt. Ist es an der

Zeit, auch Österreichs inoffizielle Hymne umzuschreiben? „Radfoan ist des Leiwandste!" Steffen Kanduth, Tretlager-Kolumnist im *Standard*, verortet das Skifahren überhaupt in die Vergangenheit: „Skifahren war gestern, die Zukunft gehört dem Mountainbiken."[350] Tatsächlich nimmt die Zahl der Skifahrer:innen ab: Laut Tourismus- und Freizeitforscher Peter Zellmann sind zwei Drittel der Österreicher:innen keine aktiven Skifahrer:innen mehr – in den 1990er lag die Quote noch bei 40 Prozent.[351] In einem Standard-Artikel stellt Zellmann klar: Skifahren sei nie ein klassischer Volkssport gewesen, heute sei er es noch weniger. Für ihn ist eine Sportart dann als Volkssport zu bezeichnen, wenn sie von mehr als der Hälfte der Bevölkerung betrieben wird – wie das beim Wandern oder Radfahren der Fall ist.[352] Die Österreich Werbung, Österreichs Tourismusorganisation, veröffentlicht auf ihrer Website Zahlen zu Radurlauber:innen im Sommer 2020. Demnach haben 7 Prozent aller Urlauber:innen einen Fahrrad- oder Mountainbike-Urlaub in Österreich verbracht.[353] Das österreichische Wirtschaftsministerium brachte im Herbst 2022 einen Leitfaden heraus, wie Radrouten für den Tourismus optimiert werden können. Das Arbeits- und Wirtschaftsministerium bezieht sich im Leitfaden ebenfalls auf Zahlen der Österreich Werbung, wonach mittlerweile bereits 11 Prozent aller Sommertourist:innen mit dem Rad oder Mountainbike unterwegs sind, Tendenz steigend. Als Tourismus-Standort Österreich sei es daher „wichtiger denn je", ein „stimmiges Angebot für Urlaubsaktivitäten auf zwei Rädern weiter auszubauen", schreibt Staatssekretärin Susanne Kraus-Winkler im Vorwort.[354]

Die Kosten des motorisierten Verkehrs

2017 forderte Willi Nowak, Mitbegründer und bis 2021 Geschäftsführer des VCÖ, ein Ende der Privilegien für klima- und gesundheitsschädliche Mobilität. Der Straßenverkehr sei eine „enorme Belastung für die Allgemeinheit", die finanziell belohnt wird: Durch Steuerprivilegien auf Diesel-Treibstoff und Kerosin, durch unzureichende Bemautung und durch Förderungen der Zersiedelung. Das Verkehrssystem bevorzuge außerdem die wohlhabende Bevölkerung. So fließen in Österreich etwa 38 Prozent der Pendlerpauschale an das reichste Viertel der Gesellschaft, das einkommensschwächste Viertel erhält nur 3 Prozent (Stand 2017).[355] Die reichsten 10 Prozent in Österreich tanken sechsmal so viel Treibstoff wie die 10 Prozent der Haushalte mit dem geringsten Einkommen. Vom Dieselprivileg profitieren vor allem der LKW-Verkehr und wohlhabende Haushalte. Die Anzahl der Autos in einem Haushalt steigt mit dem Einkommen, knapp die Hälfte der österreichischen Haushalte mit niedrigem Einkommen besitzt gar kein Auto.[356] Abgase, CO_2-Emissionen, Lärm, Unfälle und Flächenverbrauch zählen zu den externen Kosten des Verkehrs, die nicht (nur) von den Verursachern getragen werden, sondern von uns allen. Ein großer, schwerwiegender Teil der Rechnung wird erst später beglichen werden müssen, und zwar von unseren Kindern, Nichten und Neffen und Urenkerln, wenn sie mit den Folgen der Klimaerwärmung und Luftverschmutzungen konfrontiert sind. Die externen Kosten lassen sich beziffern. Allein der PKW-Verkehr verursachte 2019 Kosten von 12,5 Milliarden Euro, davon entstehen durch Verkehrsunfälle jährlich 5 Milliarden Euro Kosten, in denen Krankenhausaufenthalte, Versicherungskosten, Rettungsfahrten und Staukosten enthalten sind. Nicht inkludiert sind menschliches Leid, Verlust, Trauer, Schmerz und Trauma. 2020 kam es zu über 17.000 Verkehrsunfällen, bei denen zwei oder mehrere Individuen beteiligt waren. Zwei Drittel der Zusammenstöße verursachten Autolenker:innen, sie sind auch für drei Viertel aller Unfälle mit Fußgänger:innen und für zwei Drittel aller Radunfälle verantwortlich. Luftverschmutzungen sind in Europa das größten Umweltrisiko für die Gesundheit und kosten jährlich 300.000 Menschen – das entspricht etwa der Bevölkerung von Graz – vorzeitig den Tod. Es müsste eigentlich im Interesse des Staates sein, eine geh- und fahrradfreundliche Umgebung zu schaffen. Denn das schafft glückliche und gesunde Steuerzahler:innen, die seltener krank sind, länger leben – und damit länger zum Bruttowirtschaftsprodukt beitragen können. Jeder Euro, der in aktive Mobilität investiert wird, erwirtschaftet einen volkswirtschaftlichen Nutzen von 3,5 Euro.[357]

Miete, Heizung, Strom, Wasser, Müllabgaben. Den größten Teil des Einkommens verwenden Österreicher:innen durchschnittlich fürs Wohnen. Den zweitgrößten Posten im Haushaltsbuch nimmt Mobilität ein. Private Haushalte in Österreich geben jährlich 24 Milliarden für Fortbewegungsmittel aus. Knapp 90 Prozent werden dabei von Autos und Motorräder aufgefressen, 7 Prozent fließen in den öffentlichen Verkehr und 4 Prozent sind Fahrrädern vorbehalten. Ein autofreier Haushalt gibt in 40 Jahren rund 63.000 Euro für Mobilität aus, ein Haushalt mit einem Auto 214.000 Euro. Stehen zwei oder mehrere Wagen in der Garage oder auf der Straße, kostet das den Besitzer:innen 380.000 Euro. Während für das Fahrrad monatlich 20 Euro ausgegeben werden und für Öffis rund 35 Euro, schlägt das Auto mit 450 Euro im Monat zu Buche. Die Spritkosten machen dabei nur ein Fünftel der Kosten aus. Geld, das für die Anschaffungen, Versicherungen und Reparatur ausgegeben werden muss, blendet man gern aus.[358]

Im Alter von 16 bis 18 bin ich mit dem Moped herumgegurkt – für mich der erste (motorisierte) Schritt auf dem Weg zur mobilen Unabhängigkeit. Ich konnte Freund:innen besuchen, zum nächstgelegenen Bahnhof knattern, am Wochenende zum Aushilfsjob gondeln und war nicht mehr auf das Elterntaxi (manchmal auch Ältere-Schwester-Taxi) angewiesen. Als der Liter Benzin damals das erste Mal 1,00 Euro kostete, war das schon ein Schock. Das ist jetzt gut 16 Jahre her. Die nächste Schockwelle dann, als der Spritpreis die 2-Euro-Marke überschritt. 2021 lag der Durchschnittspreis von Diesel bei 1,24 Euro. Berücksichtigt man die Inflation, war Diesel 2021 günstiger als im Jahr 1986, rechnet der VCÖ vor und weiß, dass Brot von 1986 bis 2021 um 56 Prozent teurer wurde. Ich kann mich nicht erinnern, dass man akribisch nach der günstigsten

Brot-Verkaufsstelle gesucht und den Brotkauf vom Wochentag abhängig gemacht hat, so wie man das gerne beim Tanken tut.[359]
Zwar wurden die Autos immer effizienter – das Drei-Liter-Auto gab es bereits 1990 –, aber auch immer schwerer und größer. 2021 waren 40 Prozent der Neuwagen in Österreich SUVs und Geländewagen. „Übergewicht und Übermotorisierung der Autos" fressen die Effizienzgewinne, schreibt der VCÖ. Wer weniger Sprit verbrauchen will, fährt ein kleines Auto und am besten langsam. Mit Tempo 110 auf der Autobahn statt 130 verbraucht man immerhin 17 Prozent weniger Sprit. Ein Tempolimit ist zudem die effizienteste Methode, um die Zahl der Verletzten und Getöteten im Straßenverkehr zu reduzieren. Und es würde uns Treibhausgase, Luftverschmutzung und Lärm und sogar Platz sparen – wer langsamer fährt, braucht weniger Platz. Wir würden weniger Feinstaub in unsere Lungen, Luft blasen, der auf unseren Feldern und damit unseren Tellern landet. Feinstaub wurde bereits in Salat nachgewiesen.[360,361] Erst Anfang 2023, als dieses Buch entstand, forderten Fachleute der TU Wien, Boku und Uni Innsbruck erneut Tempolimits in der Stadt, am Land und auf der Autobahn. In einem offenen Brief an die Regierung plädierten sie für Tempo 30 km/h im Ortsgebiet, 80 km/h auf Freilandstraßen und 100 km/h auf Autobahnen. Das Verkehrsministerium, gleichzeitig Umweltministerium, verwies auf die fehlende Mehrheit im Parlament.[362]

So subventioniert Österreich klimaschädlichen Verkehr:
- *Mineralölsteuerbefreiung der Binnenschifffahrt*
- *Steuerbegünstigungen bei Normverbrauchsabgabe und KFZ-Steuer*
- *Umsatzsteuerbefreiung für Tickets bei internationalen Flügen*
- *Grundsteuerbefreiung von Straßenverkehrsflächen*
- *Dienstwagenprivileg*
- *Mineralölsteuerbefreiung für Kerosin*
- *Pendlerpauschale und Pendeleuro*
- *Mineralsteuervergünstigung für Diesel.*[363]

Städte, Gemeinden, Unternehmen und Vereine erhalten Subventionen für Mobilitätsprojekte und Umweltschutz. Als Privatperson gibt es ein paar Möglichkeiten, Zuschüsse zum Fahrradkauf zu bekommen. Über ein Dienstfahrrad stellen Dienstgeber den Arbeitnehmer:innen Räder für die private und berufliche Nutzung zur Verfügung. Das Unternehmen profitiert nicht nur von gesunden und glücklichen Mitarbeiter:innen, die den Dienst munter antreten, sondern von steuerlichen Vorteilen und finanziellen Förderungen. Die Mitarbeiter:innen erhalten die Räder entweder völlig kostenfrei oder gegen eine monatliche Nützungsgebühr.[364] Bis 2022 wurden E-Bikes und (E-)Lastenräder gefördert, öffentliche Zuschüsse für E-Lastenräder sind zwar auch 2023 geplant, aber die Verhandlungen dazu waren zum Zeitpunkt der Erstellung dieses Buches noch nicht abgeschlossen. Klimaaktiv informiert auf klimaaktiv.at/foerderungen darüber, welche Fördermöglichkeiten es für Mobilitätsprojekte, Umweltschutz und Fahrräder gibt, und berät Einrichtungen, Gemeinden, Schulen und Firmen etc. kostenlos. Zu beachten ist die jeweilige Einreichfrist. Kleine Anregung gefällig, was so gefördert wird? Von (überdachten) Radabstellplätzen, lokalen Radprojekte, Rad- und Gehinfrastruktur, Ausbau von regionalen Radwegenetzen, Radschnellwege und vieles mehr, das in den Bereich Umweltschutz und Mobilität fällt, wird subventioniert. Außerdem lohnt sich auch immer ein Blick in das jeweilige Bundesland. Das Land Vorarlberg unterstützt beispielsweise Gemeinden bei der Planung und beim Bau von Radverkehrsinfrastruktur mit bis zu 70 Prozent zusätzlich zu Unterstützung durch den Bund.[365,366,367] Unternehmen wiederum sparen sich auch enorme kosten für Firmenparkplätze – kommt doch ein Fahrrad mit zwei Qadratmetern aus, während ein Auto etwa 12 Quadratmeter benötigt. Bei einem Quadratmeterpreis von 800 Euro in Vorarlberg sind das immerhin 8000 Euro Ersparnis, wenn statt einem Parkplatz ein Radabstellplatz gebaut wird.

Geschichten von Radler:innen – Teil 7

Fabian, 36, Wien: *Ich war zu faul, um die sieben Minuten zur U-Bahn zu gehen. Dann habe ich gemerkt, dass ich bei ein oder zwei Stationen schneller bin, wenn ich mit dem Fahrrad fahre. Mein Radius hat sich dann immer mehr vergrößert. Schließlich habe ich als Fahrradbote angefangen. Mittlerweile fahre ich alle privaten Wege mit dem Rad und mache an einem normalen Arbeitstag zwischen 70 und 110 Kilometer.*

Kristin, 50, Gmünd, Kärnten: *Meinen ersten Fahrradhelm habe ich mir als Studentin gekauft. Ich habe in Wien studiert, damals Anfang der 1990er warst du als Radfahrerin eine Exotin auf den Straßen, und mit Helm sowieso. Ich bin zum Kastner & Öhler in Graz, die hatten genau zwei Modelle: einen super teuren Rennradhelm oder einen schwedischen Kinderhelm – im Prinzip eine weiße Styroporschale, wirklich hässlich. (lacht) Mit der bin ich dann herumgefahren. Mein Bruder und ich haben unsere Wochenenden und Ferien oft bei meinen Großeltern in Kärnten verbracht. Solange meine Oma fit genug war, ist sie in der Früh immer ihre Runden in Wolfsberg gefahren. Ein bis zwei Kilometer auf ihrem ganz normalen Oma-Rad, mit einem gepolsterten Sattel, der geknarzt hat. Ich glaube, das Rad hatte nicht einmal Gänge, höchstens zwei oder drei. Aber so ist sie in der Früh rausgekommen, hat den Kopf frei gekriegt, ist damit zum Friedhof und zum Einkaufen. Das war ihr Fitnessprogramm, Führerschein hatte sie keinen. Wenn ich als Schülerin den Bus versäumt habe, was relativ oft passiert ist (lacht), dann bin ich mit dem Fahrrad die 12 bis 13 Kilometer zur Schule geradelt. Das war auch ein bisschen meine Rebellion – ich war ansonsten nämlich eine brave Schülerin –, das war einfach cool, mit dem Fahrrad zu spät zu kommen.* (lacht) *Seit zehn Jahren wohne ich in Gmünd. Hier fühle ich mich am Fahrrad wieder wie eine Exotin. Von einem zum anderen Ende der Stadt sind es drei Kilometer. Obwohl du echt* *kein Auto brauchst, fahren alle mit dem Auto. Das Flickwerk von Fahrradwegen war schon arg, als ich hergezogen bin, aber ein bisschen was tut sich.*

Kapitel 7

Radsport

Drei Arten des Radfahrens werden in diesem Buch wie selbstverständlich erwähnt: das Mountainbiken (weil ich als Autorin das gefederte Fahrrad liebe), das Rennradfahren (als Paradebeispiel einer männlich dominierten Sportart, von der Frauen jahrzehntelang ausgeschlossen wurden) und das Radfahren im Alltag (um von A nach B zu kommen). Dabei gibt es nicht nur das klassische Zweirad, sondern auch Einräder und Dreiräder und unzählige Raddisziplinen mit ihren jeweiligen Fahrradtypen. An dieser Stelle wird der Versuch unterlassen, jede Radsportart und ihre zugehörigen Fahrräder zu klassifizieren – damit können andere Bücher gefüllt werden. Aber wir blicken durch das Fenster in die Halle der unterschiedlichen Fahrraddisziplinen. Die Reihenfolge der Nennung ist dabei zufällig und entspricht keiner Wertung.
Beim Rennradfahren geht es darum, möglichst viele Kilometer und/oder Höhenmeter in hohen Geschwindigkeiten runterzuspulen. Die Räder sind leicht, filigran und aerodynamisch. Mit rasierten Wadeln (um ein Klischee zu bedienen) gleiten Rennradfahrer:innen über den Asphalt. In sogenannten Straßenrennen, die von Tagen bis Wochen dauern können, messen sie ihre Leistung. Auch um hohe Geschwindigkeiten, aber in der Halle, geht es beim Bahnradfahren. Gegen den Uhrzeigersinn treten die Fahrer:innen gegeneinander an. Seit es Räder, ach was, seit es Draisinen gibt, sind Fahrer:innen gegeneinander angetreten, um sich und das Material unter Beweis zu stellen.
Mountainbiker:innen wollen alle dasselbe: Bloß keinen Asphalt unter den Rädern. Die Flucht vor glatten Fahrbahnen führt sie zurück in die Natur. Im Wald, in den Bergen oder sonstigen hügeligen und steilen Landschaften fühlen sie sich wohl. Bergauf und bergab rollen

sie über Steinplatten, Wurzeln, manchmal gebaute Hindernisse, Brücken und Sprünge.
BMX, Bicycle Moto-Cross, die Räder entstanden in den 1960ern in den USA, das sind diese kleinen Räder, auf denen Kinder, Jugendliche und Erwachsene in Rennen gegeneinander antreten und im Freestyle lässige Kunststücke vollführen. Übrigens, die Österreicherin Irina Sadovnik ist BMX-Europa- und Weltmeisterin (EM-Gold und Weltmeistertitel 2021).[368,369,370]
Wir sind noch nicht fertig. Wer das Fahrrad und sich auf ungewöhnliche und auf akrobatische Art und Weise unter Beweis stellen möchte, ist beim Kunstradfahren gut aufgehoben. Wer schon mal versucht hat, an einer roten Ampel das Rad im Stand zu balancieren – also die Füße dabei nicht auf den Boden zu stellen –, kann vielleicht erahnen, welche Körperbeherrschung, Koordination und Gleichgewicht das Kunstradfahren erfordert. Kunstradfahrer:innen turnen auf ihrem fahrenden Rad – einen Handstand auf dem Lenker? Kein Problem für Kunstradturner:innen.[371] Beim Radpolo, auch Bike-Polo genannt, treten zwei Teams gegeneinander an und versuchen auf ihren Rädern den Ball ins gegnerische Tor mit einem Schläger zu manövrieren. Die Regeln und der Name sind dem traditionellen Pferde-Polo entlehnt.
Alle Disziplinen vereint eines. Man kann sie wunderbar alleine machen, aber in Gesellschaft macht es dann doch mehr Spaß. Wobei, beim Windschattenfahren und Bike-Polo braucht man schon Kumpan:innen. Wer Glück hat, trifft bei einer Ausfahrt zufällig auf Gleichgesinnte. Wer dem Schicksal auf die Sprünge helfen möchte, sucht sich einen Verein. Der Österreichische Radsportverband listet 2023 über 400 Radvereine in ganz Österreich auf.[372]

Was ist eigentlich Sport

Wann ist es denn jetzt sportliches Radfahren? Die kurze, einfache Antwort auf Wienerisch lautet: Wenn man schnauft, schwitzt und sudert. Wann jemand in den Drei-S-Bereich kommt, ist es sehr individuell und hängt von der jeweiligen körperlichen Verfassung und dem Trainingspensum ab. Nicht jede Spazierfahrt auf dem Fahrrad ist mit Sport gleichzusetzen – aber jede Spazierfahrt ist Bewegung und wirkt sich positiv auf unsere Gesundheit aus. Viele von uns werden sich im Breitensport wiederfinden. Breiten- oder Freizeitsport dient dem Ausgleich, der Erholung und der Bewegung. Was nicht heißt, dass hier nicht doch (irgendwann) der Ehrgeiz mitfährt.[373]

Wenn wir sporteln, trainieren wir unsere Flexibilität, Mobilität, Gleichgewicht und Koordination, Kraft und Ausdauer. Unsere Ausdauer trainieren wir im aeroben Training, unsere Kraft im anaeroben Training. Sowohl bei aeroben als auch anaeroben Übungen sprechen wir Flexibilität, Gleichgewicht, Mobilität und Koordination an: So fällt das Radfahren zwar prinzipiell in den aeroben Bereich, aber wir bauen dabei Muskelkraft auf, müssen Gleichgewicht halten, Koordinationsfähigkeiten werden geschärft. Bei anaerob und aerob wird unterschieden, in welcher Form der Körper sich Energie holt: Schnell und zackig, dafür weniger nachhaltig (anaerob) oder langsam und dafür für eine längere Zeit (aerob).

Im aeroben, ausdauernden Bereich bewegen wir die großen Muskeln unseres Körpers über einen längeren Zeitraum, und zwar nicht irgendwie, sondern rhythmisch – so wie beim Radfahren (oder Laufen oder Schwimmen). Bevor Energie freigesetzt wird, muss der Sauerstoff durch den Kreislauf zu den Muskeln transportiert werden. Das dauert etwas, auch wenn Herz und Lunge intensiv arbeiten, um den Körper mit Sauerstoff zu versorgen. Wir können uns im aeroben Bereich intensiv oder mäßig verausgaben. Als Faustregel gilt, wer bei der jeweiligen Übung noch reden, aber nicht mehr singen kann, trainiert mit mäßiger Intensität. Atem- und Herzfrequenz sind erhöht, die Körpertemperatur steigt und unsere Schweißdrüsen kommen langsam in Gang. Wenn die Übung uns schwer

atmen lässt, wir also Luft, aber sicher keine vollständigen Sätze mehr herauspressen, dann trainieren wir intensiv im aeroben Bereich. Unsere Herzfrequenz und unsere Körpertemperatur steigen stark an. Die Grenzen zwischen intensiver und mäßiger Intensität im aeroben Bereich sind fließend und von Person zu Person unterschiedlich. Während ich am Fahrrad in hoher Intensität den Hügel hinaufkrieche und jedes Tratscherl auf später verschiebe, kurbeln andere gemütlich, beschwingt und scheinbar voller Leichtigkeit vor mir her. Eine Provokation? Nein, denn gut für unser Herz, unsere Lunge und unseren Kreislauf ist jedes aerobe Training.
Im anaeroben Bereich benötigt der Körper keinen Sauerstoff, um Energiereserven anzuzapfen. Im Kraft- und Kraftausdauertraining geben wir kurze, intensive und harte Impulse, sodass Energie kurzfristig in begrenzter Menge freigesetzt wird. Bewegungen im anaeroben Bereich dauern zwischen Sekunden und Minuten, dazu zählen etwa Sprints, Liegestütz, Kniebeugen, Gewichtheben und dergleichen. Anaerobes Training erhöht unsere Knochenmassendichte und bremst den altersbedingten Knochenschwund, verbessert die Muskelkraft und mindert so das Sturzrisiko.[374]
Was für Bewegung im Allgemeinen gilt, gilt im Sport im Besonderen: wir halten uns geistig fit, kräftigen unsere Muskulatur und unseren Bewegungsapparat, unsere Laune hebt sich, wir schlafen besser und können uns besser konzentrieren und nachdenken – unser Gehirn wird besser durchblutet und mit Sauerstoff versorgt. Unser Herz wird leistungsfähiger, unser Lungenvolumen vergrößert sich – dadurch gelangt mit jedem Atemzug mehr Sauerstoff in unseren Körper. Wir stärken unser Immunsystem, kurbeln den Stoffwechsel und Fettstoffwechsel an. Wir rüsten uns gegen Osteoporose (Knochenschwund) und Arthrose, festigen unsere Knochen, senken das Risiko von Bluthochdruck und koronaren Herzkrankheiten, Diabetes mellitus Typ 2, Adipositas, Darmkrebs, Rückenleiden und Depressionen.[375]
Und hier haben wir erst die individuellen gesundheitlichen Aspekte aufgezählt. Sport schafft Identität und Zugehörigkeit, er verschafft uns ein soziales Netz – Freund:innen, Gleichgesinnte und Mitstreiter:innen abseits Kontakten in der Familie, in der Schule oder in der Arbeit.

Fluch und Segen durch den Mountainbike-Boom

600.000 Mountainbiker:innen gibt es laut Alpenverein in Österreich, nach einer eigenen Umfrage ist es die zweithäufigste Sommersportart nach Bergwandern.[376] Auf der Webseite der Österreich Werbung werden mir als Mountainbiker:innen abwechslungsreiche Trails und Landschaften versprochen – für Abenteuerlustige, für Einsteiger:innen und erfahrene Downhiller. Tatsächlich ist die Infrastruktur für Mountainbiker:innen in Österreich – also legale Wege und Parks – in den vergangenen Jahren gewachsen. Dennoch diskutieren meine MTB-Freund:innen, wo wir denn den nächsten Bike-Urlaub verbringen sollen, als ich an diesem Kapitel arbeite. In Österreich ist Mountainbiken nur auf ausgewiesenen Trails erlaubt. Das Befahren von Forststraßen und Wanderwegen ist verboten, außer sie wurden für Radfahrer:innen freigegeben. Viele potenzielle Strecken, Wälder, Almen und Berge sind für MTB-Tourstiker:innen verschlossen. Als ich Igor Mlinar von Nox Cycles nach der MTB-Infrastruktur im Zillertal frage und ob sie als Unternehmen, das Arbeitsplätze und Wertschöpfung in die Region bringen, Einfluss darauf haben, antwortet er: „Als Prophet im eigenen Land ist es immer schwierig, und ganz schwierig ist es hier im Zillertal. Rundherum, im Alpbachtal, in Sölden, Ischgl oder Serfaus, alle machen was, aber das Zillertal ist sehr rückständig. Im Zillertal lebt man noch zu viel vom Wintertourismus, vom Halligalli und vom Apres-Ski. Sie werben zwar mit zig roten und schwarzen Touren, dabei gibt es lediglich ein paar Shared-Trails (geteilte Trails, Anm.)."

Fast die Hälfte Österreichs ist mit Wald bedeckt. Zufußgehende haben ein allgemeines Betretungsrecht – das regelt das Forstgesetz aus 1975. Zu Erholungszwecken darf man den Wald betreten und dort wandern, spazieren oder joggen. Das Radfahren oder Mountainbiken ist nicht erlaubt. Das Befahrungsverbot für Radfahrende gilt gleichermaßen für Forststraßen und Wanderwege. Die Radlobby weist auf die absurde Situation hin, dass Forststraßen nicht mit dem Fahrrad, aber mit KFZ befahren werden dürfen. Auf den sogenannten Shared Trails – Wege, auf denen das Fahren und Gehen erlaubt ist – gilt gegenseitiges Rücksichtnahmegebot. Regelungen, wer welche Seite des Weges benützt oder wohin ausweicht, gibt es nicht, aber dafür einen Ehrenkodex für Mountainbiker:innen. Dazu weiter unten. Ein hartnäckiges Gerücht – oder vorgeschobener Grund –, warum das Betretungsverbot oder besser Befahrungsverbot für Radfahrende nicht aufgehoben wird, ist jenes der Haftung der Grundeigentümer:innen bei Unfällen. Diese haften laut Armin Kaltenegger, Leiter der Abteilung Recht und Normen im Kuratorium für Verkehrssicherheit, „nahezu nie. Primär haften die Mountainbiker selbst." Wenn durch grobe Fahrlässigkeit „eine atypische Gefahr geschaffen wurde, kann der Wegerhalter haften." Aber da sind bei Mountainbike-Strecken nur selten die Grundbesitzer:innen selbst, weiß Kaltenegger. Etwas anders gestaltet sich die Haftungsfrage, wenn für die Benützung der Mountainbikestrecken ein Entgelt verlangt wird, wie beispielsweise in Bike-Parks, dann haften die Wegerhalter auch bei leichter Fahrlässigkeit.[377,378]

Mountainbiker:innen sehen sich mit dem Vorwurf konfrontiert, rücksichtslose Rowdys zu sein, die im Geschwindigkeitsrausch und Adrenalinkick querfeldein über Wiesen, Wege und Wurzeln brettern, durch Wälder und Felder rauschen und dabei keine Rücksicht auf Flora und Fauna und zweibeinige Wald- und Bergbesucher:innen nehmen. Sie würden das Wildtier stören, für Bodenerosion und Vegetationsverlust sorgen. Und deshalb will man sie aus den Wäldern fernhalten. Den Geschwindigkeitsrausch und Adrenalinkick kann ich an diese Stelle nicht absprechen – aber in meiner Gruppe geht der nicht auf Kosten von Wanderern. Positive und herzliche Begegnungen überwiegen. Kommen uns am Weg nach unten Wanderer entgegen, fahren wir langsam vorbei oder bleiben wir stehen – dann resultiert daraus meist ein höfliches Geplänkel, wer denn nun

Vortritt oder Vorfahrt habe. Und querfeldein? Das möchte man tunlichst vermeiden. Wer schon einmal – ob zu Fuß oder am Rad – vom Weg abgekommen ist, der weiß, Gestrüpp, Gebüsch und Unterholz sind eher hinderlich am Vorwärtskommen als ein Genuss. Zudem gibt es die Mountainbike-Etikette, die zum guten Ton und tollen Ab- und Auffahrt gehört. Um die Trails und Wege zu schonen, fährt man mit entsprechenden Brems- und Fahrweisen – Hinterrad schleifen lassen, das Spuren in den Boden gräbt, das Driften, das in Videos vielleicht lässig und eindrucksvoll aussieht, weil Staub und Dreck aufgewirbelt werden, gilt es in der Natur genauso zu unterlassen wie Abkürzungen. Das alles zerstört den Waldboden. Und widerspricht besagter Bike-Etikette, zu der auch gehört, dass man Wander:innen und Reiter:innen grundsätzlich den Vorrang einräumt und die Geschwindigkeit reduziert, wenn man an ihnen vorbeifährt.[379,380] Wo sich Menschen aufhalten, hinterlassen sie Spuren. Der schwerwiegendste Eingriff in die Natur ist die Anlage eines Wander- oder Mountainbike-Weges selbst, in dessen Kernzone Flora und Fauna um bis zu 80 Prozent zurückgehen – unabhängig davon, ob es sich um einen Wander- und Mountainbike-Weg handelt. Nach einem Jahr erobern Flora und Fauna zwar wieder etwas ihres ursprünglichen Raumes, aber vor allem für Kriechtiere bleiben angelegte Wege teils unüberwindbare Hindernisse, die ihre Lebensräume durchkreuzen, verkleinern und Populationen sogar isolieren können. Für Bodenerosionen sind Wandernde wie Radfahrende verantwortlich – eine falsche Fahrweise führt zu stärkerer Bodenerosion. Für Wildtiere sind Mountainbiker:innen nach einer Studie aus 2001 aber sogar verträglicher als Wander:innen. In Utah wurde die Reaktion von Wildtieren auf Radfahrende und Wandernde untersucht. Da Radfahrer:innen aus größerer Distanz wahrgenommen werden als Wandernde, fliehen Wildtiere vor Wandernden deutlich länger als vor Radfahrende: Auf Wanderer reagierten die Tiere 12 Minuten, auf Mountainbiker 2. Während die Wildtiere in 60 Prozent der Fälle vor Wander:innen flüchten, waren es bei Mountainbiker:innen 6 Prozent. Im Winter, in der die Tiere mit weniger Nahrung konfrontiert sind, und in der Dämmerung ist das Störpotenzial durch Wander:innen und Biker:innen erhöht. Viele Wildtiere haben ihre aktiven Phasen auf die Dämmerung und in die Nacht verlegt, weil sie sich an die vermehrte Nutzung der Natur tagsüber angepasst haben.[381] Der Alpenverein Österreich hat 2020 eine Umfrage zum Thema Mountainbike durchgeführt, an der über 14.600 Personen teilgenommen haben. Für die überwiegende Mehrheit (88 Prozent) steht das Naturerlebnis im Vordergrund. An zweiter Stelle steht die Förderung der Gesundheit, erst danach geht es darum, persönliche Grenzen zu verschieben und Ziele zu erreichen und an vierter Stelle erst der Spaß bei der Abfahrt.[382]

Die Kampagne der Österreich Werbung „You like it? Bike it!", die Österreich als Mountainbike-Paradies preist und im März 2019 von der damaligen Tourismusministerin Elisabeth Köstinger (ÖVP) vorgestellt wurde, wurde in der MTB-Szene ziemlich schnell auseinandergenommen. Sie erwecke, wie der Journalist Steffen Kanduth in einem *Der Standard*-Artikel schrieb, den Anschein, dass man in Österreich überall dort fahren könne, wo es einem eben gerade gefällt und die Natur für die Mountainbiker:innen ein Spielplatz sei. Insgesamt biete Österreich, so die Website der Österreich Werbung, ein 29.000 Kilometer langes, offizielles Routennetz mit „sicheren, offiziell freigegebenen Mountainbike-Strecken." Der Verein „upmove" überprüfte 2019, ob es tatsächlich 29.000 Kilometer lange Strecken für Mountainbiker:innen in Österreich gibt und kam auf 10.000 Kilometer und unterstreicht, dass ein nicht wesentlicher Teil davon auf Asphaltstraßen verlaufe. Nicht gerade die favorisierte Bodenbeschaffenheit von Mountainbiker:innen.[383,384] Dass Angebot und Nachfrage auseinanderklaffen, zeigt ein weiteres Ergebnis aus der Befragung des Alpenvereins. Nur 12 Prozent der über 14.600 Befragten fahren ausschließlich auf legalen Wegen. Das Fazit des Alpenvereins: „Das An-

gebot hinkt schlichtweg der großen Nachfrage und Anzahl der Ausübenden hinterher. Ein zeitgemäßes, attraktives und vor allem möglichst flächendeckendes Angebot an freigegebenen Routen und Singletrails beziehungsweise Wanderwegen ist nicht vorhanden."[385]
Die Radlobby als bundesweite Interessenvertretung für Radfahrende in Österreich plädiert für einen legalen Rahmen, der das Befahren von Forststraßen für Radfahrer:innen freigibt und in dem Wanderwege „im Konsens" geregelt werden. Andrzej Felczak, Vorsitzender der Radlobby Österreich, dazu: „Diese Situation ist nicht mehr zeitgemäß und muss dringend novelliert werden. Eine großzügige und verständliche Regelung hilft durch ein größeres Streckenangebot für Alltagsradfahrende, MountainbikerInnen und Tourenradler:innen. Daher muss Radfahren auf Forststraßen grundsätzlich legalisiert werden. Da Forststraßen oft von der öffentlichen Hand gefördert werden, ist eine öffentliche Nutzung für alle die logische Konsequenz."[386,387]
Ich habe schon viele schöne Mountainbike-Urlaube in Österreich verbracht, genauso häufig war ich aber auch in Italien. Dort herrscht das umgekehrte Prinzip zu Österreich: Wo das Radfahren in den Bergen nicht dezidiert untersagt ist, ist es erlaubt. Zwar wurde 2021 eine Verordnung erlassen, die das Befahren von Wegen untersagt, die schmäler als 2,5 m sind, die Provinzen sind in der Umsetzung der Verordnung jedoch relativ frei. Es sei davon auszugehen, dass sich jene Regionen, die stark vom MTB-Tourismus profitieren, „nicht ins eigene Fleisch schneiden wollen" und die Verordnung starr umsetzen werden, so Julian Schwedes Fazit über das Wege-Gesetz in Italien.[388] Ich frage mich, welches Potenzial der österreichische Radtourismus nicht ausschöpft, weil die Gesetzgebung Österreich für viele Mountainbiker:innen zum Transitland macht. Immerhin hat sich seit 2009 die Wertschöpfung im Radtourismus verdreifacht und die Anzahl der Beschäftigten verdoppelt.[389,390]

Radfahren lernen. Kinderleicht?

„Fahrradfahren ist cool. Aber man muss es zuerst lernen. Das ist nicht so cool.“ Jasmirpal, 6 Jahre, aus Wien, bringt es auf den Punkt. Radfahren ist cool, aber man muss es halt erstmal lernen. Kinder lernen es recht schnell, auch wenn es natürlich Übung braucht, bis die vielen koordinativen Bewegungen sitzen: Gleichgewicht halten, Bremsen, Treten, Lenken, Handzeichen geben und dabei nach links, rechts und über die Schulter schauen. Aber Kinder sind mutig und neugierig, sie probieren aus und ahmen nach. Das Laufrad ohne Stützräder, erhältlich für Kleinkinder ab einem Jahr, ist der ideale Einstieg, um Radfahren zu lernen. Stützräder, wie sie früher noch weit verbreitet waren, sollte man heutzutage nicht mehr montieren. Denn bei Stützrädern müssen die Kinder beim Kurvenfahren das Gewicht nach außen verlagern – beim einspurigen Fahrrad ist es genau umgekehrt. Wenn die Stützräder wegkommen, müssen die Kinder wieder vieles umlernen. Damit die Freude am Radfahren nicht auf der Strecke bleibt, braucht das Fahrrad die richtige Größe und muss leicht zu bedienen sein. Das gilt übrigens auch für Fahrräder für Erwachsene.

„Das ist wie Radfahren, das verlernt man nicht“, sagt man gerne, wenn es um eine Fertigkeit geht, die man sich vor langer Zeit angeeignet hat und jederzeit abrufen und wieder ausführen kann. Aber was, wenn man Radfahren nie gelernt hat? Es ist nie zu spät, auf das Fahrrad zu steigen und das Glück auf zwei Rädern zu erleben. Es gibt Radfahrkurse für Erwachsene, die noch nie auf dem Fahrrad gesessen sind. Bevor man sich auf das Fahrrad schwingt, schiebt man das Fahrrad einfach mal neben sich her und lernt auf dem Tretroller Gleichgewicht zu halten. Für fortgeschrittene Radfahrer:innen, die gerne im Alltag mit dem Rad unterwegs wären, vom Straßenverkehr, Straßenbahnen und Schienen überfordert oder eingeschüchtert sind, gibt es ebenfalls Kurse und Workshops von verschiedenen Anbietern.

Selbsttest: Welcher Fahrrad-Mensch sind Sie?

Man kann nicht alle Radfahrer:innen in einen Topf schmeißen. Die einen fühlen sich im Straßenverkehr sicherer als andere, die nächsten radeln aus Kostengründen, die Dritten aus Überzeugung. Roger Geller, Radkoordinator der US-Stadt Portland, hat Radfahrer:innen in vier Kategorien eingeteilt. In seiner Stadt zählen 60 Prozent zu den besorgten Interessierten. Das ist die größte Gruppe. Er plädiert dafür, die Radinfrastruktur nach den Bedürfnissen dieser Gruppe zu gestalten.[391] *Wo ordnen Sie sich ein?*

Furchtlos starke:r Radler:in: *Wind, Regen, Starkverkehr und nicht vorhandene Radwege können Ihnen nichts anhaben. Egal in welchem Zustand die Straßen sind und ob Sie sie mit Autos, LKW, Bussen und Mopeds teilen müssen, Sie steigen auf das Fahrrad.*

Begeistert überzeugte:r Radler:in: *Sie sind Alltagsradler:in und folgen bereitwillig der Einladung sicherer Radwege. Auf einer tollen Infrastruktur treten sie gerne in die Pedale.*

Interessiert, aber besorgt: *Sie würden gern mit dem Rad fahren, aber Sie trauen sich nicht? Beim Gedanken an den KFZ-Verkehr, dem Sie als Radfahrer:in ausgeliefert wären, beginnen Ihre Hände zu schwitzen und Ihr Herz zu rasen? Sie benötigen sichere Fahrradwege! Wer kann Ihnen dieses Bedürfnis absprechen?*

Klar ablehnend: *Keine Chance, dass Sie auf das Rad steigen? Weder im Alltag noch im Urlaub? Es bereitet Ihnen keine Freunde, kein Vergnügen? Schön, dass Sie trotzdem hier in diesem Buch gelandet sind – hoffentlich hat es Ihnen neue Einblicke gebracht.*

Quellenverzeichnis

[1] Europäische Kommission. Ursachen des Klimawandels. 1.1.2023
https://climate.ec.europa.eu/climate-change/causes-climate-change_de
[2] Zentralanstalt für Meteorologie und Geodynamik. Klimavergangenheit. 1.1.2023
https://www.zamg.ac.at/cms/de/klima/informationsportal-klimawandel/klimavergangenheit/neoklima/lufttemperatur
[3] IPCC, 2018: Häufig gestellte Fragen und Antworten. In: 1,5 °C globale Erwärmung. Ein IPCC-Sonderbericht über die Folgen einer globalen Erwärmung um 1,5 °C gegenüber vorindustriellem Niveau und die damit verbundenen globalen Treibhausgasemissionspfade im Zusammenhang mit einer Stärkung der weltweiten Reaktion auf die Bedrohung durch den Klimawandel, nachhaltiger Entwicklung und Anstrengungen zur Beseitigung von Armut. [V. Masson-Delmotte, P. Zhai, H. O. Pörtner, D. Roberts, J. Skea, P. R. Shukla, A. Pirani, W. Moufouma-Okia, C. Péan, R. Pidcock, S. Connors, J. B. R. Matthews, Y. Chen, X. Zhou, M. I. Gomis, E. Lonnoy, T. Maycock, M. Tignor, T. Waterfield (Hrsg.)]. World Meteorological Organization, Genf, Schweiz. Deutsche Übersetzung durch Deutsche IPCC-Koordinierungsstelle, ProClim/SCNAT, Österreichisches Umweltbundesamt, Bonn/Bern/Wien, Mai 2019. 25.4.2023
https://www.ipcc.ch/site/assets/uploads/2020/07/SR1.5-FAQs_de_barrierefrei.pdf
[4] Zentralanstalt für Meteorologie und Geodynamik. Klimavergangenheit. 1.1.2023
https://www.zamg.ac.at/cms/de/klima/informationsportal-klimawandel/klimavergangenheit/neoklima/lufttemperatur
[5] Umweltbundesamt. Ursachen des Klimawandels.1.1.2023
https://www.klimawandelanpassung.at/kwa-allgemein/kwa-ursache
[6] Umweltbundesamt. Treibhausgase.1.1.2023
https://www.umweltbundesamt.at/klima/treibhausgase
[7] Gonstalla, Esther. Das Klima-Buch, Alles, was man wissen muss, in 50 Grafiken (2. Auflage). Oekom Verlag. München, 2019
[8] Reumschüssel, Anja. Klima- und Umweltschutz. Carlsen. Hamburg, 2020
[9] Zentralanstalt für Meteorologie und Geodynamik. Natürliche Treibhausgase. 1.1.2023
https://www.zamg.ac.at/cms/de/klima/informationsportal-klimawandel/klimasystem/antriebe/natuerliche-treibhausgase
[10] Klockau, Alexandra; Sarrazin, Claudia; Schramm, Martin. James Watt. Der Verbesserer der Dampfmaschine. ARD Alpha. Bayerischer Rundfunk. 1.1.2023
https://www.ardalpha.de/wissen/geschichte/historische-persoenlichkeiten/james-watt-dampfmaschine-industrielle-revolution-100.html
[11] Demandt, Alexander. Kleine Weltgeschichte (3. Auflage). Fischer Taschenbuch Verlag. Frankfurt am Main, 2009
[12] Giddens, Anthony; Fleck, Christian; Egger de Campo Marianne, Soziologie (3. Auflage). Nausner & Nausner. Graz, 2009
[13] Zentralanstalt für Meteorologie und Geodynamik. Anthropogene Treibhausgase. 1.1.2023
https://www.zamg.ac.at/cms/de/klima/informationsportal-klimawandel/klimasystem/antriebe/anthropogene-treibhausgase
[14] Franck, Annika; Harms, Gönke. Klimawandel. Planet Wissen. Westdeutscher Rundfunk
https://www.planet-wissen.de/natur/klima/klimawandel/index.html
[15] Europäische Kommission. Ursachen des Klimawandels. 1.1.2023
https://climate.ec.europa.eu/climate-change/causes-climate-change_de#ursachen-f%C3%BCr-steigende-emissionen
[16] Umweltbundesamt Deutschland. Atmosphärische Treibhausgas-Konzentrationen. https://www.umweltbundesamt.de/daten/klima/atmosphaerische-treibhausgas-konzentrationen#kohlendioxid-

[17] Ell, Renate; Westram, Heike. Die Geschichte der Klimaforschung. ARD Alpha. Bayerischer Rundfunk.1.1.2023 https://www.ardalpha.de/wissen/umwelt/klima/klimawandel/klimawandel-klimaforschung-geschichte-historisch-100.html

[18] IPCC Deutsche Koordinierungsstelle. Welche Aufgabe der IPCC hat. 25.4.2023 https://www.de-ipcc.de/327.php

[19] IPCC Deutsche Koordinierungsstelle. Zwischenstaatlicher Ausschuss für Klimaänderungen. 25.4.2023 https://www.de-ipcc.de/119.php

[20] Brände in Europa. So viele Waldbrände wie noch nie zuvor in Europa. Zeit Online. 1.2.2023 https://www.zeit.de/gesellschaft/2022-08/braende-europa-feuer-land-rekord

[21] IPCC, 2022: Zusammenfassung für die politische Entscheidungsfindung [H.-O. Pörtner, D. C. Roberts, E. S. Poloczanska, K. Mintenbeck, M. Tignor, A. Alegría, M. Craig, S. Langsdorf, S. Löschke, V. Möller, A. Okem (Hrsg.)]. In: Klimawandel 2022: Folgen, Anpassung und Verwundbarkeit. Beitrag der Arbeitsgruppe II zum Sechsten Sachstandsbericht des Zwischenstaatlichen Ausschusses für Klimaänderungen [H.-O. Pörtner, D. C. Roberts, M. Tignor, E. S. Poloczanska, K. Mintenbeck, A. Alegría, M. Craig, S. Langsdorf, S. Löschke, V. Möller, A. Okem, B. Rama (Hrsg.)]. Deutsche Übersetzung auf Basis der Version vom Juli 2022. Deutsche PCC-Koordinierungsstelle, Bonn; Die Luxemburger Regierung, Luxemburg; Bundesministerium für Klimaschutz, Umwelt, Energie, Mobilität, Innovation und Technologie, Wien; Akademie der Naturwissenschaften Schweiz SCNAT, ProClim, Bern; Oktober 2022. DOI 10.48585/nx04-e13. 1.1.2023 https://www.de-ipcc.de/media/content/AR6-WGII-SPM_deutsch_barrierefrei.pdf

[22] Zentralanstalt für Meteorologie und Geodynamik. Klimawandel/Folgen/Eisschilde. 1.1.2023 https://www.zamg.ac.at/cms/de/klima/informationsportal-klimawandel/klimafolgen/eisschilde

[23] Zentralanstalt für Meteorologie und Geodynamik. Meeresspiegel. Die Höhe des Anstiegs ist nicht ausgemacht. 25.4.2023 https://www.zamg.ac.at/cms/de/klima/informationsportal-klimawandel/klimafolgen/meeresspiegel/zukunft

[24] Global 2000. Klimawandel und Klimakrise. 1.1.2023 https://www.global2000.at/themen/klimawandel#h2

[25] Müller-Jung, Joachim. Schäden durch Klimawandel. Forscher stellen massenhaftes Korallensterben fest. Frankfurter Allgemeine. Oktober 2012. 1.1.2023 https://www.faz.net/aktuell/gesellschaft/tiere/klimawandel-forscher-stellen-massenhaftes-korallensterben-fest-17574087.html

[26] Europas Permafrost-Moorgebiete laut Forschern vor kritischem Punkt. März 2022. 1.1.2023 https://science.apa.at/power-search/3382758403871274346

[27] Biskaborn, Boris. Permafrost – Eine Einführung. Alfred-Wegener-Institut. Helmholtz-Zentrum für Polar- und Meeresforschung. Juni 2022. 1.1.2023 https://www.awi.de/im-fokus/permafrost/permafrost-eine-einfuehrung.html

[28] Umweltbundesamt Deutschland. Gesundheitsrisiko Hitze. 1.1.2023 https://www.umweltbundesamt.de/daten/umwelt-gesundheit/gesundheitsrisiken-durch-hitze#gesundheitsrisiko-hitze

[29] Zentralanstalt für Meteorologie und Geodynamik. Klimazukunft im Alpenraum. 1.1.2023 https://www.zamg.ac.at/cms/de/klima/informationsportal-klimawandel/klimazukunft/alpenraum/hitze

[30] Zentralanstalt für Meteorologie und Geodynamik. Rückkopplungen. 1.1.2023 https://www.zamg.ac.at/cms/de/klima/informationsportal-klimawandel/klimasystem/rueckkopplungen https://www.zamg.ac.at/cms/de/klima/informationsportal-klimawandel/klimasystem/rueckkopplungen/positive-rueckkopplungen

[31] Rahmstorf, Stefan u. a. Kipppunkte im Klimasystem. Potsdam Institute for Climate Impact Research. Juni 2019. 1.1.2023 http://www.pik-potsdam.de/~stefan/Publications/Kipppunkte%20im%20Klimasystem%20-%20Update%202019.pdf

[32] Global 2000. Klimawandel und Klimakrise. https://www.global2000.at/themen/klimawandel#h2

[33] Rahmstorf, Stefan u. a. Kipppunkte im Klimasystem. Potsdam Institute for Climate Impact

Research. Juni 2019. 1.1.2023 http://www.pik-potsdam.de/~stefan/Publications/Kipppunkte%20 im%20Klimasystem%20-%20Update%202019.pdf

[34] Welthungerhilfe. https://www.welthungerhilfe.de/informieren/themen/klimawandel#c17620

[35] Zentralanstalt für Meteorologie und Geodynamik. Klimawandel/Folgen/Pflanzen- und Tierwelt. 1.1.2023 https://www.zamg.ac.at/cms/de/klima/informationsportal-klimawandel/klimafolgen/pflanzen-und-tierwelt

[36] Baumschule Horstmann. Schlüsselblume. 1.1.2023 https://www.baumschule-horstmann.de/gelbe-staengellose-schluesselblume-697_60088.html

[37] Zentralanstalt für Meteorologie und Geodynamik. News. 1.1.2023 https://www.zamg.ac.at/cms/de/klima/news/2022-unter-den-drei-waermsten-jahren-der-messgeschichte

[38] Zentralanstalt für Meteorologie und Geodynamik. Klimazukunft im Alpenraum. Lufttemperatur. 1.1.2023 https://www.zamg.ac.at/cms/de/klima/informationsportal-klimawandel/klimazukunft/alpenraum/lufttemperatur

[39] Umweltbundesamt Österreich. Klimaschutzbericht 2022 in Auftrag für das Bundesministerium für Klimaschutz, Umwelt, Energie, Mobilität, Innovation und Technologie. Wien 2022. 1.1.2023 https://www.umweltbundesamt.at/fileadmin/site/publikationen/rep0816.pdf

[40] Zentralanstalt für Meteorologie und Geodynamik. Klimafakten Österreich. 1.1.2023 https://www.zamg.ac.at/cms/de/klima/news/klimafakten-oesterreich-kompakt

[41] Zentralanstalt für Meteorologie und Geodynamik. Klimazukunft im Alpenraum. Hitze. https://www.zamg.ac.at/cms/de/klima/informationsportal-klimawandel/klimazukunft/alpenraum/hitze

[42] AGES. Österreichische Agentur für Gesundheit und Ernährungssicherheit. Hitze-Mortalitätsmonitoring. 25.4.2023 https://www.ages.at/umwelt/klima/klimawandelanpassung/hitze

[43] Armutskonferenz. Zwei Grad Klimaerwärmung heißt 50 Prozent mehr Hitzetote. 25.4.2023 https://www.armutskonferenz.at/news/news-2020/armutskonferenz-zwei-grad-klimaerwaermung-heisst-50-prozent-mehr-hitzetote.html

[44] VCÖ. Mobilität mit Zukunft. Asphaltwüsten verschärfen Hitzebelastung. Juli 2022. 1.1.2023 https://vcoe.at/presse/presseaussendungen/detail/vcoe-asphaltwuesten-verschaerfen-hitzebelastung-bereits-2-400-quadratkilometer-oesterreichs-durch-bau-und-verkehrsflaechen-versiegelt

[45] Umweltbundesamt Österreich. Beobachtete Klimaänderungen/Gletscher. 1.1.2023 https://www.klimawandelanpassung.at/kwa-allgemein/kwa-aenderung/kwa-beobacht-gletscher

[46] Zentralanstalt für Meteorologie und Geodynamik. Klimawandelfolgen/Permafrost. 1.1.2023 https://www.zamg.ac.at/cms/de/klima/informationsportal-klimawandel/klimafolgen/permafrost

[47] Zentralanstalt für Meteorologie und Geodynamik. Gebirgsgletscher. Zukunft.26.4.2023 https://www.zamg.ac.at/cms/de/klima/informationsportal-klimawandel/klimafolgen/gebirgsgletscher/zukunft

[48] Franz Zehetmayer im Vorwort ÖTK Magazin 1/2023 Jänner, Februar. https://www.outdooractive.com/de/hut/venediger-gruppe/defregger-haus/13538849/

[49] Zentralanstalt für Meteorologie und Geodynamik. Klimafolgen. Pflanzen- und Tierwelt. 26.4.2023 https://www.zamg.ac.at/cms/de/klima/informationsportal-klimawandel/klimafolgen/pflanzen-und-tierwelt

[50] Zentralanstalt für Meteorologie und Geodynamik. News. Frühling 2020. 1.1.2023 https://www.zamg.ac.at/cms/de/klima/news/fruehling-2020-bisher-sehr-trocken-sonnig-und-warm

[51] Podbregar, Nadja. Klimawandel: Mehr Frostschäden im Apfelanbau. Natur.de. 2019 https://www.wissenschaft.de/erde-umwelt/klimawandel-mehr-frostschaeden-im-apfelanbau/

[52] Wittmann, Peter. Klimawandel lässt Apfelbäume früher blühen. Leibniz-Institut für Länderkunde. Mai 2008. 1.1.2023 https://idw-online.de/de/news260632

[53] Gefahr durch Frostschäden: Klimawandel macht steirischen Äpfeln zu schaffen. April 2018. 1.1.2023 https://www.derstandard.at/story/2000078724759/gefahr-fuer-frostschaedenklimawandel-erhoeht-bei-steirischen-aepfeln

[54] IPCC, 2018: Häufig gestellte Fragen und Antworten. In: 1,5 °C globale Erwärmung. Ein

IPCC-Sonderbericht über die Folgen einer globalen Erwärmung um 1,5 °C gegenüber vorindustriellem Niveau und die damit verbundenen globalen Treibhausgasemissionspfade im Zusammenhang mit einer Stärkung der weltweiten Reaktion auf die Bedrohung durch den Klimawandel, nachhaltiger Entwicklung und Anstrengungen zur Beseitigung von Armut. [V. Masson-Delmotte, P. Zhai, H. O. Pörtner, D. Roberts, J. Skea, P. R. Shukla, A. Pirani, W. Moufouma-Okia, C. Péan, R. Pidcock, S. Connors, J. B. R. Matthews, Y. Chen, X. Zhou, M. I. Gomis, E. Lonnoy, T. Maycock, M. Tignor, T. Waterfield (Hrsg.)]. World Meteorological Organization, Genf, Schweiz. Deutsche Übersetzung durch Deutsche IPCC-Koordinierungsstelle, ProClim/SCNAT, Österreichisches Umweltbundesamt, Bonn/Bern/Wien, Mai 2019

[55] Deutsches Bundesministerium für wirtschaftliche Zusammenarbeit und Entwicklung. Klimaabkommen von Paris. https://www.bmz.de/de/service/lexikon/klimaabkommen-von-paris-14602

[56] Global 2000. Klimawandel und Klimakrise. 1.2.2023 ttps://www.global2000.at/themen/klimawandel

[57] Der Weltklimarat (IPCC) entwickelt Emissionsszenarien, die nicht nur klimatische Trends, sondern auch die Entwicklung der Weltbevölkerung, den Urbanisierungsgrad, die Art der Energienutzung, technologischen Fortschritt und Wirtschaftswachstum berücksichtigen, weil diese eng an die Treibhausgasemissionen geknüpft sind. Climate Change Centre AUSTRIA. Einheitliche Beschreibung von Klimaszenarien. 1.1.2023 https://ccca.ac.at/wissenstransfer/ipcc-intergovernmental-panel-on-climate-change/einheitliche-beschreibung-von-klimaszenarien-im-deutschsprachigen-raum

[58] Zentralanstalt für Meteorologie und Geodynamik. Globale Klimazukunft/Lufttemperatur. 1.1.2023 https://www.zamg.ac.at/cms/de/klima/informationsportal-klimawandel/klimazukunft/global/lufttemperatur

[59] IPCC, 2018: Häufig gestellte Fragen und Antworten. In: 1,5 °C globale Erwärmung. Ein IPCC-Sonderbericht über die Folgen einer globalen Erwärmung um 1,5 °C gegenüber vorindustriellem Niveau und die damit verbundenen globalen Treibhausgasemissionspfade im Zusammenhang mit einer Stärkung der weltweiten Reaktion auf die Bedrohung durch den Klimawandel, nachhaltiger Entwicklung und Anstrengungen zur Beseitigung von Armut. [V. Masson-Delmotte, P. Zhai, H. O. Pörtner, D. Roberts, J. Skea, P. R. Shukla, A. Pirani, W. Moufouma-Okia, C. Péan, R. Pidcock, S. Connors, J. B. R. Matthews, Y. Chen, X. Zhou, M. I. Gomis, E. Lonnoy, T. Maycock, M. Tignor, T. Waterfield (Hrsg.)]. World Meteorological Organization, Genf, Schweiz. Deutsche Übersetzung durch Deutsche IPCC-Koordinierungsstelle, ProClim/SCNAT, Österreichisches Umweltbundesamt, Bonn/Bern/Wien, 5/2019 https://www.ipcc.ch/site/assets/uploads/2020/07/SR1.5-FAQs_de_barrierefrei.pdf

[60] Umweltbundesamt Österreich. Klimaschutzbericht 2022 im Auftrag für das Bundesministerium für Klimaschutz, Umwelt, Energie, Mobilität, Innovation und Technologie. Wien 2022. 1.1.2023 https://www.umweltbundesamt.at/fileadmin/site/publikationen/rep0816.pdf

[61] Studie empfiehlt tägliches Fahrradfahren für weltweite CO_2-Reduktion https://science.apa.at/power-search/2945860120862213775

[62] Treibhausgase wirken unterschiedlich stark auf den Treibhausgaseffekt, im CO_2-Äquivalent werden sie zusammengefasst. Die Umweltberatung. 1.1.2023 https://www.umweltberatung.at/co2-aequivalente-def

[63] Umweltbundesamt Österreich. Klimaschutzbericht 2022 im Auftrag für das Bundesministerium für Klimaschutz, Umwelt, Energie, Mobilität, Innovation und Technologie. Wien 2022. 1.1.2023 https://www.umweltbundesamt.at/fileadmin/site/publikationen/rep0816.pdf

[64] Emissionskennzahlen Datenbasis 2020. Umweltbundesamt Österreich. Bundesministerium Klimaschutz, Umwelt, Energie, Mobilität, Innovation und Technologie. November 2022. https://www.umweltbundesamt.at/fileadmin/site/themen/mobilitaet/daten/ekz_pkm_tkm_verkehrsmittel.pdf

[65] Climate Partner. Product Carbon Footprint. 1.2.2023 https://www.climatepartner.com/de/leistungen/pcf-product-carbon-footprint

[66] Sebb Stott. How green is cycling? Riding, walking, ebikes and driving ranked. Could cycling help

tackle the climate crisis? Oktober 2020. 1.2.2023 https://www.bikeradar.com/features/long-reads/cycling-environmental-impact/
[67] https://ebike-news.de/nachhaltigkeit-und-e-bike-passt-das-zusammen/187768/
[68] https://www.sonnenseite.com/de/mobilitaet/oekobilanz-sind-e-bikes-nachhaltig/
[69] Freiwah, Patrick. Elektrofahrrad: Wie grün ist das E-Bike wirklich? Wir erklären, worauf es ankommt. Juli 2022. 11.2.2023 https://utopia.de/ratgeber/elektrofahrrad-e-bike-oeko/
[70] Schmitt, Manne. E-Bike Akkus – Herstellung, Lebensdauer und Umweltverträglichkeit. E-Mountainbike. Das führende E-Mountainbike Magazin. Juli 2019. 11.2.2022 https://ebike-mtb.com/e-bike-umwelt/
[71] Schulz, Sven. Lithium-Abbau: Das solltest du darüber wissen. August 2020. 11.2.2023 https://utopia.de/ratgeber/lithium-abbau-das-solltest-du-darueber-wissen/
[72] E-Bike-Akkus: Entsorgung und Verwertung im Fokus. UFH-Holding. September 2020. 11.2.2023 https://ufh.at/e-bike-akkus-entsorgung-und-verwertung-im-fokus/
[73] Lithium-Info. WKO Entsorgungs- und Ressourcenmanagement. 11.2.2023 https://lithium-info.at/#entsorgung
[74] "The climate change mitigation impacts of active travel: Evidence from a longitudinal panel study in seven European cities." (2021), veröffentlicht in: Global Environmental Change 67, 102224. Zusammenfassung auf: Technische Universität Dresden. 1.1.2023 https://verkehrslage.vkw.tu-dresden.de/de/forschung/fahrrad-fahrend-das-klima-veraendern
[75] Studie empfiehlt tägliches Fahrradfahren für weltweite CO_2-Reduktion https://science.apa.at/power-search/2945860120862213775
[76] Lärminfo. Lärmschutz für Österreich. Lärmkarten. 1.1.2023 https://maps.laerminfo.at/?g_card=-landesstrasse_22_24h
[77] Alfred Sturma für österreichische schwerhörigen selbsthilfe. Lärm. 1.1.2023 https://www.oessh.or.at/hoerspuren/laerm
[78] Wenn aus Geräuschen Lärm wird: Dezibel-Übersicht. 1.1.2023 https://www.ihre-hoerexperten.de/service/presse-und-medien/trends-fakten/wie-laut-ist-das-denn.html
[79] VCD Mobilität für Menschen. Verkehrslärm. 1.1.2023 https://www.vcd.org/themen/verkehrslaerm
[80] Lärminfo. Lärmschutz für Österreich. 1.1.2023 https://www.laerminfo.at/
[81] Lärminfo. Lärmschutz für Österreich. Tag gegen Lärm. 1.1.2023 https://www.laerminfo.at/laermschutz/initiativen/tag_gegen_laerm.html
[82] Simply Science.Tröstliche (und weniger tröstliche) Töne. 1.1.2023 https://www.simplyscience.ch/teens/wissen/troestliche-und-weniger-troestliche-toene/c/1065/d/4036
[83] Lärminfo. Lärmschutz für Österreich. Lärmwirkung. 1.1.2023 https://www.laerminfo.at/ueberlaerm/laermwirkung.html
[84] Sturma, Alfred für Österreichische Schwerhörigen Selbsthilfe. Lärm. 1.1.2023 https://www.oessh.or.at/hoerspuren/laerm
[85] Sturma, Alfred für Österreichische Schwerhörigen Selbsthilfe. Lärm. 1.1.2023 https://www.oessh.or.at/hoerspuren/laerm
[86] https://www.sciencedirect.com/science/article/pii/S0013935122023581?via%3Dihub
[87] Sturma, Alfred für Österreichische Schwerhörigen Selbsthilfe. Lärm. 1.1.2023 https://www.oessh.or.at/hoerspuren/laerm
[88] Bayerisches Landesamt für Umwelt. Die Wirkung von Lärm auf den Menschen. 1.12023 https://www.lfu.bayern.de/laerm/laerm_allgemein/wirkung_auf_menschen/index.htm
[89] Lärmschutz für Österreich. Lärminfo. Wie entsteht Lärm? 1.1.2023 https://www.laerminfo.at/ueberlaerm/grundlagen/laermentstehung.html
[90] Studie zu Gesundheitsrisiken durch lauten Straßenverkehr. Europäische Union. CORDIS Forschungsergebnisse der EU. August 2017. 1.1.2023 https://cordis.europa.eu/article/id/202462-exploring-road-traffic-noise-pollution-and-associated-health-risks/de

[91] Umweltbedingungen, Umweltverhalten 2019. Ergebnisse des Mikrozensus. Statistik Austria. BMK Wien 2020. 1.1.2023 https://www.statistik.at/statistiken/energie-und-umwelt/umwelt/umweltbedingungen-umweltverhalten https://www.statistik.at/fileadmin/publications/Umweltbedingungen__Umweltverhalten_2019__Ergebnisse_des_Mikrozensus.pdf
[92] Lärmschutz für Österreich. Lärminfo. Langsamer ist leiser. 1.1.2023 https://www.laerminfo.at/ueberlaerm/laermquellen/strassenverkehr/langsamer_ist_leiser.html
[93] VCD Mobilität für Menschen. Verkehrslärm. 1.1.2023 https://www.vcd.org/themen/verkehrslaerm
[94] Europäische Umweltagentur Verkehr. März 2020. 1.1.2023 https://www.eea.europa.eu/de/themes/transport/intro
[95] Saubere Luft und wenig Lärm. VCÖ Mobilität mit Zukunft. 1.1.2023 https://vcoe.at/saubere-luft
[96] Umweltbundesamt Österreich. Feinstaub. 1.1.2023 https://www.umweltbundesamt.de/themen/luft/luftschadstoffe-im-ueberblick/feinstaub#undefined
[97] Die Senatorin für Klimaschutz, Umwelt, Mobilität, Stadtentwicklung und Wohnungsbau. Feinstaub PM10 https://www.bauumwelt.bremen.de/umwelt/luft/luftschadstoffe/feinstaubimmissionen-24517
[98] Umweltbundesamt Deutschland. Feinstaub. 1.1.2023 https://www.umweltbundesamt.de/service/uba-fragen/warum-ist-feinstaub-schaedlich-fuer-den-menschen
[99] Forschungs-Informations-System. Mobilität und Verkehr. Ursachen und Entstehung von Feinstaub. Jänner 2022. 1.1.2023 https://www.forschungsinformationssystem.de/servlet/is/327388/
[100] VCÖ Mobilität für die Zukunft. Saubere Luft und wenig Lärm. 1.1.2023 https://vcoe.at/saubere-luft
[101] Umweltbundesamt Österreich. Feinstaub PM2,5 und PM10. 1.1.2023 https://www.umweltbundesamt.at/umweltthemen/luft/luftschadstoffe/staub/pm25 https://www.umweltbundesamt.at/umweltthemen/luft/luftschadstoffe/staub/pm10
[102] Umweltbundesamt Deutschland. Stickstoffdioxid und seine gesundheitliche Bedeutung. 1.1.2023 https://www.umweltbundesamt.de/themen/luft/luftschadstoffe-im-ueberblick/stickstoffoxide/stickstoffdioxid-gesundheitliche-bedeutung-von#warum-betrachtet-man-insbesondere-stickstoffdioxid
[103] VCÖ Mobilität mit Zukunft. Was sind Stickoxide und wie schädlich sind sie. 1.1.2023 https://vcoe.at/service/fragen-und-antworten/was-sind-stickoxide-und-wie-schaedlich-sind-sie
[104] VCÖ Mobilität mit Zukunft. Saubere Luft und wenig Lärm. 1.1.2023 https://vcoe.at/saubere-luft
[105] Verein gegen Tierfabriken. Heißer Asphalt: Gefahr für Hundepfoten. 1.2.2023 https://vgt.at/presse/news/2020/news20200727ih.php
[106] Umweltbundesamt Österreich. Bodenversiegelung. 1.2.2023 https://www.umweltbundesamt.at/news221202
[107] WWF. Österreichs Bodenverbrauchs-Ziel für 2022 bereits heute überschritten. März 2022. https://www.wwf.at/wwf-oesterreichs-bodenverbrauchs-ziel-fuer-2022-bereits-heute-ueberschritten/
[108] VCÖ Mobilität mit Zukunft. Entsiegelungsprogramm insbesondere bei Pkw-Parkplätzen starten. 1.2.2023 https://vcoe.at/presse/presseaussendungen/detail/vcoe-mehr-als-1-200-quadratkilometer-oesterreichs-durch-verkehrsflaechen-versiegelt
[109] VCÖ Mobilität mit Zukunft. Infrastruktur. 1.2.2023 https://vcoe.at/infrastrukturen
[110] Umweltbundesamt Österreich. Flächeninanspruchnahme. 1.2.2023 https://www.umweltbundesamt.at/umweltthemen/boden/flaecheninanspruchnahme
[111] VCÖ Mehr Platz für bewegungsaktive Mobilität
[112] Insgesamt zählt Statistik Austria im Jahr 2021 7.214.970 zugelassene Kraftfahrzeuge, davon 5.133.836 PKW https://www.statistik.at/statistiken/tourismus-und-verkehr/fahrzeuge/kfz-bestand
[113] VCÖ mehr Platz für bewegungsaktive Mobilität
[114] VCÖ Mobilität mit Zukunft. Factsheet: Urbaner Verkehr der Zukunft. 1.2.2023 https://vcoe.at/publikationen/vcoe-factsheets/detail/vcoe-factsheet-2016-01-urbaner-verkehr-der-zukunft-sauber-und-platzsparend

[115] VCÖ Mobilität mit Zukunft: Zahlen und Fakten zur Verkehrsinfrastruktur. 1.2.202 Straßennetz Österreich insgesamt: 146.000 Kilometer; KFZ-Verkehr https://vcoe.at/service/fragen-und-antworten/zahlen-und-fakten-zur-verkehrsinfrastruktur-in-oesterreich
[116] Bundesministerium für Klimaschutz, Umwelt, Energie, Mobilität, Innovation und Technologie. Statistik Straße und Verkehr. April 2022. 26.4.2023 https://www.bmk.gv.at/dam/jcr:95841203-b1f8-4613-b55d-fe9bc09f5dbe/Statistik_Strasse_Verkehr_2022.pdf
[117] Radlobby. 40 Millionen für den Radverkehr. Juni 2020. 26.4.2023 https://www.radlobby.at/oesterreich/40-millionen-fuer-den-radverkehr
[118] Krutzler, David. Geld für Ausbau der Radinfrastruktur auf 60 Mio. € erhöht. April 2022. https://www.derstandard.at/story/2000134671341/gelder-fuer-ausbau-der-radinfrastruktur-auf-60-millionen-euro-erhoeht
[119] VCÖ Mobilität mit Zukunft. VCÖ: Mehr als 1.200 Quadratkilometer Österreichs durch Verkehrsflächen versiegelt. 1.2.2023 https://vcoe.at/presse/presseaussendungen/detail/vcoe-mehr-als-1-200-quadratkilometer-oesterreichs-durch-verkehrsflaechen-versiegelt
[120] Duden online. Mobilität. 11.1.2023 https://www.duden.de/rechtschreibung/Mobilitaet
[121] Bundesministerium für Klimaschutz, Umwelt, Energie, Mobilität, Innovation und Technologie. Statistik Straße und Verkehr. Herausgeber: Abteilung IV/IVVS1 – Planung, Betrieb und Umwelt Wien, Mai 2022 https://www.bmk.gv.at/dam/jcr:95841203-b1f8-4613-b55d-fe9bc09f5dbe/Statistik_Strasse_Verkehr_2022.pdf
[122] VCÖ Mobilität mit Zukunft. Infrastrukturen für die Verkehrswende. Wien 2021
[123] Bundesministerium für Klimaschutz, Umwelt, Energie, Mobilität, Innovation und Technologie. Mobilitätsmasterplan 2030 für Österreich. Wien 2021 https://www.bmk.gv.at/dam/jcr:6318aa6f-f02b-4eb0-9eb9-1ffabf369432/BMK_Mobilitaetsmasterplan2030_DE_UA.pdf
[124] Österreichische Energieagentur – Austrian Energy Agency. Investitionsbedarf Radverkehr. Grundlagenstudie. Wien, April 2022 https://www.klimaaktiv.at/dam/jcr:2b491b3f-b342-4e7b-8cfd-35701dbee814/Investitionsbedarf_Radverkehr.pdf
[125] Radkompetenz Österreich. Zukunftsweisende Studie: 7 Milliarden Euro Investitionsbedarf für Radverkehr. August 2022. 15.1.2023 https://radkompetenz.at/8935/zukunftsweisende-studie-7-milliarden-euro-investitionsbedarf-fuer-radverkehr/
[126] VCÖ Mobilität mit Zukunft. Mehr Platz für bewegungsaktive Mobilität. Wien 2021
[127] VCÖ Mobilität mit Zukunft. Infrastrukturen für die Verkehrswende. Wien 2021
[128, 129] VCÖ Mobilität mit Zukunft. Radfahren. 18.1.2023 https://vcoe.at/themen/radfahren
[130] Modal Split ist ein Begriff in der Verkehrsstatistik und verweist auf die Zusammensetzung des Verkehrs: Wie groß ist der Anteil von öffentlichen Verkehrsmitteln, der Fußgänger:innen, der Radfahrer:innen und der PKW-Lenker:innen
[131] Katja Diehl. Autokorrektur. S. Fischer. März 2022
[132] VCÖ Grafik Viele Faktoren haben Einfluss auf unser Mobilitätsverhalten
[133] VCÖ Mobilität mit Zukunft (Hrsg). Mehr Platz für bewegungsaktive Mobilität. Wien 2021
[134] klimaaktiv mobil/BMK in Anlehnung an die Befragungen der klimaaktiv mobil Schulen und Kindergärten https://www.klimaaktiv.at/mobilitaet/mobilitaetsmanagem/bildung/Schulweg.html
[135] VCÖ Mobilität mit Zukunft (Hrsg). Mehr Platz für bewegungsaktive Mobilität. Wien 2021
[136] Radspielplatz. Wien. 9.1.2023 https://www.radspielplatz.at/
[137] Fahrrad Wien. 9.1.2023 https://www.fahrradwien.at/news/radmotorikpark-eroeffnet/
[138] VCÖ Mobilität mit Zukunft. Die Mobilität von Frauen ist vielfältiger. Wien 2022. 27.4.2023 https://vcoe.at/files/vcoe/uploads/Magazin/2022/2022-01%20Die%20Mobilit%C3%A4t%20von%20Frauen%20ist%20vielf%C3%A4ltiger/VC%C3%96-Magazin%202022-01%20Die%20Mobilit%C3%A4t%20von%20Frauen%20ist%20vielf%C3%A4ltiger.pdf
[139] Petra Sturm. Frauen an die Räder. Der Standard. September 2019. 2.2.2023 https://www.derstandard.at/story/2000108048776/frauen-an-die-raeder

[140] VCÖ Mobilität mit Zukunft. 2.2.2023 https://vcoe.at/publikationen/magazin/detail/vcoe-magazin-2022-02-die-mobilitaet-von-frauen-ist-vielfaeltiger
[141] VCÖ Mobilität mit Zukunft. 2.2.2023 https://vcoe.at/publikationen/magazin/detail/vcoe-magazin-2022-02-die-mobilitaet-von-frauen-ist-vielfaeltiger
[142] Caroline Criado-Perez. Unsichtbare Frauen. Wie eine von Daten beherrschte Welt die Hälfte der Bevölkerung ignoriert. Random House. 4. Auflage, März 2020
[143] VCÖ Mobilität mit Zukunft. Infrastrukturen für die Verkehrswende. Wien 2021
[144, 145] VCÖ Mobilität mit Zukunft. Mehr Platz für bewegungsaktive Mobilität. Wien 2021
[146] Straßenplanung Anlagen für den nichtmotorisierten Verkehr. Radverkehr. Österreichische Forschungsgesellschaft. Straße. Schiene. Verkehr. Wien Juli 2022
[147] VCÖ Mobilität mit Zukunft. Mehr Platz für bewegungsaktive Mobilität. Wien 2021
[148] Hans-Erhard Lessing. Das Fahrrad. Eine Kulturgeschichte. Klett-Cotta. 2017. 5.1.2023
[149] Deutsches Institut für Urbanistik gGmbH. Umweltbundesamt Deutschland (Hrsg.), September 2015 (Februar 2011). 13.1.2023 https://www.umweltbundesamt.de/publikationen/leitkonzept-stadt-region-kurzen-wege
[150] 15-Minuten-Stadt. 13.1.2023 https://15-minuten-stadt.de/cities/Wien/
[151] VCÖ Mobilität mit Zukunft. Mehr Platz für bewegungsaktive Mobilität. Wien 2021
[152] VCÖ Mobilität mit Zukunft. Infrastrukturen für die Verkehrswende. Wien 2021
[153] Spektrum der Wissenschaft Verlagsgesellschaft mbH. Lexikon der Geowissenschaften. Zersiedelung. 12.1.2023 https://www.spektrum.de/lexikon/geowissenschaften/zersiedelung/18561
[154] VCÖ Mobilität mit Zukunft. Mehr Platz für bewegungsaktive Mobilität. Wien 2021
[155] VCÖ Mobilität mit Zukunft. Mehr Platz für bewegungsaktive Mobilität. Wien 2021
[156] VCÖ Mobilität mit Zukunft. Infrastrukturen für die Verkehrswende. Wien 2021
[157] Österreichische Energieagentur – Austrian Energy Agency. Investitionsbedarf Radverkehr. Grundlagenstudie. Wien, April 2022 https://www.klimaaktiv.at/dam/jcr:2b491b3f-b342-4e7b-8cfd-35701dbee814/Investitionsbedarf_Radverkehr.pdf
[158] VCÖ Mobilität mit Zukunft. Mehr Platz für bewegungsaktive Mobilität. Wien 2021
[159] VCÖ Mobilität mit Zukunft. Anzahl der häufig Radfahrenden in Österreich seit 2007 um über 40% gestiegen. Wien, September 2021. 16.1.2023 https://vcoe.at/presse/presseaussendungen/detail/vcoe-anzahl-der-haeufig-radfahrenden-in-oesterreich-seit-2007-um-ueber-40-prozent-gestiegen
[160] VCÖ Mobilität mit Zukunft (Hrsg). Infrastrukturen für die Verkehrswende. Wien 2021
[161] ebd.
[162] LUKO Global Bicycle Cities Index 2022. 7.1.2023 https://de.luko.eu/en/advice/guide/bike-index/
[163] Copenhagenize Index 2019: Wien. 19.1.2023 https://copenhagenizeindex.eu/cities/vienna
[164] Hangzhou China. Hangzhou listed among world's top 10 bicycle-friendly cities. Oktober 2022. 10.1.23http://www.ehangzhou.gov.cn/2022-10/13/c_282020_2.htm
[165] Ashden Award, Hangzhou Bicycle Service. 19.1. 2023 https://ashden.org/awards/winners/hangzhou-bicycles/
[166, 167, 168] VCÖ Mobilität mit Zukunft. Mehr Platz für bewegungsaktive Mobilität. Wien 2021
[169] Copenhagenize Index 2019. 1.7.2023 https://copenhagenizeindex.eu/compare
[170] VCÖ Mobilität mit Zukunft. Mehr Platz für bewegungsaktive Mobilität. Wien 2021
[171] Copenhagenize Index 2019. 1.7.2023 https://copenhagenizeindex.eu/success-stories/community-cargo-bike-solution-lagos-garbage-crisis
[172] 170 Einsätze wegen Sturm für Wiener Feuerwehr, schwierige Straßenverhältnisse im ganzen Land. Der Standard, Februar 2023. 5.2.2023 https://www.derstandard.at/story/2000143227849/winterwetter-sorgt-weiter-fuer-problematische-strassenverhaeltnisse
[173] Am einstigen Prachtboulevard schieben sich Autos auf drei bis vier Spuren durch die Wiener Innenstadt, unzählige Straßenbahnlinien halten entlang des Rings. 2016 zählte der Radweg an der Ringstraße zu Österreichs meistbefahrenen Radwegen, der sich durch Tourist:innen und Fußgän-

ger:innen schummelt. Die Situation bleibt nicht friktionsfrei und führt gerade „zwischen den schwächeren VerkehrsteilnehmerInnen“, wie die Radlobby auf ihrer Website schreibt, zu Konflikten und sorgt für „Lärm, Schmutz, Feinstaub und CO_2-Ausstoß“. https://www.radlobby.at/wien/ringstrasse https://www.wien.info/de/sightseeing/architektur-design/ringstrasse-356766

[174] Radkompetenz Österreich. Zukunftsweisende Studie: 7 Milliarden Euro Investitionsbedarf für Radverkehr. August 2022. https://radkompetenz.at/8935/zukunftsweisende-studie-7-milliarden-euro-investitionsbedarf-fuer-radverkehr/

[175] Seestadt Aspern in Wien zählt zu den größten Stadtentwicklungsprojekten Europas. Der Stadtteil strebt einen Modal Split von 80 % umweltfreundlicher Mobilität (40 % Rad- und Fußverkehr, 40 % Öffis) an. https://www.boell.de/de/2021/02/22/die-seestadt-aspern-aus-gruener-sicht

[176] Radlobby. Anlagearten von Radverkehrsinfrastruktur. 1.12.2023 https://www.radlobby.at/anlagearten-von-radverkehrsinfrastruktur

[177] Radlobby. Regeln fürs Radeln. StVO-Update 2022. 1.12.2023 https://www.radlobby.at/recht

[178] Radlobby. Anlagearten von Radverkehrsinfrastruktur. 1.12.2023 https://www.radlobby.at/anlagearten-von-radverkehrsinfrastruktur

[179] Wien. Regeln und Kriterien für Fahrradstraßen. https://www.wien.gv.at/verkehr/radfahren/bauen/anlagearten/fahrradstrasse.html

[180] VCÖ Mobilität mit Zukunft (Hrsg). Infrastrukturen für die Verkehrswende. Wien 2021

[181] Radlobby. Anlagearten von Radverkehrsinfrastruktur. 1.12.2023 https://www.radlobby.at/anlagearten-von-radverkehrsinfrastruktur

[182, 183] VCÖ Mobilität mit Zukunft. Radfahren in Wohnstraßen, Fußgängerzonen und Begegnungszonen. 1.12.2022 https://vcoe.at/service/fragen-und-antworten/radfahren-in-wohnstrassen-fussgaengerzonen-und-begegnungszonen

[184, 185, 186] Radlobby. Anlagearten von Radverkehrsinfrastruktur. 1.12.2023 https://www.radlobby.at/anlagearten-von-radverkehrsinfrastruktur

[187] Österreich. GV. at Fahrrad im Straßenverkehr. https://www.oesterreich.gv.at/themen/freizeit_und_strassenverkehr/rad_fahren/Seite.610300.html#alk

[188] Radlobby. Regeln fürs Radeln. StVO-Update 2022. 12.1. 2023 https://www.radlobby.at/recht

[189] ebd.

[190] Hans-Erhard Lessing. Das Fahrrad. Eine Kulturgeschichte. Klett-Cotta. 2017. 1.5.2023

[191] VCÖ Mobilität mit Zukunft. Mehr Platz für bewegungsaktive Mobilität Jänner 2021

[192] https://www.who.int/publications/i/item/9789240015128 aus Mehr Platz für bewegungsaktive Mobilität VCÖ

[193] Medizinische Universität Wien. Jeder zweite Erwachsene bewegt sich zu wenig – ÖsterreicherInnen sitzen im Durchschnitt 5,3 Stunden am Tag. Wien, 15.2.2021, 20.1.2023 https://www.meduniwien.ac.at/web/ueber-uns/news/neews-im-februar-2021/jeder-zweite-erwachsene-bewegt-sich-zu-wenig-oesterreicherinnen-sitzen-im-durchschnitt-53-stunden-am-tag/

[194] FGÖ (2020): Österreichische Bewegungsempfehlungen (Wissensband 17), Wien. 25.1.2023 https://fgoe.org/sites/fgoe.org/files/2022-01/WB_17_bewegungsempfehlungen_bfrei.pdf

[195] Gesundheitsziele Österreich. Volkskrankheiten. 21.1.2023 https://gesundheitsziele-oesterreich.at/glossar/volkskrankheiten/

[196] Radlobby. Radfahren hält gesund. 26.1.2023 https://www.radlobby.at/radfahren-haelt-gesund

[197] klimaaktiv. WHO-Kalkulator für Gesundheitseffekte durch Radfahren. Juli 2020, 25.1.2023 https://www.klimaaktiv.at/service/tools/mobilitaet/HEATforCycling.html

[198] Natalie Mueller, David Rojas-Rueda, Maëlle Salmon, David Martinez, Albert Ambros, Christian Brand, Audrey de Nazelle, Evi Dons, Mailin Gaupp-Berghausen, Regine Gerike, Thomas Götschi, Francesco Iacorossi, Luc Int Panis, Sonja Kahlmeier, Elisabeth Raser, Mark Nieuwenhuijsen, on behalf of the PASTA consortium. Health impact assessment of cycling network expansions in European cities. Preventive Medicine, January 2018

[199] Gaupp-Berghausen Mailin, Ausbau des Radwegenetzes könnte 10.000 frühzeitige Todesfälle verhindern. Jänner 2018, 25.1.2023 https://boku.ac.at/oeffentlichkeitsarbeit/themen/presseaussendungen/presseaussendungen-2018/25012018-ausbau-des-radwegenetzes-koennte-10000-fruehzeitige-todesfaelle-verhindern
[200, 201] FGÖ (2020): Österreichische Bewegungsempfehlungen (Wissensband 17), Wien. 25.1.2023 https://fgoe.org/sites/fgoe.org/files/2022-01/WB_17_bewegungsempfehlungen_bfrei.pdf
[202] Medizinische Universität Wien. Jeder zweite Erwachsene bewegt sich zu wenig – ÖsterreicherInnen sitzen im Durchschnitt 5,3 Stunden am Tag. Wien, 15.2.2021, 20.1.2023 https://www.meduniwien.ac.at/web/ueber-uns/news/neews-im-februar-2021/jeder-zweite-erwachsene-bewegt-sich-zu-wenig-oesterreicherinnen-sitzen-im-durchschnitt-53-stunden-am-tag/
[203] Statistik Austria. Körperliche Aktivität. 21.1.2023 https://www.statistik.at/statistiken/bevoelkerung-und-soziales/gesundheit/gesundheitsverhalten/koerperliche-aktivitaet
[204] Raser, Elisabeth. Wie RadfahrerInnen ganz nebenbei die WHO-Bewegungsempfehlungen umsetzen. März 2018, 25.1.2023 https://boku.ac.at/oeffentlichkeitsarbeit/themen/presseaussendungen/presseaussendungen-2018/05032018-wie-radfahrerinnen-ganz-nebenbei-die-who-bewegungsempfehlungen-umsetzen
[205] European cyclists' travel behavior: Differences and similarities between seven European (PASTA) cities, Journal of Transport & Health, ISSN 2214-1405, 26.1.2023 https://www.sciencedirect.com/science/article/pii/S2214140517307247
Die Studie ist Teil des EU-finanzierten Projekts PASTA (Physical Activity through Sustainable Transport), das darauf abzielt, Bewegung und Gesundheit von Bürger:innen im Alltag zur aktive Mobilität zu fördern.
[206] Gesundheitsziele Österreich. Österreichische Bewegungsempfehlungen überarbeitet. 21.1.2023 https://gesundheitsziele-oesterreich.at/oesterreichische-bewegungsempfehlungen/
[207] Der Standard. Kinder in Österreich haben zu wenig Bewegung, sagt die WHO. Oktober 2022. 20.1.2023 https://www.derstandard.at/story/2000140111054/kinder-in-oesterreich-haben-zu-wenig-bewegung-sagt-die-who
[208] WHO European Regional Obesity Report 2022. Copenhagen: WHO Regional Office for Europe; 2022. Licence: CC BY-NC-SA 3.0 IGO 26.1.2022 https://apps.who.int/iris/rest/bitstreams/1420419/retrieve
[209] Taking Action on Childhood Obesity. World Health Organization. 2018. 26.1.2023 https://apps.who.int/iris/bitstream/handle/10665/274792/WHO-NMH-PND-ECHO-18.1-eng.pdf
[210] FGÖ (Hrsg.) (2020): Österreichische Bewegungsempfehlungen (Wissensband 17), Wien. https://fgoe.org/sites/fgoe.org/files/2022-01/WB_17_bewegungsempfehlungen_bfrei.pdf
[211] Sharp, Ruth; Funk, Miriam. Radfahren für einen starken Rücken: Worauf es ankommt. April 2018. 27.1.2023 https://www.special-rueckenschmerz.de/tipps/sport/radfahren-id129339/
[212] Klimont, Jeannette. Österreichische Gesundheitsbefragung 2019. Austrian Health Interview Survey (ATHIS). Statistik Austria im Auftrag des Bundesministeriums für Soziales, Gesundheit, Pflege und Konsumentenschutz (BMSGPK). Wien, September 2020. 21.1.2023 https://www.statistik.at/fileadmin/publications/Oesterreichische-Gesundheitsbefragung2019_Hauptergebnisse.pdf
[213] Hexal. Das Kreislaufsystem. 27.4.2023 https://www.hexal.de/patienten/ratgeber/herz-kreislauf/kreislaufsystem
[214] Radlobby. Radfahren hält gesund. 26.1.2023 https://www.radlobby.at/radfahren-haelt-gesund
[215] Gill, Jason; Carlos, Celis-Morales. Cycling to work: major new study suggests health benefits are staggering. The Conversation. April 2017. 26.1.2023 https://theconversation.com/cycling-to-work-major-new-study-suggests-health-benefits-are-staggering-7629
[216] Association between active commuting and incident cardiovascular disease, cancer, and mortality: prospective cohort study. BMJ 2017; 357 doi https://doi.org/10.1136/bmj.j1456 (Published 19 April 2017) Cite this as: BMJ 2017;357:j1456 .6.1.2023 https://www.bmj.com/content/357/bmj.j1456

[217] Patterson, Richard; Panter. Jenna: Vamos, Eszter; Cummins, Steven; Millet, Christopher; Laverty, Anthony. Associations between commute mode and cardiovascular disease, cancer, and all-cause mortality, and cancer incidence, using linked Census data over 25 years in England and Wales: a cohort study. Te Lancet. Planetary Health. Mai, 2022, 25.1.2023 https://www.thelancet.com/journals/lanplh/article/PIIS2542-5196(20)30079-6/fulltext
[218] Österreichisches Gesundheitsportal. Bluthochdruck. 21.1.2023 https://www.gesundheit.gv.at/krankheiten/herz-kreislauf/bluthochdruck/hypertonie-formen-symptome.html
[219] Bewegungstherapie bei Bluthochdruck. NDR, März 2021. 30.1.2023 https://www.ndr.de/ratgeber/gesundheit/Bewegungstherapie-bei-Bluthochdruck,bluthochdruck198.html
[220] Bewegung senkt den Bluthochdruck. Deutsche Herzstiftung. Mai 2019. 30.1.2023 https://www.herzstiftung.de/service-und-aktuelles/presse/pressemitteilungen/archiv/bewegung-senkt-den-blutdruck-besonders?articles_ID=912
[221] Statistik Austria. Übergewicht und Adipositas. https://www.statistik.at/statistiken/bevoelkerung-und-soziales/gesundheit/gesundheitsverhalten/uebergewicht-und-adipositas
Ab einem BMI von 25 spricht man von Übergewicht, ab 30 wird man als adipös eingestuft.
[222] WHO European Regional Obesity Report 2022, Mai 2022. 26.1.2023 https://apps.who.int/iris/rest/bitstreams/1420419/retrieve
[223] Öffentliches Gesundheitsportal Österreichs. Übergewicht & Untergewicht. 21.1.2023 https://www.gesundheit.gv.at/leben/ernaehrung/gewicht.html
[224] Schmidt, Achim. Radfahren ist gesund: Studien belegen die positiven Effekte. Neues aus der Wissenschaft. Juli 2022., 24.1.2023 https://www.radfahren.de/gesundheit/radfahren-gesund-studien-positive-effekte/
[225] Österreichisches Gesundheitsportal. Diabetes mellitus https://www.gesundheit.gv.at/krankheiten/stoffwechsel/diabetes/typ-2.html#welche-folgeerkrankungen-koennen-bei-diabetes-auftreten
[226] Diabetes Typ 2: Symptome, Ursachen und Behandlung. NDR, 23.1.12023 https://www.ndr.de/ratgeber/gesundheit/Diabetes-Typ-2-Symptome-Ursachen-und-Behandlung,diabetes196.html
[227] Klimont, Jeannette. Österreichische Gesundheitsbefragung 2019. Austrian Health Interview Survey (ATHIS). Statistik Austria im Auftrag des Bundesministeriums für Soziales, Gesundheit, Pflege und Konsumentenschutz (BMSGPK). Wien, September 2020. 21.1.2023 https://www.statistik.at/fileadmin/publications/Oesterreichische-Gesundheitsbefragung2019_Hauptergebnisse.pdf
[228] Zahlen und Fakten zu Diabetes mellitus. Face diabetes. Eine Initiative der ÖDG. Österreichische Diabetes Gesellschaft. 27.1.2023 https://www.facediabetes.at/zahlen-und-fakten.html
[229] Diabetes Typ 2 mit richtiger Ernährung heilen. NDR, Februar 2018. 30.1.2023 https://www.ndr.de/ratgeber/gesundheit/Diabetes-Typ-2-mit-richtiger-Ernaehrung-heilen,diabetes406.html
[230] Österreichisches Gesundheitsportal. Diabetes: Folgeerkrankungen. 30.1.2023 https://www.gesundheit.gv.at/krankheiten/stoffwechsel/diabetes/folgeerkrankungen.html#welche-folgeerkrankungen-koennen-auftreten
[231] Österreichisches Gesundheitsportal. Glucose. 30.1.2023 https://www.gesundheit.gv.at/labor/laborwerte/organe-stoffwechsel/glucose.html
[232] Werner, Jan. Fahrradklima-Test. Wann wird Hof fahrradfreundlich? November 2022. 28.1.2023 https://www.frankenpost.de/inhalt.fahrradklima-test-wann-wird-hof-fahrradfreundlich.6e9ad9ba-a238-4b4f-8b7c-05e1793ed745.html
[233] Schmidt, Achim. Radfahren ist gesund: Studien belegen die positiven Effekte. Juli 2022., 24.1.2023 https://www.radfahren.de/gesundheit/radfahren-gesund-studien-positive-effekte/
[234] Österreichisches Gesundheitsportal. CD3-Lymphozyten. 24.1.2023 https://www.gesundheit.gv.at/labor/laborwerte/immunsystem/labor-t-zellen-3-lymphozyten-relativ-absolut-3rly-3abs3.html
[235] Radfahren.de: So stärkt regelmäßiger Sport das Immunsystem. November 2022, 25.1.2023 https://www.radfahren.de/gesundheit/immunsystem-staerken-mit-sport/
[236] Österreichisches Gesundheitsportal. Natural-Killerzellen. 25.1.2023 https://www.gesundheit.gv.at/

labor/laborwerte/immunsystem/labor-nk-zellen-lymphozyten-relativ-absolut1.html
[237] Wie lernt das Gehirn. Das neuronale Netz. ARD Alpha. Dezember 2018. 27.1.2023 https://www.ardalpha.de/wissen/psychologie/gehirn-gedaechtnis-lernen-neuronen-netz-hirnforschung-100.html
[238] Wicht, Helmut. Der Hippocampus. dasGehirn.info. August 2011. 27.1.2023 https://www.dasgehirn.info/grundlagen/anatomie/der-hippocampus
[239] Drimalla, Hanna. Das Kleinhirn. dasGehirn.info. Juli 2011. 27.1.2023 https://www.dasgehirn.info/grundlagen/anatomie/das-kleinhirn
[240] Erwig, Björn. Macht Sport schlau? Wie sich Bewegung auf unser Gehirn auswirkt. Universität Siegen, Juli 2021. 23.1.2023 https://www.uni-siegen.de/sport/blog/950152.html
[241] Café du Cycliste. Radsport & Kreativität. 25.1.2023 https://www.cafeducycliste.com/de_de/la-gazette/cycling-creativity/
[242] Rheinländer, Andreas. Frontallappen (Lobus frontalis), Januar 2023. 25.1.2023 https://www.kenhub.com/de/library/anatomie/frontallappen-lobus-frontalis
[243] Leyh, Arvid. Der Frontallappen. Das Gehirn. September 2009. 30.1.2023 https://www.dasgehirn.info/grundlagen/anatomie/der-frontallappen
[244] Wikipedia. Selbstbewusstsein. 24.1.2023 https://de.wikipedia.org/wiki/Selbstbewusstsein
[245] Gesundheit.gv.at Öffentliches Gesundheitsportal Österreichs. Stress: Was ist das? 24.1.2023 https://www.gesundheit.gv.at/leben/stress/was-ist-das.html
[246] Gesundheit.gv.at Öffentliches Gesundheitsportal Österreichs. Stress bewältigen. 24.1.2023 https://www.gesundheit.gv.at/leben/stress/entspannt-bleiben.html
[247] Schenk, Martin. Widerstandskraft. Ö1. ORF. Jänner 2023. 27.1.2023 https://oe1.orf.at/programm/20230124#708167/Martin-Schenk-ueber-Widerstandskraft
[248] Österreichisches Gesundheitsportal. Depression. 21.1.2023 https://www.gesundheit.gv.at/krankheiten/psyche/depression/symptome.html#welche-risikofaktoren-gibt-es
[249] Nowotny, Monika; Kern, Daniela; Breyer, Elisabeth; Bengough, Theresa; Griebler, Robert (Hg.): Depressionsbericht Österreich. Eine interdisziplinäre und multiperspektivische Bestandsaufnahme. Bundesministerium für Arbeit, Soziales, Gesundheit und Konsumentenschutz. Wien, 2019 https://www.gesundheit.gv.at/linkaufloesung/applikation-flow?leistung=LA-GP-GL-Depressionsbericht&flow=LO&quelle=GHP
[250] Studie: Die Pandemie wirkt sich dramatisch auf die psychische Gesundheit von Kindern und Jugendlichen aus. April 2022. 27.1.2023 https://kja.at/studie-die-pandemie-wirkt-sich-dramatisch-auf-die-psychische-gesundheit-von-kindern-und-jugendlichen-aus/
[251] Medizinische Universität Wien. 16 Prozent der SchülerInnen haben suizidale Gedanken. März 2021, 27.1.2023 https://www.meduniwien.ac.at/web/ueber-uns/news/news-im-maerz-2021/16-prozent-der-schuelerinnen-haben-suizidale-gedanken/
[252] Ione Avila-Palencia, Luc Int Panis, Evi Dons, Mailin Gaupp-Berghausen, Elisabeth Raser, Thomas Götschi, Regine Gerike, Christian Brand, Audrey de Nazelle, Juan Pablo Orjuela, Esther Anaya-Boig, Erik Stigell, Sonja Kahlmeier, Francesco Iacorossi, Mark J Nieuwenhuijsen. The effects of transport mode use on self-perceived health, mental health, and social contact measures: a cross-sectional and longitudinal study. Environmental International. August 2018 doi.org/10.1016/j.envint.2018.08.002
[253] Gaupp-Berghausen, Mailin. RadfahrerInnen haben mehr Lebensfreude und sind weniger einsam. Universität für Bodenkultur. August 2018, 25.1.2023 https://boku.ac.at/oeffentlichkeitsarbeit/themen/presseaussendungen/presseaussendungen-2018/31082018-radfahrerinnen-haben-mehr-lebensfreude-und-sind-weniger-einsam
[254] Institut für Qualität und Wirtschaftlichkeit im Gesundheitswesen. Gesundheitsinformation. Endorphine. 21.1.2023 https://www.gesundheitsinformation.de/glossar/endorphine.html
[255] medi-fit. Praxis für Krankengymnastik. Sport macht glücklich. 21.1.2023 https://www.medi-fit-gmbh.de/fitnesstipps/sport-macht-gluecklich.html
[256] Dopamin – weit mehr als nur der Botenstoff des Glücks. Medizinische Universität Wien, August

2016, 24.1.2023 https://www.meduniwien.ac.at/web/ueber-uns/news/detailseite/2016/news-im-august-2016/dopamin-weit-mehr-als-nur-der-botenstoff-des-gluecks/
[257] Steiner Claudia. Botenstoffe des Lebens. Wie Hormone die Vorgänge im Körper steuern. 8/2020 https://www.ardalpha.de/wissen/gesundheit/hormone-botenstoffe-hirnanhangsdruese-steuern-vorgaenge-im-koerper-100.html
[258] Rudolf-Müller, Eva; Machetanz, Lena. Serotonin. Netdoktor, Dezember 2017, 24.1.2023 https://www.netdoktor.at/laborwerte/serotonin/
[259] Link, Martin. Radfahren macht schlau. lebensweise. Magazin für gesunden Lebensstil und ganzheitliche Medizin. Mai 2011
[260] Jeitziner, Denise. Der Kick für den Kopf. Nichts entspannt uns Menschen so zuverlässig wie die Natur. Natursoziologie.de 6/2014. 23.1.2023 https://www.wanderforschung.de/files/jeitziner-natpsych_1410201315.pdf
[261] Natursoziologie. Natur und Psyche. 23.1.2023 https://www.natursoziologie.de/NS/natur-und-psyche/natur-und-psyche.html
[262] Die WLS in Kürze. 27.1.2023 https://www.wsl.ch/de/ueber-die-wsl.html
[263] Lessing, Hans-Erhard. Das Fahrrad. Eine Kulturgeschichte. Klett-Cotta. 2017. 1.5.2023
[264] https://artsandculture.google.com/story/eAVBm0O4K0wxKA?hl=de
[265] Geniale Erfindungen. Wie der Mensch das Rad erfand – und damit die Welt veränderte. GEO Magazin. 31.1.2023 https://www.geo.de/magazine/geo-chronik/19658-rtkl-geniale-erfindungen-wie-der-mensch-das-rad-erfand-und-damit-die-welt
[266] Lessing, Hans-Erhard. Das Fahrrad. Eine Kulturgeschichte. Klett-Cotta. 2017. 1.5.2023
[267] Der Ausbruch des Tambora-Vulkans hatte globale Auswirkungen, durch Asche in der Atmosphäre traf weniger Sonnenlicht auf die Erde, es kam zu einer Abkühlung. Zentralanstalt für Meteorologie und Geodynamik. Vulkane. Kurzfristige Dämpfer der Temperaturkurve. 1.3.2022 https://www.zamg.ac.at/cms/de/klima/informationsportal-klimawandel/klimasystem/antriebe/vulkane
[268] Müller, Wenzel. Umsatteln. Das KONSUMENT-Fahrradbuch. Verein für Konsumenteninformation (Hrsg.), Wien, 2014
[269] Lessing, Hans-Erhard. Das Fahrrad. Eine Kulturgeschichte. Klett-Cotta. 2017. 1.5.2023
[270] Draisine (Laufmaschine). Wikipedia. https://de.wikipedia.org/wiki/Draisine_(Laufmaschine)
[271] Lessing, Hans-Erhard. Das Fahrrad. Eine Kulturgeschichte. Klett-Cotta. 2017. 1.5.2023
[272,273] Müller, Wenzel. Umsatteln. Das KONSUMENT-Fahrradbuch. Verein für Konsumenteninformation (Hrsg.), Wien, 2014
[274] Gompertz, Lewis. Wikipedia. 31.1.2023 https://de.wikipedia.org/wiki/Lewis_Gompertz
[275, 276] Lessing, Hans-Erhard. Das Fahrrad. Eine Kulturgeschichte. Klett-Cotta. 2017. 1.5.2023
[277] Fahrradgeschichte. Fahrrad.de 1.4.2022 https://www.fahrrad.de/info/entwicklung-des-fahrrads/
[278] Von der Buchhard, Hans Jürgen. Meilensteine der Fahrradentwicklung. Planet Wissen. Juli 2019. 1.4.2023 https://www.planet-wissen.de/technik/verkehr/geschichte_des_fahrrads/pwiemeilensteinederfahrradentwicklung100.html Füßler, Claudia. Geschichte des Fahrrads. Planet Wissen. Jänner 2021. 1.4.2023 https://www.planet-wissen.de/technik/verkehr/geschichte_des_fahrrads/
[279] Müller, Wenzel. Umsatteln. Das KONSUMENT-Fahrradbuch. Verein für Konsumenteninformation (Hrsg.), Wien, 2014
[280] Lessing, Hans-Erhard. Das Fahrrad. Eine Kulturgeschichte. Klett-Cotta. 2017. 1.5.2023
[281] Müller, Wenzel. Umsatteln. Das KONSUMENT-Fahrradbuch. Verein für Konsumenteninformation (Hrsg.), Wien, 2014
[282] Stosik, Claudia Christine. Frauen und Arbeit im 19. und 20. Jahrhundert. Die veränderte Rolle der Frau im Zuge der Industrialisierung. München 2010. https://www.grin.com/document/321098
[283] Lessing, Hans-Erhard. Das Fahrrad. Eine Kulturgeschichte. Klett-Cotta. 2017. 1.5.2023
[284] Müller, Wenzel. Umsatteln. Das KONSUMENT-Fahrradbuch. Verein für Konsumenteninformation (Hrsg.), Wien, 2014

[285] Kosche, Thomas. 200 Jahre Fahrrad. Die bewegte Geschichte des Fahrrads. März 2017, 1.6.2023 https://www.spektrum.de/news/jubilaeum-200-jahre-fahrrad-von-der-erfindung-bis-zur-moderne/1442697
[286, 287] Lessing, Hans-Erhard. Das Fahrrad. Eine Kulturgeschichte. Klett-Cotta. 2017. 1.5.2023.
[288] Kosche, Thomas. 200 Jahre Fahrrad. Die bewegte Geschichte des Fahrrads. März 2017, 1.6.2023 https://www.spektrum.de/news/jubilaeum-200-jahre-fahrrad-von-der-erfindung-bis-zur-moderne/1442697
[289] Lessing, Hans-Erhard. Das Fahrrad. Eine Kulturgeschichte. Klett-Cotta. 2017. 1.5.2023
[290] Kosche, Thomas. 200 Jahre Fahrrad. Die bewegte Geschichte des Fahrrads. März 2017, 1.6.2023 https://www.spektrum.de/news/jubilaeum-200-jahre-fahrrad-von-der-erfindung-bis-zur-moderne/1442697
[291] Stosik, Claudia Christine. Frauen und Arbeit im 19. und 20. Jahrhundert. Die veränderte Rolle der Frau im Zuge der Industrialisierung. München 2010. 1.6.2023 https://www.grin.com/document/321098
[292] Das Fahrrad als Mittel der Emanzipation. Diamant Fahrradwerke. 1.6.2023 https://www.diamantrad.com/blog/fahrrad-mittel-emanzipation/
[293] Pakistan: https://www.voanews.com/a/religious-conservatives-object-to-women-s-cycling-camp-in-pakistan/6880057.html Saudi-Arabien: https://www.vice.com/de/article/wj4yvz/frauenrechte-so-fahrt-erste-frauen-fahrradclub-saudi-arabiens-gegen-das-patriarchat-an Iran: https://iranjournal.org/gesellschaft/iran-frauen-fahrradfahren https://iranjournal.org/news/fahrradverbot-fuer-frauen https://women.ncr-iran.org/2021/06/02/the-ban-on-womens-cycling-unwritten-law-ordered-by-the-misogynist/
Afghanistan, Taliban: https://www.deutschlandfunkkultur.de/frauensport-unter-den-taliban-100.html
[294] Lessing, Hans-Erhard. Das Fahrrad. Eine Kulturgeschichte. Klett-Cotta. 2017. 1.5.2023
[295] Das Fahrrad als Mittel der Emanzipation. Diamant Fahrradwerke. 1.6.2023 https://www.diamantrad.com/blog/fahrrad-mittel-emanzipation/
[296,297,298,299] Lessing, Hans-Erhard. Das Fahrrad. Eine Kulturgeschichte. Klett-Cotta. 2017. 1.5.2023
[300] Sturm, Petra. Heimat bist du großer Töchter? Fahrstil. Cycling Culture. Nr. 33
[301] Das Fahrrad als Mittel der Emanzipation. Diamant Fahrradwerke. 1.6.2023 https://www.diamantrad.com/blog/fahrrad-mittel-emanzipation/
[302] Engele, Robert. Als Frauen mutig aufs Rad stiegen. 1.2.2023 https://austria-forum.org/af/Wissenssammlungen/Damals_in_der_Steiermark/Als_Frauen_mutig_aufs_Rad_stiegen
[303, 304] Sturm, Petra. Heimat bist du großer Töchter? Fahrstil. Cycling Culture. Nr. 33
[305] Grazer Damen-Bicycle-Club. Pionierinnengalerie. 1.2.2023 https://www.pionierinnengalerie-graz.at/grazer-damen-bicycle-club-gegruendet-1893/
[306] Archivfoto von Sturm Petra in Heimat bist du großer Töchter? Fahrstil. Cycling Culture. Nr. 33
[307] Sturm, Petra. Cenzi Flendrovsky. Eine Bicycle Novel. Edition Atelier. April 2023 https://www.editionatelier.at/titel/cenzi-flendrovsky/
[308] Sturm, Petra. Heimat bist du großer Töchter? Fahrstil. Cycling Culture. Nr. 33
[309] Lessing, Hans-Erhard. Das Fahrrad. Eine Kulturgeschichte. Klett-Cotta. 2017. 1.5.2023
[310] Archivfoto von Michael Zappe, das Petra Sturm zu ihrem Beitrag im fahrstil veröffentlicht hat
[311] 38,6 km Schwimmen, 1.802 km Radfahren und 421 km Laufen
[312] Sturm, Petra. Heimat bist du großer Töchter? Fahrstil. Cycling Culture. Nr. 33
[313] Beatrix Arlitzer wird neue Genderbeauftragte des Österreichischen Radsportverbandes. Oktober 2021. 1.2.2023 https://www.radsportverband.at/index.php/aktuelles/radsport-news/allgemein/5601-beatrix-arlitzer-wird-neue-genderbeauftragte-des-oesterreichischen-radsportverbandes-2
[314] Jobrad. In High Heels haben wir eine Fahrradrevolution angezettelt. 31.1.2023 https://www.jobrad.org/aktuelles/fahrradhelden/pinar-pinzuti.html
[315] Reidl, Andrea. Pionierinnen selbstbestimmter Mobilität. September 2019. 31.1.2023 https://www.

riffreporter.de/de/gesellschaft/fancywomenbikeride
[316] Verband der Sportartikelerzeuger und Sportausrüster Österreichs VSSÖ. Fahrradverkaufszahlen 2021. April 2022. 23.1.2023 https://www.ots.at/presseaussendung/OTS_20220415_OTS0044/fahrradverkaufszahlen-2021
[317] Verband der Sportartikelerzeuger und Sportausrüster Österreichs VSSÖ. Factbox zur österreichischen Fahrrad-Industrie 2020. Wien, 2021. 23.1.2023 https://www.wko.at/branchen/handel/mode-freizeitartikel/fakten-zur-oesterreichischen-fahrradindustrie.pdf
[318] In der Bruttowertschöpfung sind sämtliche Vorleistungen – unabhängig ob heimisch oder importiert, die im Umsatz inkludiert sind, abgezogen. Damit ist die Bruttowertschöpfung für die Wirtschaftskraft eines Sektors aussagekräftiger als der Umsatz. „Wirtschaftsfaktor Radfahren"
[319] klimaaktiv. 46.000 Arbeitsplätze und 2,9 Mrd. €Wertschöpfung durch Radwirtschaft in Österreich. Bundesministerium für Klimaschutz, Umwelt, Energie, Mobilität, Innovation und Technologie. Juni 2022. 7.2.2023 https://www.klimaaktiv.at/mobilitaet/radfahren/wirtschaftsfaktor-rad.html
[320] Wirtschaftsfaktor Radfahren. Aktualisierung der Studie aus dem Jahr 2009. April 2022. 7.2.2023 https://www.klimaaktiv.at/dam/jcr:0cf6d437-bae0-4c80-8a66-ffdfc122bfe9/Studie_Wirtschaftsfaktor_Radfahren_2022.pdf
[321] Fahrradverkaufszahlen 2021. Verband der Sportartikelerzeuger und Sportausrüster Österreichs VSSÖ, April 2022. 23.1.2023 https://www.ots.at/presseaussendung/OTS_20220415_OTS0044/fahrradverkaufszahlen-2021
[322] Verband der Sportartikelerzeuger und Sportausrüster Österreichs VSSÖ. Factbox zur österreichischen Fahrrad-Industrie 2020. Wien, 2021. 23.1.2023 https://www.wko.at/branchen/handel/mode-freizeitartikel/fakten-zur-oesterreichischen-fahrradindustrie.pdf
[323] Verband der Sportartikelerzeuger und Sportausrüster Österreichs VSSÖ. Fahrradverkaufszahlen 2022. April 2023. 2.5.2023 https://www.ots.at/presseaussendung/OTS_20230408_OTS0001/fahrradverkaufszahlen-2022-anhang
[324] Verband der Sportartikelerzeuger und Sportausrüster Österreichs VSSÖ. Fahrradverkaufszahlen 2022. April 2023. 2.5.2023 https://www.ots.at/presseaussendung/OTS_20230408_OTS0001/fahrradverkaufszahlen-2022-anhang
[325] Wirtschaftskammer Österreich. Fahrräder. Importe und Exporte nach Ländern. April 2023. 02.5.2023 https://www.fahrzeugindustrie.at/fileadmin/content/Zahlen___Fakten/Statistikjahrbuch/Seite8.3-8.4.pdf
[326] Müller, Wenzel. Umsatteln. Das KONSUMENT-Fahrradbuch. VKI. Wien 2014
[327] Puch-Räder vor dem Revival. Kurier. Jänner 2012. 18.2.2023 https://kurier.at/wirtschaft/puch-raeder-vor-dem-revival/756.362
[328] Das Waffenrad. Radmuseum. 18.2.2023 https://web.archive.org/web/20040516005510/http://www.radmuseum.at/Unterseiten/waffenrad.htm
[329] Ciupek, Martin, Fahrradproduktion in Europa bekommt neuen Schwung. VDI Verlag, Juli 2022. 9.2.2023 https://www.vdi-nachrichten.com/technik/produktion/fahrradproduktion-in-europa-bekommt-neuen-schwung/
[330] Verband der Sportartikelerzeuger und Sportausrüster Österreichs VSSÖ. Fahrradverkaufszahlen 2022. April 2023. 2.5.2023 https://www.ots.at/presseaussendung/OTS_20230408_OTS0001/fahrradverkaufszahlen-2022-anhang
[331] Simplon will Fahrräder in Europa lackieren. ORF Vorarlberg. Jänner 2023. 9.2.2023 https://vorarlberg.orf.at/stories/3190786/
[332] Müller Anna. Produktionsverlagerung nach Europa: Fünf Schritte am Beispiel des Kinderfahrradherstellers Woom. Handelsblatt. April 2021. 9.2.2023 https://www.handelsblatt.com/unternehmen/mittelstand/familienunternehmer/lieferengpaesse-produktionsverlagerung-nach-europa-fuenf-schritte-am-beispiel-des-kinderfahrradherstellers-woom/27108486.html
[333] Woom-FAQs, Wo produziert ihr eure Fahrräder? Woom, Juni 2022. 11.2.2023 https://hilfe.

woombikes.com/article/101-wo-produziert-ihr-eure-fahrrader
[334] Brucknerm, Regina. Zwischen den Zahlen. KTM-Fahrrad-Chefin: „Ein E-Bike ist umweltfreundlicher als ein E-Auto." Der Standard. Oktober 2022. 11.2.2023 https://www.derstandard.at/story/2000139587359/ktm-fahrrad-chefin-ein-e-bike-ist-umweltfreundlicher-als-ein
[335] Dervisevic Dina. KTM Absatz 2021. Weiteres Rekordjahr der Pierer AG. Jänner 2022. 18.2.2023 https://www.motorradonline.de/ratgeber/ktm-absatz-2021-pierer-ag/
[336] https://www.my-esel.com/
[337] https://www.geero.de/
[338] https://www.worldometers.info/bicycles/ Stand 31.1.2022
[339] Huber, Maxim, Fahrradproduktion in der EU nimmt um elf Prozent zu. September 2022. 9.2.2023 https://www.sazbike.de/markt-politik/studie/fahrradproduktion-in-eu-nimmt-um-elf-prozent-zu-2801216.html
[340] Zacharakis Zacharias, Unterm Rad. Die Zeit. Dezember 2019, 9.2.2023 https://www.zeit.de/2019/51/kambodscha-export-fahrraeder-fabrik-arbeitsbedingungen
[341] Sonnenseite. Ökologische Kommunikation mit Franz Alt. Ökobilanz: Sind E-Bikes nachhaltig? April 2021. https://www.sonnenseite.com/de/mobilitaet/oekobilanz-sind-e-bikes-nachhaltig/
[342] klimaaktiv. 46.000 Arbeitsplätze und 2,9 Milliarden Euro Wertschöpfung durch Radwirtschaft in Österreich. Bundesministerium für Klimaschutz, Umwelt, Energie, Mobilität, Innovation und Technologie. Juni 2022. 7.2.2023
https://www.klimaaktiv.at/mobilitaet/radfahren/wirtschaftsfaktor-rad.html
[343] Wirtschaftsfaktor Radfahren. Aktualisierung der Studie aus dem Jahr 2009. April 2022. 7.2.2023 https://www.klimaaktiv.at/dam/jcr:0cf6d437-bae0-4c80-8a66-ffdfc122bfe9/Studie_Wirtschaftsfaktor_Radfahren_2022.pdf
[344] WWF. Skifahren. Wintersport mit Folgen. 9.2.2023 https://www.wwf.de/aktiv-werden/tipps-fuer-den-alltag/umweltvertraeglich-reisen/skifahren-wintersport-mit-folgen
[345] Innovation/Tourismusforschung und Data Analytics Hochrechnung Dezember und Kalenderjahr 2022. Österreich Werbung. Quelle Statistik Austria. 9.2.2023 https://www.austriatourism.com/fileadmin/user_upload/Media_Library/Downloads/Tourismusforschung/2023G_Dezember_und_Kalenderjahr_2022_Hochrechnung_ZusFassung.pdf
[346] VCÖ. Ausflugsziele klimaverträglich gut erreichbar machen. Februar 2022. https://vcoe.at/publikationen/magazin/detail/vcoe-magazin-2022-02-ausflugsziele-klimavertraeglich-gut-erreichbar-machen
[347] Tourismusmobilität 2030. Technische Universität Wien, Department für Raumplanung. Bundesministerium für Wirtschaft, Familie und Jugend (Herausgeber). Wien 2013 https://www.wko.at/branchen/tourismus-freizeitwirtschaft/HP_Tourismusmobilitaet2030_Langfassung_25.11.pdf
[348] Innovation/Tourismusforschung und Data Analytics Hochrechnung Dezember und Kalenderjahr 2022. Österreich Werbung. Quelle Statistik Austria. 9.2.2023 https://www.austriatourism.com/fileadmin/user_upload/Media_Library/Downloads/Tourismusforschung/2023G_Dezember_und_Kalenderjahr_2022_Hochrechnung_ZusFassung.pdf
[349] Julias und Walters Blog, in dem sie über ihre Abenteuer auf zwei Räder im Alltag und auf Reisen berichten: https://www.genussradler.at/
[350] Kanduth, Steffen. Biken statt Skifahren – der Winter wird immer mehr zur Radlsaison. Der Standard. Dezember 2022. 3.5.2023 https://www.derstandard.at/story/2000142186594/biken-statt-skifahren-der-winter-wird-immer-mehr-zur-radlsaison
[351] Hoepke, Simone. Volkssport Skifahren: Österreichischer Mythos oder Realität? Februar 2022. https://kurier.at/wirtschaft/volkssport-skifahren-oesterreichischer-mythos-oder-realitaet/401896178
[352] Rohrhofer, Markus. Abschied vom Volkssport: Immer weniger Österreicher schnallen die Ski an. Februar 2018. 3.5.2023 https://www.derstandard.at/story/2000073459466/abschied-vom-volkssport-immer-weniger-oesterreicher-schnallen-die-ski-an

[353] Österreich Werbung. Radurlauber in Österreich. (Sommer 2020). 3.5.2023 https://www.austriatourism.com/tourismusforschung/studien-und-berichte/radurlauber-in-oesterreich-sommer-2019/
[354] BMAW. Mit dem Rad durch Österreich. Leitfaden zur Optimierung von Radrouten für den Tourismus. Oktober 2022. 3.5.2023 https://www.bmaw.gv.at/dam/jcr:c8519d6b-f9fe-4ea7-b037-5d75651d695b/3.%2001_BMAW-Leitfaden_Radrouten_2022_fin.pdf
[355] VCÖ Mobilität mit Zukunft. Ausgeblendete Kosten des Verkehrs. VCÖ-Schriftenreihe Mobilität mit Zukunft. Wien, März 2017
[356] VCÖ Mobilität mit Zukunft. Gesellschaftliche Kosten des Verkehrs reduzieren. Wien, 2/2022
[357, 358] Gesellschaftliche Kosten des Verkehrs reduzieren. VCÖ, Wien, Februar 2022
[359] Gesellschaftliche Kosten des Verkehrs reduzieren. VCÖ, Wien, Februar 2022
[360] Giftige Partikel aus Reifenabrieb in Gemüse nachgewiesen. Jänner 2023. 7.2.2023 https://www.derstandard.de/story/2000142284881/giftige-partikel-aus-reifenabrieb-in-gemuese-nachgewiesen
[361] Gesellschaftliche Kosten des Verkehrs reduzieren. VCÖ, Wien, Februar 2022
[362] Verkehr: Fachleute fordern 30/80/100 als neue Tempolimits. Der Standard. Februar 2023. 7.2.2023 https://www.derstandard.de/story/2000143118512/verkehrswissenschafter-fordern-3080100neue-temporeduktion-auf
[363] VCÖ Mobilität mit Zukunft. Gesellschaftliche Kosten des Verkehrs reduzieren. Wien, Februar 2022.
[364] Klimaaktiv. JobRad statt Dienst-Auto. August 2022. 8.2.2023 https://www.klimaaktiv.at/mobilitaet/radfahren/job-rad.html
[365] Umweltförderung. Kommunalkredit Public Consulting. 8.2.2023 https://www.umweltfoerderung.at/e-mobilitaetsfoerderungen-2023 https://www.umweltfoerderung.at/betriebe/e-fahrraeder-und-e-transportraeder-2022
[366] klimaaktiv. Aktuelle Fördermöglichkeiten für Ihr Mobilitätsprojekt! Jänner 2023. 8.2.2023 https://www.klimaaktiv.at/foerderungen/kam_forderungen.html
[367] Radverkehr in Gemeinden: Förderungen. Vorarlberg. 8.2.2023 https://vorarlberg.at/-/radverkehr-in-gemeinden-foerderung
[368] Austria Cycling. BMX News. Vier Tage nach EM-Gold erobert Irina Sadovnik den Weltmeistertitel im BMX. Juni 2021. 20.2.2023 https://www.radsportverband.at/index.php/aktuelles/radsport-news/bmx/5414-vier-tage-nach-em-gold-erobert-irina-sadovnik-den-weltmeistertitel-im-bmx
[369] Radsport – das sind die populärsten Rad-Disziplinen. 20.2.2023 https://born2.bike/radsport-das-sind-die-popularsten-rad-disziplinen-erklaert/
[370] Mountain biking history. Marin Museum of Bicycling. 21.2.2023 https://mmbhof.org/mtn-bike-hall-of-fame/history/
[371] Akrobatik auf dem Rad. Kunstrad. 20.2.2023 https://www.kunstrad.at/index.php
[372] Vereine und Teams. Liste aktueller Vereine & Teams. Februar 2017. 20.2.2023 https://www.radsportverband.at/index.php/radsportverband/vereine-teams
[373] Nitz, Pia; Mibs, Michael; Hoffmann, Volker. Gesünder leben mit Bewegung. Stiftung Gesundheit. Dezember 2021. 20.2.2023 https://www.stiftung-gesundheitswissen.de/wissen/gesuender-leben-mit-bewegung/was-ist-bewegung
[374] Der Unterschied zwischen aerobem und anaerobem Training. Europäische Informationszentrum für Lebensmittel (EUFIC), Februar 2021. 20.2.2023 https://www.eufic.org/de/gesund-leben/artikel/der-unterschied-zwischen-aerobem-und-anaerobem-training/
[375] Kammerer, Christine. Warum Sport die beste Medizin ist. Fitkurs. November 2022. 20.2.2023 https://www.fitkurs.de/sport-gesundheit/
[376] Alpenverein Österreich. Alpenverein fordert mehr legale Mountainbikestrecken in Österreich. Juli 2022. 3.5.2023
https://www.alpenverein.at/portal/service/presse/2022/2022_07_21_Mountainbike.php

[377] Kanduth, Steffen. Fakten vs. die hartnäckigen Mythen rund ums Mountainbiken. April 2023. https://www.derstandard.at/story/2000145519037/fakten-vs-die-hartnaeckigsten-mythen-rund-ums-mountainbiken
[378] Bundesministerium Land- und Forstwirtschaft, Regionen und Wasserwirtschaft. Ist das Radfahren oder Mountainbiken im Wald erlaubt? 3.5.2023 https://info.bml.gv.at/themen/wald/wald-freizeit/verhalten_wald/radfahrenimwald.html
[379] Arora Stefan. Der Weg ist das Ziel: Falsches Fahrverhalten zerstört mehr als nur Trails. Der Standard. September 2017. 20.2.2023
https://www.derstandard.de/story/2000064248979/der-weg-ist-das-ziel-falsches-fahrverhalten-zerstoert-mehr-als
[380] Arora Stefan. Liebe Mountainbiker, wir haben ein ernsthaftes Problem. Der Standard. April 2021. https://www.derstandard.at/story/2000126291236/liebe-mountainbiker-wir-haben-ein-ernsthaftes-problem
[381] Amenda, Lisa. Ist Mountainbiken umweltschädlicher als Wandern? Wild Recreation. Das Magazin für Nachhaltigkeit und Outdoorsport. Mai 2019. 3.5.2023 https://wildrecreation.com/2019/05/05/ist-mountainbiken-umweltschaedlicher-als-wandern/
[382] Alpenverein Österreich: MTB-Umfrage 2020. Ergebnisse
[383] Arora, Steffen, „You like it? Bike it!" – Kampagne für Österreich-Werbung „Erfolgsstory", Dezember 2019. 18.2.2022
https://www.derstandard.at/story/2000112106239/you-like-it-bike-it-kampagne-fuer-oesterreich-werbung-erfolgsstory
[384] Mountainbiken in Österreich. Österreich Werbung. 18.2.2023 https://www.austria.info/de/aktivitaeten/radurlaub-in-oesterreich/mountainbiken#was-man-ueber-mountainbiken-in-oesterreichs-natur-wissen-sollte
[385] Alpenverein Österreich: MTB-Umfrage 2020. Ergebnisse.
[386] Mountainbiken. Radlobby. 20.2.2023
https://www.radlobby.at/mountainbike
[387] Positionen. Radlobby. 20.2.2023
https://www.radlobby.at/positionen
[388] Schwede, Julian. Neues italienisches Wege-Gesetz – was bedeutet die italienische 2,5-m Regel für Mountainbiker? E-Mountainbike. Das führende E-Mountainbike Magazin. Dezember 2021. 3.5.2023 https://ebike-mtb.com/neues-italienisches-wege-gesetz/
[389] klimaaktiv. 46.000 Arbeitsplätze und 2,9 Milliarden Euro Wertschöpfung durch Radwirtschaft in Österreich. Bundesministerium für Klimaschutz, Umwelt, Energie, Mobilität, Innovation und Technologie. Juni 2022. 7.2.2023 https://www.klimaaktiv.at/mobilitaet/radfahren/wirtschaftsfaktor-rad.html
[390] Wirtschaftsfaktor Radfahren. Aktualisierung der Studie aus dem Jahr 2009. April 2022. 7.2.2023 https://www.klimaaktiv.at/dam/jcr:0cf6d437-bae0-4c80-8a66-ffdfc122bfe9/Studie_Wirtschaftsfaktor_Radfahren_2022.pdf
[391] Geller, Roger: Four Types of Transportation Cyclists in Portland. 2009. URL https://www.portlandoregon.gov/transportation/article/158497

© Richard Tanzer

Die Autorin

Stefanie Meier ist Soziologin, freie Journalistin, Radtrainerin und begeisterte Radfahrerin. Die gebürtige Steirerin lebt, schreibt und radelt überwiegend in Wien.

Wir bedanken uns herzlich bei unseren Partner:innen, die das Buch unterstützt haben.

burgenland.info

www.radelt.at

www.lake.bike

heavypedals.at

www.baerenbikes.at

vcoe.at

radlobby.at

klimaaktiv mobil

Bundesministerium
Klimaschutz, Umwelt, Energie, Mobilität, Innovation und Technologie